成都任我行软件股份有限公司 补红梅 著

管家婆软件
实战操作教程 辉煌版

人民邮电出版社
北京

图书在版编目（CIP）数据

管家婆软件实战操作教程：辉煌版 / 成都任我行软件股份有限公司，补红梅著. —— 北京：人民邮电出版社，2022.3
 ISBN 978-7-115-57249-3

Ⅰ. ①管… Ⅱ. ①成… ②补… Ⅲ. ①会计—应用软件—教材 Ⅳ. ①F232

中国版本图书馆CIP数据核字(2021)第178107号

内 容 提 要

本书基于广大中小企业对管家婆软件的部署与实际操作需求，全面、系统地介绍了管家婆辉煌版软件的使用。全书共分12章，分别讲解了软件版本的选择、软件的安装、系统的初始化等基本部署知识，以及进货业务管理，销售业务管理，库存管理，代销、借欠等其他业务的管理，往来管理，总账管理，价格、账外库存、发票、提成、物流配货、销售计划等辅助功能的具体操作。最后还介绍了软件在五金建材、皮革布匹、电脑通信等领域的特色功能，以及软件的日常维护。

本书图文并茂、内容全面且符合实际操作场景，适合中小企业管理人员、ERP软件的操作维护人员阅读，也可作为企业内部培训的指导用书，还适合作为职业院校相关专业的教材。

◆ 著　成都任我行软件股份有限公司　补红梅
　责任编辑　贾鸿飞
　责任印制　王　郁　彭志环

◆ 人民邮电出版社出版发行　北京市丰台区成寿寺路11号
邮编　100164　电子邮件　315@ptpress.com.cn
网址　https://www.ptpress.com.cn
山东华立印务有限公司印刷

◆ 开本：787×1092　1/16
印张：15.75　　　　　　　　2022年3月第1版
字数：367千字　　　　　　　2022年3月山东第1次印刷

定价：69.90元

读者服务热线：(010)81055410　印装质量热线：(010)81055316
反盗版热线：(010)81055315
广告经营许可证：京东市监广登字 20170147 号

前　　言

ERP 是 Enterprise Resources Planning（企业资源计划）的首字母缩写。可以说，ERP 是建立在信息技术基础之上的，以系统化管理为思想，为企业决策、员工日常运营等提供支持，是一种可以跨部门、跨地区，甚至跨公司进行资源整合的信息管理系统，能用来对人、财、物等资源的流动进行管理，实现资源的最优配置。

ERP 这一概念自 20 世纪 90 年代初正式出现，至今已有 30 余年。在这几十年里，个人计算机、互联网和智能手机先后普及，企业的信息化建设也经历了一轮又一轮的升级。ERP 作为一种先进的、适用于现代商业环境的工具，在技术变革与商业竞争环境的双重作用下，也已经得到了兼具深度与广度的应用。

"管家婆"作为面向中小企业推出的集进销存、财务一体化的 ERP 软件，经过 20 多年的发展，在竞争激烈的软件市场上，凭借"实用、易用、贴近中小企业管理现状"的特点，受到中小企业的广泛欢迎和信赖，也由此成为中小企业管理者熟知的品牌。

当前的互联网商业环境，让广大中小企业对资源的计划与部署有了新的需求，对前端与后端的信息流通速度与对称性也有了更高、更具体的要求。为了帮助广大中小企业更好地实施和部署 ERP，有效地提升管理水平，管家婆软件的出品方——成都任我行软件股份有限公司精心编写了本书。

本书是面向管家婆辉煌版的实战教程。在写法上，以一家虚拟的"辉煌食品有限公司"的实际需求为切入点，将其在日常运营中的需求与管家婆软件的功能进行对接，完整地介绍了管家婆辉煌版软件的安装、使用与维护。在内容上涵盖了软件的安装、系统的配置等基础，也详细讲解了进货、销售、库存管理、物流管理、往来账管理等操作，力求让中小企业的相关管理人员，特别是软件操作人员能全面、系统地了解管家婆作为 ERP 软件的强大功能，并能根据企业自身的实际情况，熟练地使用管家婆进行各项资源的规划与管理。

在编写过程中，我们力求保证知识讲解的完整性和准确性，但成书仓促，书中难免存在疏漏之处，敬请广大读者发送电子邮件至 jiahongfei@ptpress.com.cn，给予批评指正，并多提宝贵意见。

编者
2021 年 10 月

目 录

第 1 章 软件选择 1
  1.1 辉煌食品公司的管理困惑 1
  1.2 解决方案 2
第 2 章 软件安装 3
  2.1 软件安装 3
    2.1.1 服务器准备 3
    2.1.2 SQL Server 的安装 4
    2.1.3 管家婆辉煌版安装 14
  2.2 软件启用 17
    2.2.1 启动管家婆辉煌版服务器 17
    2.2.2 启动套接字服务器 18
    2.2.3 IP 精灵设置 19
    2.2.4 登录管家婆辉煌版客户端 20
第 3 章 系统初始化 23
  3.1 创建和删除账套 24
    3.1.1 创建账套 24
    3.1.2 删除账套 26
    3.1.3 账套登录方式 27
  3.2 用户配置 29
    3.2.1 系统配置 29
    3.2.2 功能配置 31
    3.2.3 录单配置 32
    3.2.4 小数配置 34
    3.2.5 气泡信息 35
  3.3 用户权限设置和基本信息授权 36
    3.3.1 用户权限设置 36
    3.3.2 基本信息授权 39
  3.4 基本信息搭建 40
    3.4.1 基本信息-商品信息和品牌信息 41
    3.4.2 基本信息-单位信息和地区信息 45
    3.4.3 基本信息-职员信息和部门信息 46

3.4.4　基本信息-仓库信息 48
　　3.4.5　基本信息-会计科目 48
　　3.4.6　通过 Excel 表导入基本信息 49
3.5　期初建账 53
3.6　开账 58

第 4 章　进货业务管理 60
4.1　进货订货业务 60
　　4.1.1　进货订单录入 61
　　4.1.2　进货订单查询 63
　　4.1.3　进货订单统计 66
4.2　进货业务 68
　　4.2.1　进货单 68
　　4.2.2　进货单统计 70
　　4.2.3　进货统计 73
4.3　进货退货业务 76
　　4.3.1　进货退货单 76
　　4.3.2　进货退货单统计 78
　　4.3.3　商品进货退货统计 80
4.4　进货换货业务 83
　　4.4.1　进货换货单 83
　　4.4.2　进货换货单统计 85
4.5　付款业务 87
　　4.5.1　付款单 88
　　4.5.2　按单结算查询 90

第 5 章　销售业务管理 93
5.1　报价业务 94
　　5.1.1　报价业务 94
　　5.1.2　报价业务查询 95
5.2　销售订货业务 96
　　5.2.1　销售订货业务 97
　　5.2.2　销售订货业务查询 98
5.3　销售业务 101
　　5.3.1　销售业务 101
　　5.3.2　销售业务查询 102
5.4　销售退货业务 106
　　5.4.1　销售退货业务 106
　　5.4.2　销售退货业务查询 107
5.5　销售换货业务 107
5.6　收款业务 109

第 6 章 库存业务管理 ... 110

6.1 库存业务 ... 110
6.1.1 报损单 ... 110
6.1.2 报溢单 ... 111
6.1.3 其他入库单 ... 112
6.1.4 其他出库单 ... 112
6.1.5 同价调拨单 ... 113
6.1.6 变价调拨单 ... 114
6.1.7 成本调价单 ... 115
6.1.8 商品拆装单 ... 116

6.2 库存查询 ... 117
6.2.1 库存状况 ... 117
6.2.2 虚拟库存查询 ... 118
6.2.3 单品/单位查询 ... 119
6.2.4 库存状况分布 ... 120
6.2.5 商品出入库明细汇总表 ... 121
6.2.6 仓库库存查询 ... 121
6.2.7 库存周转率 ... 122
6.2.8 库存积压统计 ... 123
6.2.9 库龄分析表 ... 124
6.2.10 商品批次跟踪 ... 125
6.2.11 商品自动盘盈盘亏 ... 126
6.2.12 盘盈盘亏数据查询 ... 129
6.2.13 单据统计 ... 130

第 7 章 其他业务管理 ... 131

7.1 代销业务 ... 131
7.1.1 委托代销业务 ... 131
7.1.2 受托代销业务 ... 136

7.2 借欠业务 ... 136
7.2.1 商品借进 ... 136
7.2.2 商品借出 ... 140

7.3 组合套件销售 ... 140
7.3.1 组合套件商品设置 ... 141
7.3.2 组合套件销售 ... 141
7.3.3 组合套件销售查询 ... 143

7.4 财务管理 ... 145
7.4.1 财务单据 ... 145
7.4.2 财务报表 ... 148

第8章 往来管理 152
8.1 应收应付 152
8.1.1 单位应收应付 152
8.1.2 职员/部门/地区应收应付 153
8.2 往来分析 153
8.3 往来对账 154
8.4 账龄分析 156
8.5 往来业务统计 157
8.5.1 单位业务统计 157
8.5.2 职员/部门/地区业务统计 158

第9章 辅助功能 159
9.1 价格管理业务 159
9.1.1 物价管理 159
9.1.2 商品调价管理 161
9.1.3 仓库物价管理 164
9.1.4 仓库调价管理 164
9.1.5 价格折扣跟踪 164
9.2 生产模板 167
9.3 账外库存管理 169
9.3.1 账外库存业务类型 170
9.3.2 账外库存单据 171
9.3.3 账外库存查询 173
9.4 提成管理 174
9.4.1 提成方案管理 174
9.4.2 业绩分配 176
9.4.3 销售提成统计 177
9.5 发票管理 178
9.5.1 进货发票管理 178
9.5.2 销售发票管理 181
9.5.3 开票情况查询 181
9.6 物流配货管理 182
9.6.1 装车信息 182
9.6.2 物流配货单 183
9.6.3 物流配货中心 184
9.6.4 物流配货单查询 186
9.7 销售计划 187
9.7.1 销售时段划分 187
9.7.2 销售计划 188
9.7.3 销售计划完成表 189

9.7.3　销售计划完成表 189
　9.8　获利、返利方案管理 190
　　　9.8.1　获利方案管理 190
　　　9.8.2　获利执行单 191
　　　9.8.3　单位获利查询 193
　　　9.8.4　返利管理 194
　9.9　单据编号规则及样式 195
　9.10　单据格式配置 197
　9.11　单据审核级数设置 198
　9.12　单据打印控制设置 199
　9.13　启动报警 200

第 10 章　总账管理 201
　10.1　基本信息 201
　　　10.1.1　会计科目 201
　　　10.1.2　结算方式 203
　　　10.1.3　凭证摘要 205
　　　10.1.4　业务项目-会计科目对照表 205
　10.2　财务设置 207
　10.3　期初财务 208
　10.4　凭证处理 209
　　　10.4.1　凭证录入 209
　　　10.4.2　出纳签字 212
　　　10.4.3　凭证审核 213
　　　10.4.4　凭证记账 215
　　　10.4.5　凭证引入 215
　　　10.4.6　凭证号整理 216
　　　10.4.7　凭证查询 217
　10.5　期末处理 218
　　　10.5.1　结转损益 218
　　　10.5.2　财务结账 219
　10.6　会计报表 220
　　　10.6.1　科目汇总表 220
　　　10.6.2　总分类账 220
　　　10.6.3　利润表 221
　　　10.6.4　现金日记账 222

第 11 章　行业版本 223
　11.1　五金建材版 223
　11.2　皮革布匹版 223
　11.3　电脑通讯版 224

第12章 日常维护 ··········· 226
12.1 数据备份与数据恢复 ··········· 226
12.1.1 数据备份 ··········· 226
12.1.2 数据恢复 ··········· 227
12.2 月结存和年结存 ··········· 228
12.2.1 月结存 ··········· 228
12.2.2 年结存 ··········· 229
12.3 操作日志 ··········· 230
12.4 系统重建 ··········· 230
12.5 价格体系 ··········· 231
12.5.1 价格信息设置 ··········· 231
12.5.2 价格设置（顺序） ··········· 232
12.5.3 价格字段分配 ··········· 233

附录一 打印管理器 ··········· 234
附录二 管家婆辉煌系列核心功能对照表 ··········· 236

第1章 软件选择

1.1 辉煌食品公司的管理困惑

成都辉煌食品有限公司是一家商超食品配送企业,成立于 2005 年,主要业务是为成都地区各超市及便利店提供快消食品配送,公司经营的品牌有"好吃点""康师傅"和"娃哈哈"等。经过十多年的发展,公司积累了大量的客户,业务发展蒸蒸日上,规模不断扩张,但各种管理问题也随之而来。

辉煌食品公司的管理困惑如下所列。

(1)快消食品行业产品多,产品迭代快,商品信息品类多、规格多,无法实现精细化商品管理。

(2)作为食品饮料行业企业,在仓库管理上需要对商品实施批次管理、保质期跟踪和近效期预警管理。

(3)公司的客户主要是餐饮店、中小型超市和便利店,以按单配送为主,客户资料详细程度参差不齐,管理混乱。

(4)公司每日单据繁杂,有些客户习惯通过公司电话订货,有些客户则通过业务员报单订货,手工开单方式效率低且经常出现错误,错发、漏发现象频发。

(5)公司订单多,拣货、装车工作等配送环节工作量大,公司每天不停地有新订单,常常不清楚哪些单子已经配送,哪些单子未配送。配送的车辆比较多,常常不清楚订单该由哪辆车配送。

(6)处理客户退换货需要人工翻找之前的纸质单据,耗时费力。

(7)公司与客户之间存在应收账款和账期,往来对账效率低。为了规避呆账、坏账,需要针对不同的客户执行信用额度管理和账期管理。

为了清晰地理解辉煌食品公司的业务情况,我们对公司的架构和现有业务流程进行了梳理,具体的公司组织架构如图 1-1 所示。

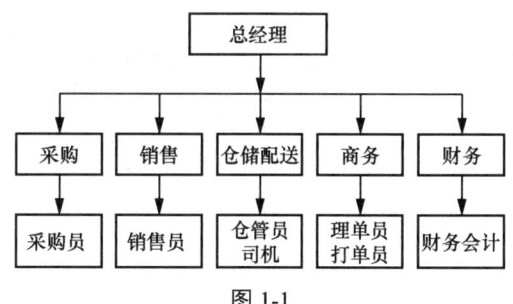

图 1-1

公司业务流程如图 1-2 所示。

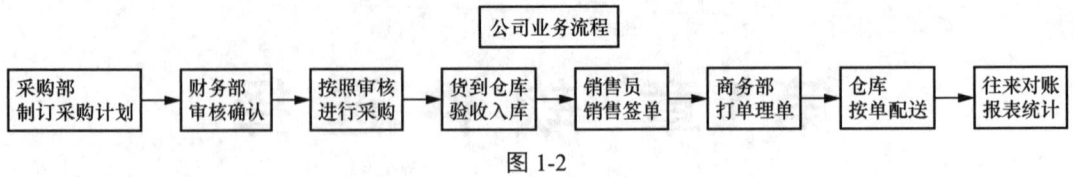

图 1-2

1.2 解决方案

根据辉煌食品有限公司的业务情况，我们推荐管家婆辉煌版 13.3 网络版和管家婆手机版的方案，以达成以下预期管理目标。

1．数据的信息化

（1）商品信息统一新建，并按照商品属性、品牌等分类。

（2）客户信息统一新建，并根据客户级别设置对应的信用额度和账期。

（3）职员信息和仓库信息等基本信息统一新建。

2．业务流程的信息化

（1）进货管理：按实际需求制定采购订单，提交财务部审核，根据审核后的单据采购入库。

（2）销售管理：业务员以手机端开单为主，商务开单为辅，降低开单出错率，提高开单效率。

（3）仓储管理：货到验收入库、按单拣货装车配送，并对商品保质期进行管理。

（4）财务管理：公司日常采购订单和销售订单审核、费用支出及其他收入管理，执行标准财务账。

3．决策的信息化

（1）往来管理：根据客户级别的不同设置账期和信用额度，根据应收款预警提示及时催收欠款，提高资金周转速度。

（2）数据分析：根据公司商品销售排行、销售利润、进货成本分析、库存状况等报表，及时备货进货或调整营销策略。

预期的业务流程如图 1-3 所示。

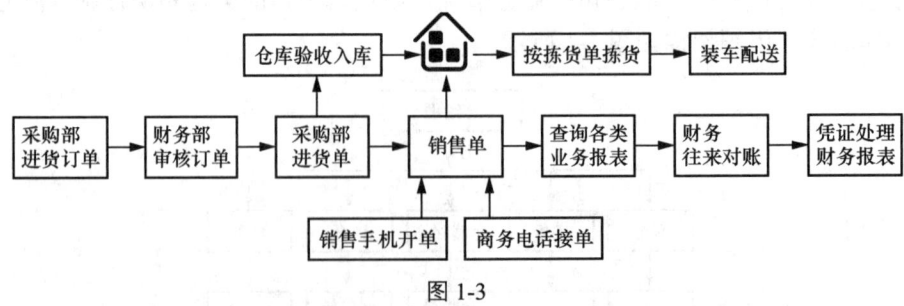

图 1-3

第 2 章 软件安装

我们以管家婆辉煌ⅡTOP+13.3 网络版为例,讲解管家婆辉煌版软件的安装,整个安装流程如图 2-1 所示。

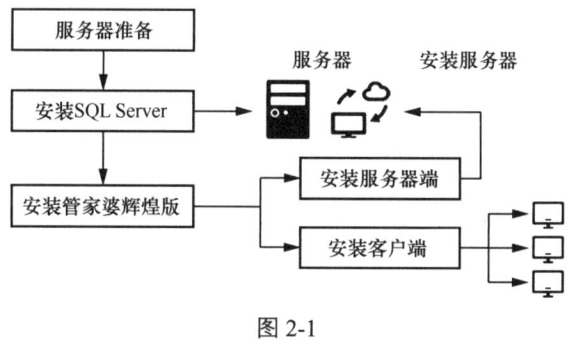

图 2-1

2.1 软件安装

2.1.1 服务器准备

首先,准备管家婆辉煌版软件安装所需的服务器及客户端电脑。然后就是选择服务器,公司可以自行购买,也可以选择购买云服务器。辉煌食品公司内部研究后,决定采用自行购买服务器的方式。

1. 服务器硬件环境

CPU:Intel Core i5 以上,网络版要求 Intel Core i7 及以上或专业服务器级的 CPU。

内存容量:8GB 及以上,网络版 16GB 及以上。

硬盘剩余空间:50GB 及以上。

操作系统:Windows 2008 Server。

SQL 数据库:SQL Server 2000/2008 R2。

2. 客户端硬件环境

CPU:Intel Core i5 以上。

内存:8GB 及以上。

硬盘剩余空间:10GB 及以上。

操作系统:Windows 7 或 Windows 10。

2.1.2 SQL Server 的安装

管家婆辉煌版以 SQL Server 数据库管理系统为基础,在安装使用管家婆软件之前,我们需在服务器上安装 SQL Server(注:目前管家婆辉煌版支持 SQL Server 2000、SQL Server 2008 R2)。下面,我们以 SQL Server 2008 R2 的安装为例,介绍数据库的安装。

1. 在正式安装前,检查服务器的环境,关闭非必要使用的程序。尤其需要注意的是,安装数据库之前要先关闭杀毒软件,待正常安装完成后,再启用杀毒软件。

2. 在 SQL Server 2008 安装文件里找到"X86"文件夹,打开后找到"landingpage.exe",如图 2-2 所示。选中"landingpage.exe",单击鼠标右键并选择"以管理员身份运行"。

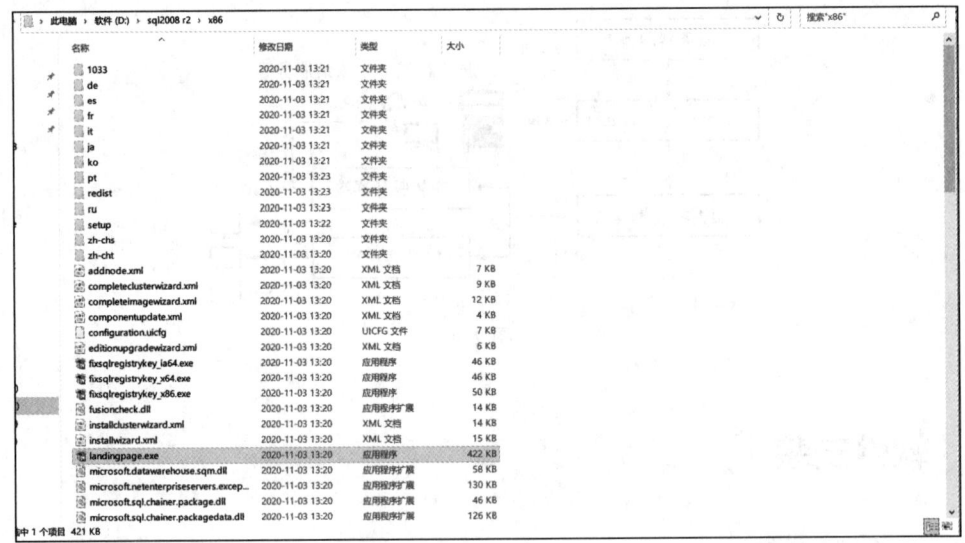

图 2-2

3. 单击"安装"选项中的第一项"全新安装或向现有安装添加功能",在弹出的对话框中选择要安装 SQL Server 的文件夹,如图 2-3 所示。

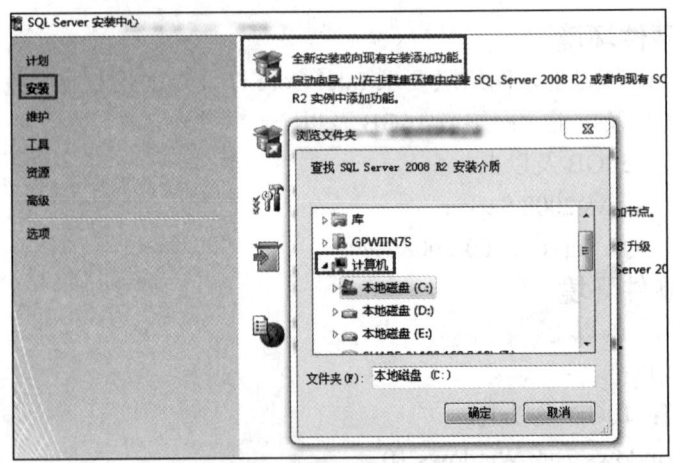

图 2-3

4．系统会自动检测安装环境，检测结果如图 2-4 所示，单击"确定"按钮。

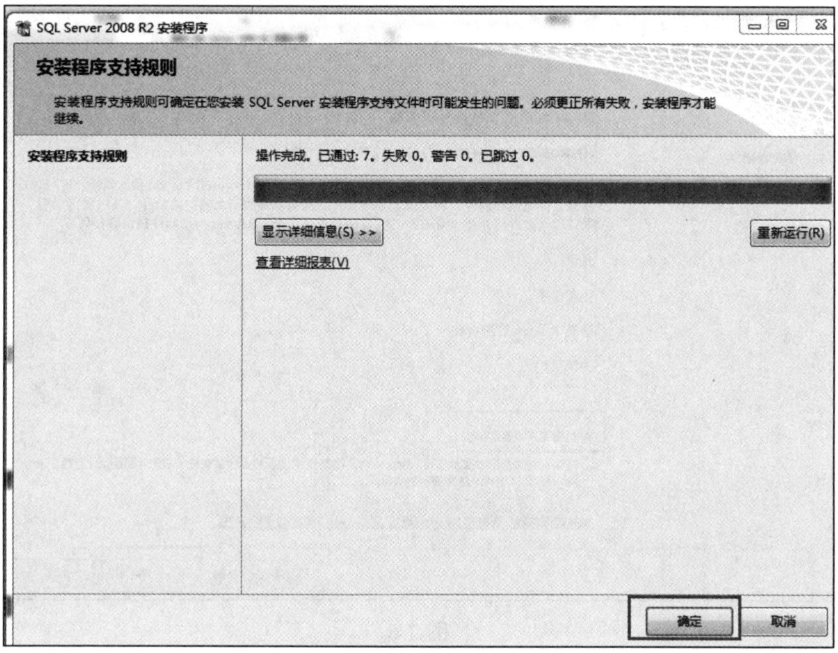

图 2-4

5．输入"产品密钥"，系统会根据密钥自动判定数据库版本。建议使用 Enterprise 企业版数据库。在确认密钥和数据库版本后，单击"下一步"按钮，如图 2-5 所示。

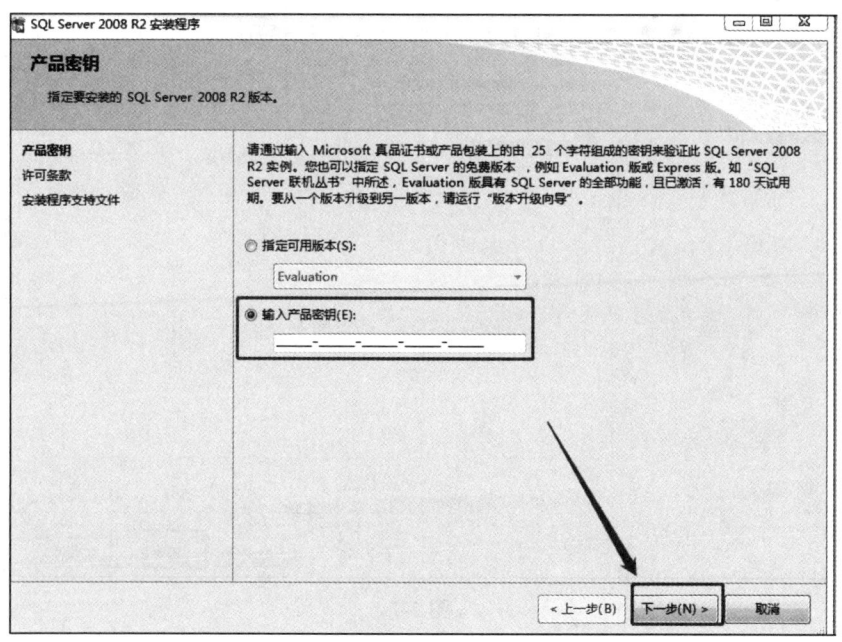

图 2-5

6．勾选"我接受许可条款"，然后单击"下一步"按钮，如图 2-6 所示。

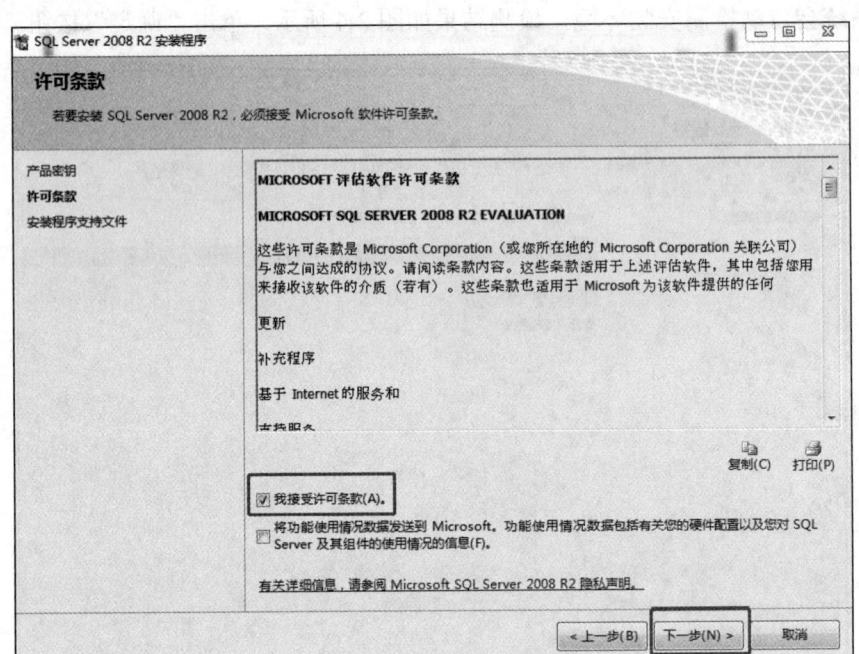

图 2-6

7. 单击"安装"按钮，如图 2-7 所示。

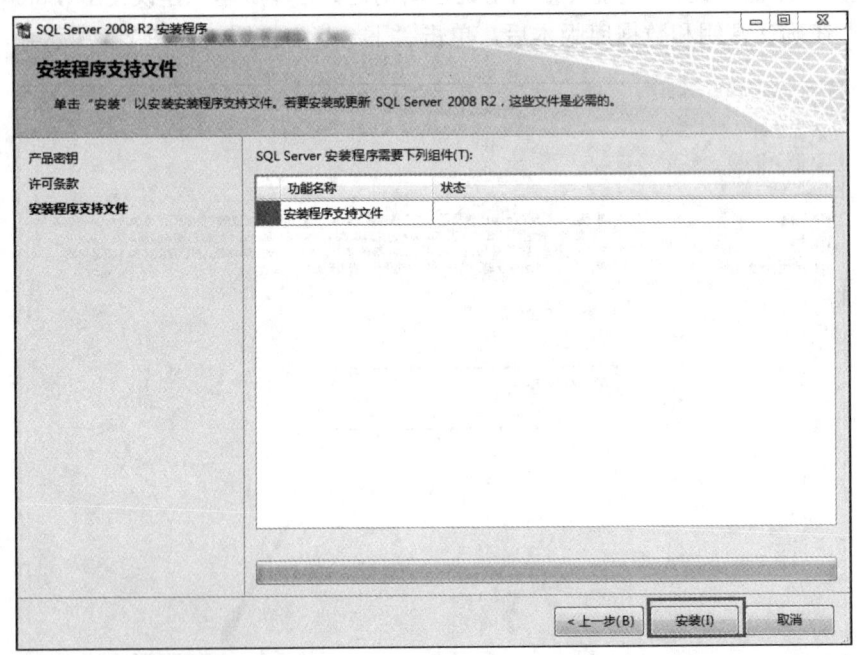

图 2-7

8. 单击"安装"按钮后，数据库会自动检测安装环境，如出现"警告""未通过"等信息，请单击明细进行确认。如没有出现警示，则直接单击"下一步"按钮，如图 2-8 所示。

图 2-8

9. 选择"SQL Server 功能安装",然后单击"下一步"按钮,如图 2-9 所示。

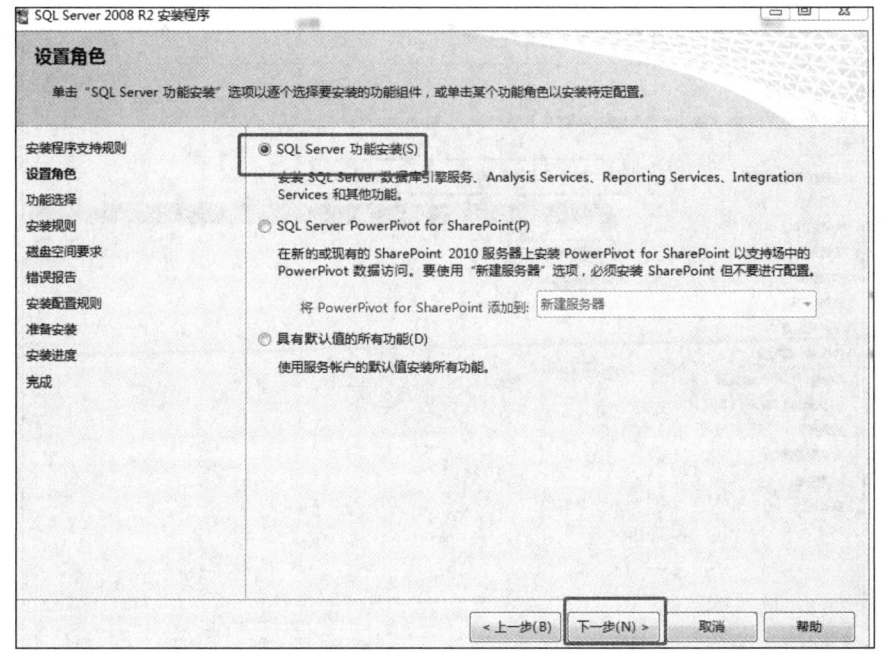

图 2-9

10. 单击"全选"按钮,然后单击"下一步"按钮,如图 2-10 所示。

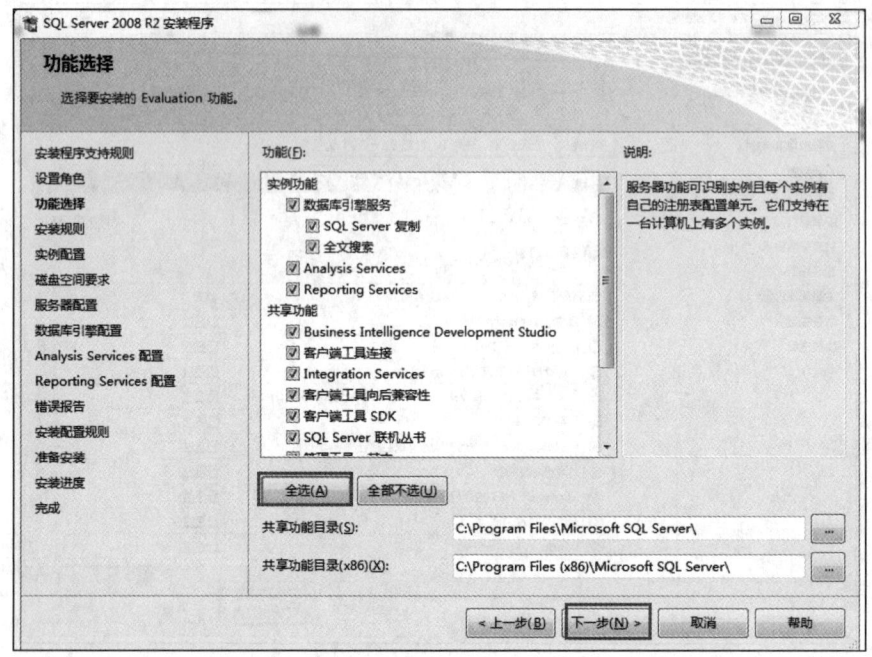

图 2-10

11. 如没有出现"失败""警告"等信息，就直接单击"下一步"按钮，如图 2-11 所示。

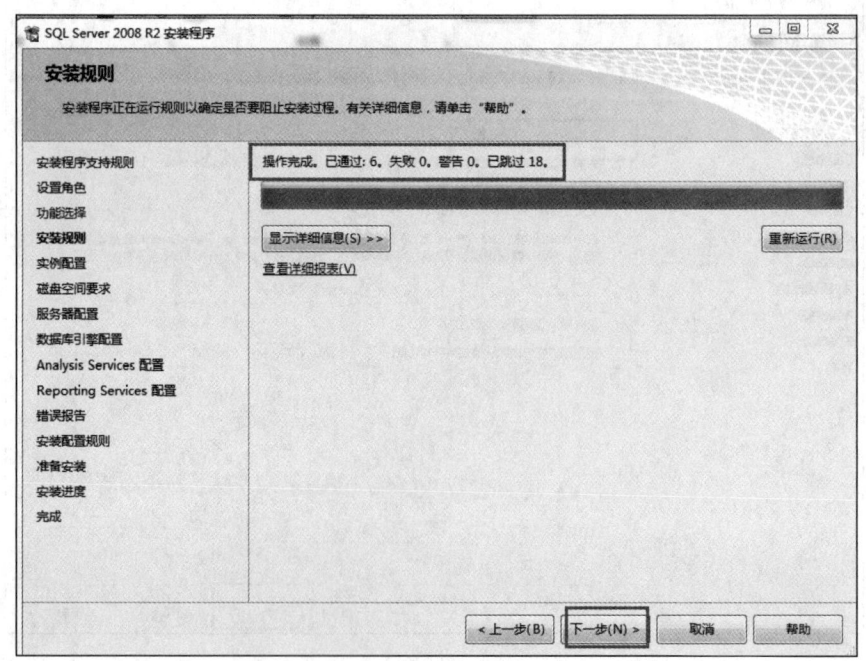

图 2-11

12. 在"命名实例"处输入命名实例名字，然后单击"下一步"按钮，如图 2-12 所示。

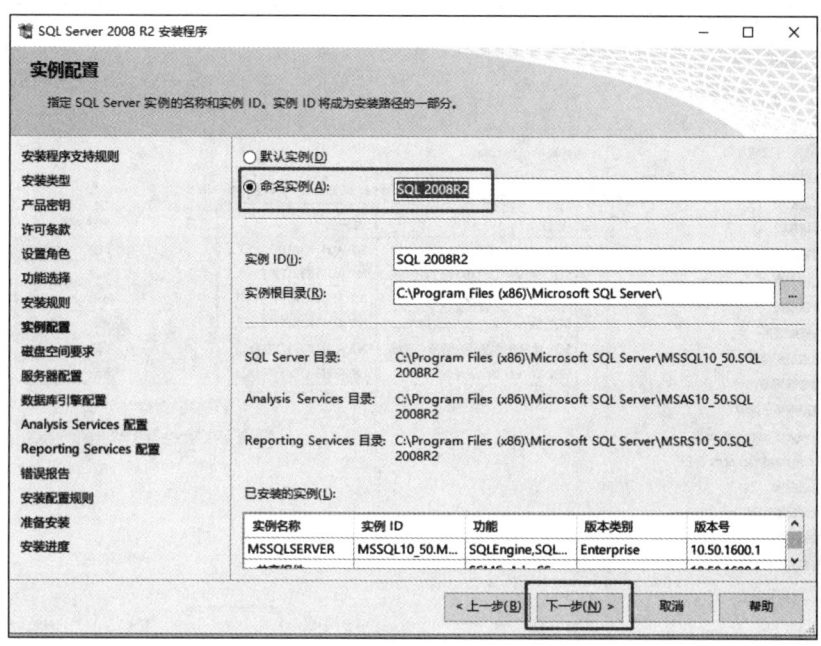

图 2-12

13．确认磁盘空间是否足够，如足够，单击"下一步"按钮，如图 2-13 所示。

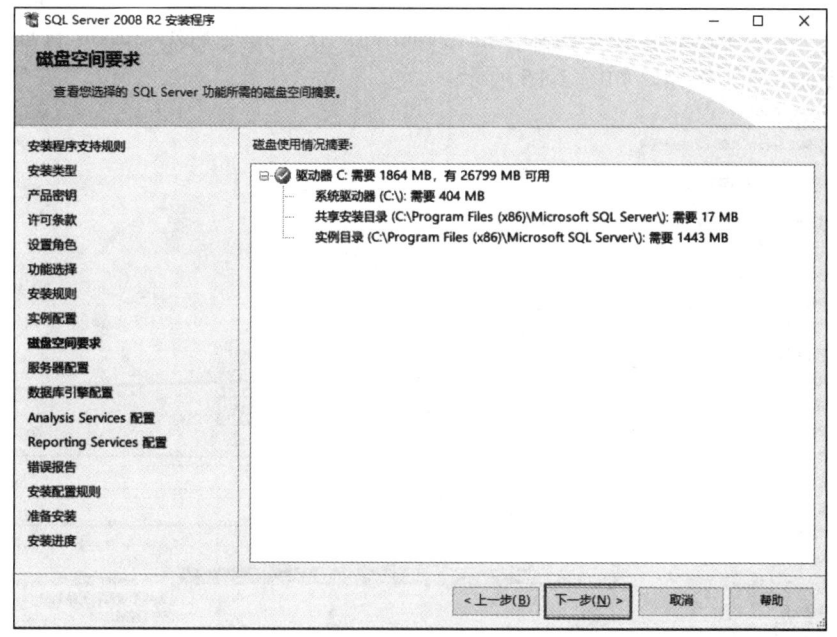

图 2-13

14．在"服务账户"中选择当前系统中具有管理权限的账户，注意不要选择 Network Service，建议按图 2-14 所示进行设置，设置完成后单击"下一步"按钮。

图 2-14

15. 选择"混合模式（SQL Server 身份验证和 Windows 身份验证）"，并且给 sa 账户指定一个强密码，强密码是由数字、大写字母、小写字母、特殊符号共 4 种中的至少 3 种组成的密码，且密码不能和操作系统账户的密码相同。在"指定 SQL Server 管理员"下方单击"添加当前用户"按钮，如图 2-15 所示。

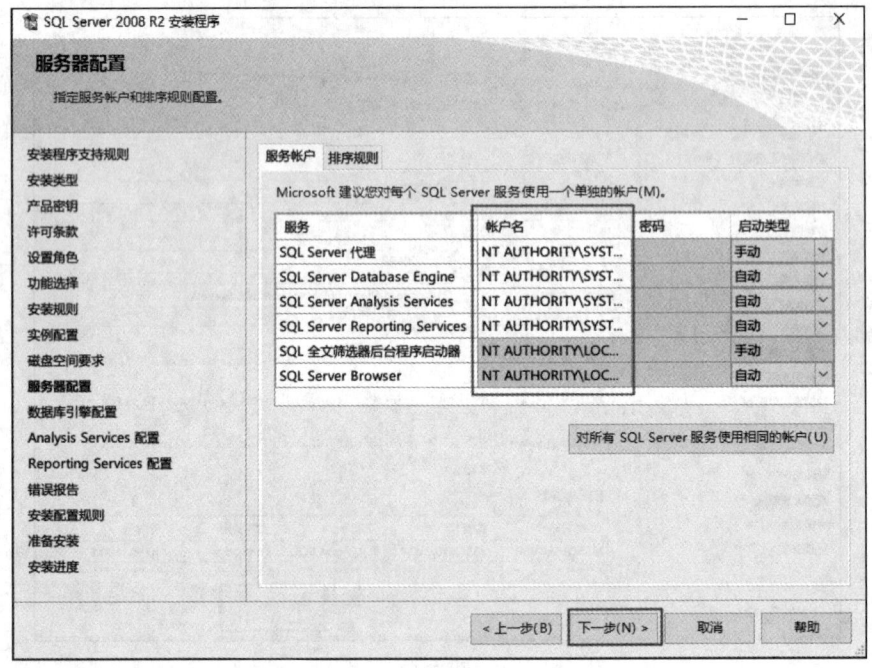

图 2-15

16. "Analysis Services 配置","账户设置"→"添加当前用户",如图 2-16 所示。

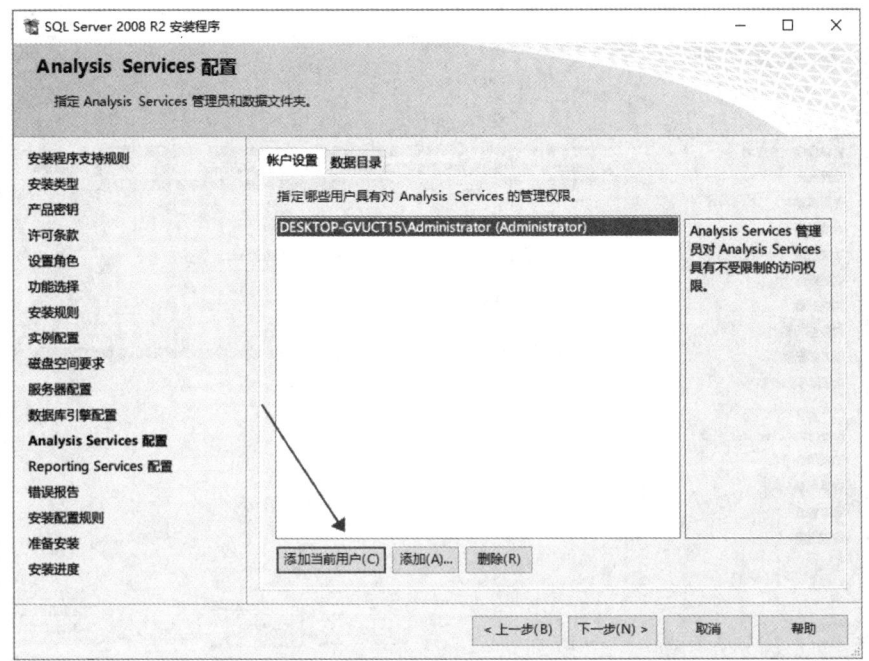

图 2-16

17. "Reporting Services 配置",默认选择"安装本机模式默认配置",单击"下一步"按钮,如图 2-17 所示。

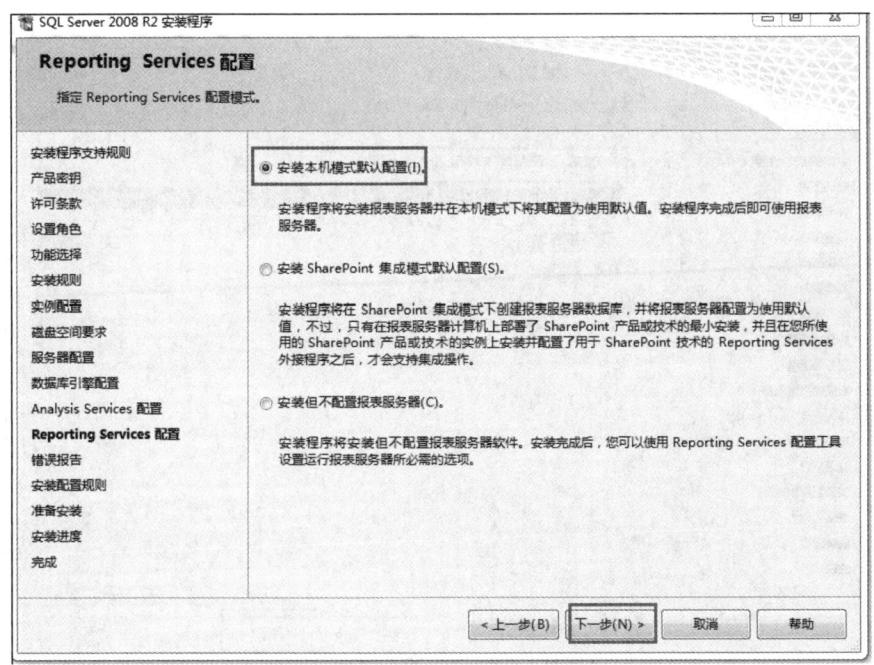

图 2-17

18. "错误报告"，建议不勾选发送错误报告，直接单击"下一步"按钮，如图 2-18 所示。

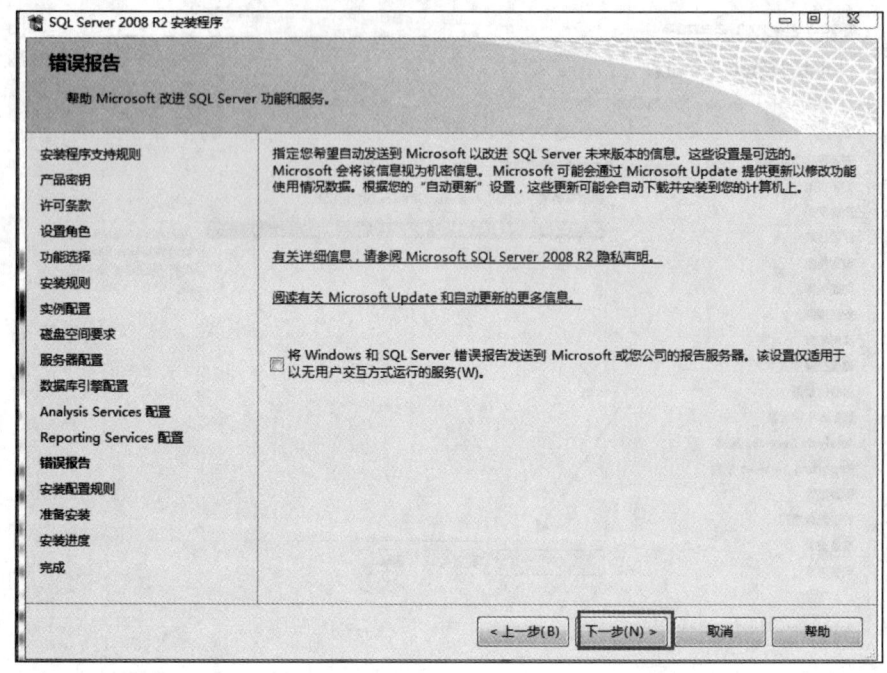

图 2-18

19. "安装配置规则"，如果出现"警告""未通过"，请单击"显示详细信息"按钮对明细进行确认。如未出现警示，则直接单击"下一步"按钮，如图 2-19 所示。

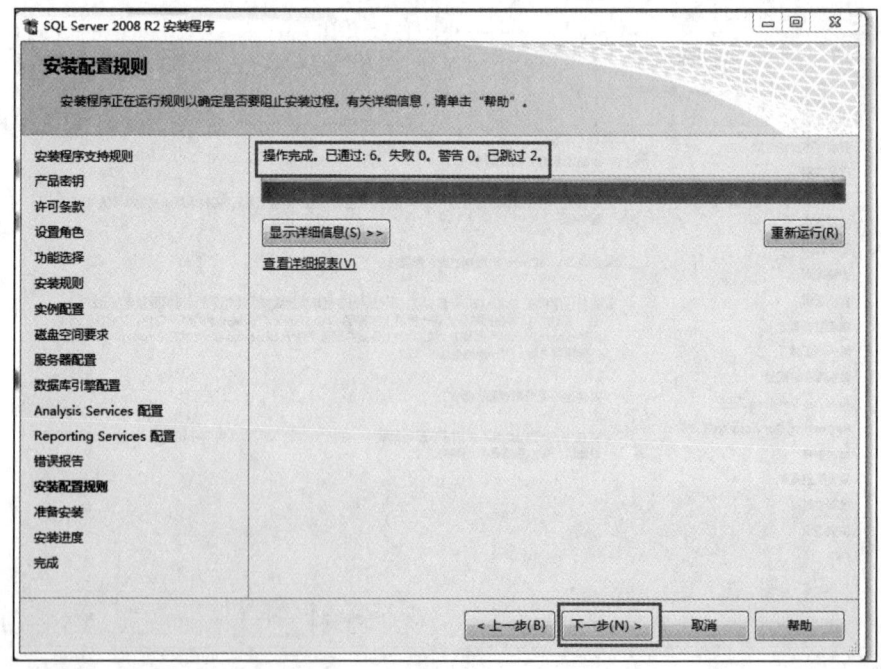

图 2-19

20. "准备安装",确认之前的设置是否正确,如无问题,直接单击"安装"按钮,如图 2-20 所示。

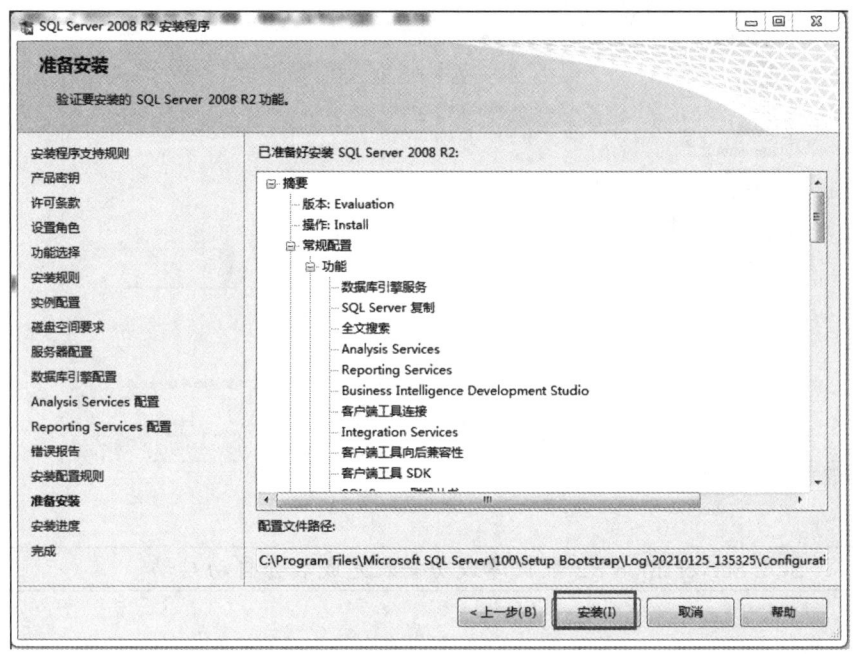

图 2-20

21. "安装进度",根据计算机硬件配置的不同,可能需要 20~60 分钟,如图 2-21 所示。

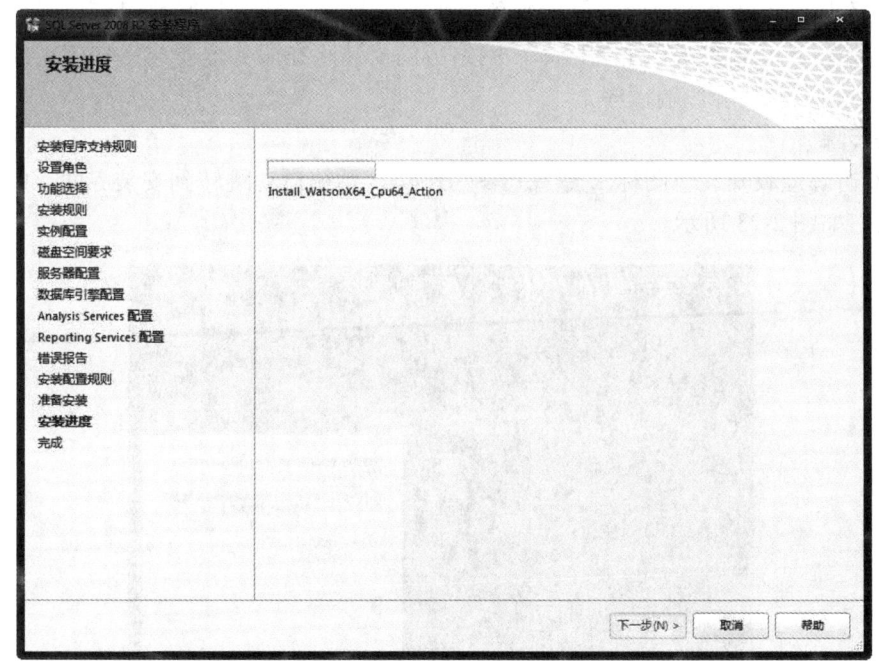

图 2-21

22. 数据库安装完成,单击"关闭"按钮,如图 2-22 所示。至此,数据库安装完成。

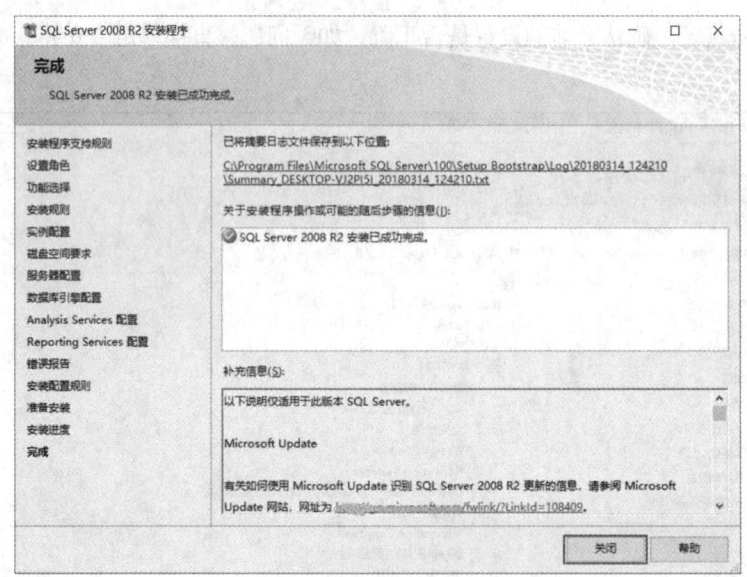

图 2-22

注意 SQL Server 2008 R2 数据库成功安装完成后会自动启动。

2.1.3 管家婆辉煌版安装

管家婆辉煌版程序的安装分为服务器端安装和客户端安装。单机版指将一台电脑既作为服务器又作为客户端同时使用，安装单机版时，只需安装服务器端即可。网络版是适用于用户人数在 2 人及 2 人以上的版本，网络版的安装除在服务器安装主程序之外，还需要在另外的电脑上安装客户端程序。

安装步骤

1. 双击辉煌版安装包图标 管家婆辉煌ⅡTOP+1，系统自动跳转到安装界面，单击"下一步"按钮，如图 2-23 所示。

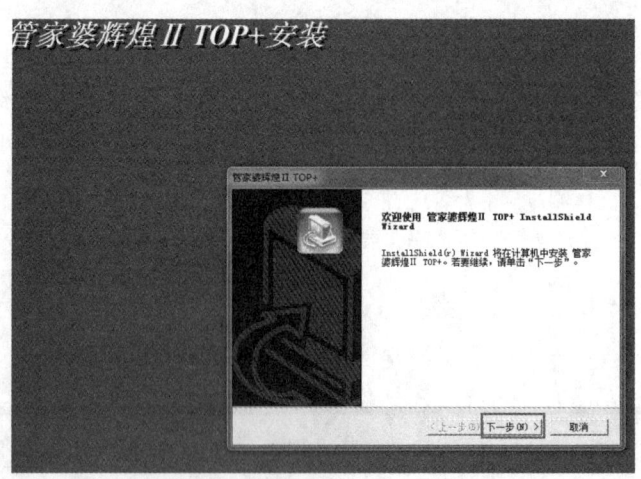

图 2-23

2．"许可证协议"，单击"是"按钮，如图 2-24 所示。

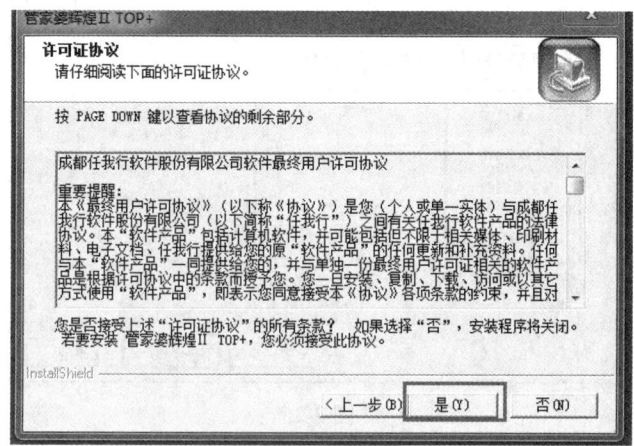

图 2-24

3．"选择目的地位置"，单击"浏览"选择非 C 盘的安装目录，然后单击"下一步"按钮，如图 2-25 所示。

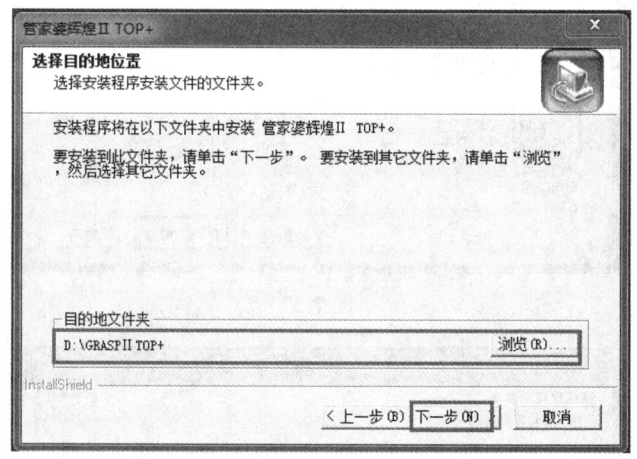

图 2-25

4．"选择组件"，选择对应的"客户端程序"，如单机版、网络版……系统默认为全选，此处需要选择对应的版本，如图 2-26 所示；向下拖动滚动条，可以看到"服务器程序"，默认为全选，如果当前电脑是客户端，则可以选择取消勾选；"打印系统"下的选项默认勾选，单击"下一步"按钮，如图 2-27 所示。

| 注意 | 在选择组件时，可结合实际需要进行，若不知道如何选择，可按照默认设置选择，不影响后续的正常使用。 |

5．"选择程序文件夹"，单击"下一步"按钮，如图 2-28 所示。

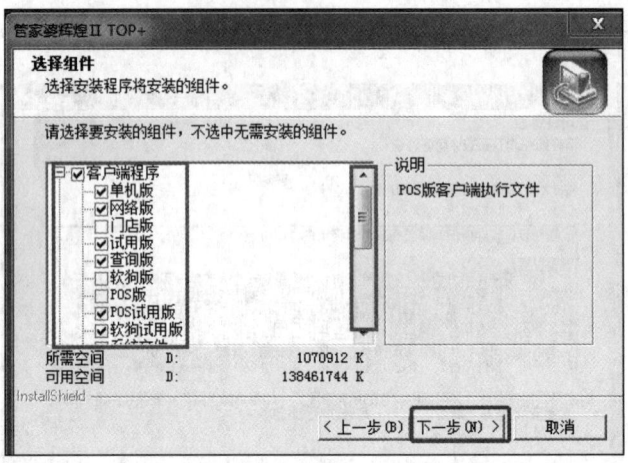

图 2-26

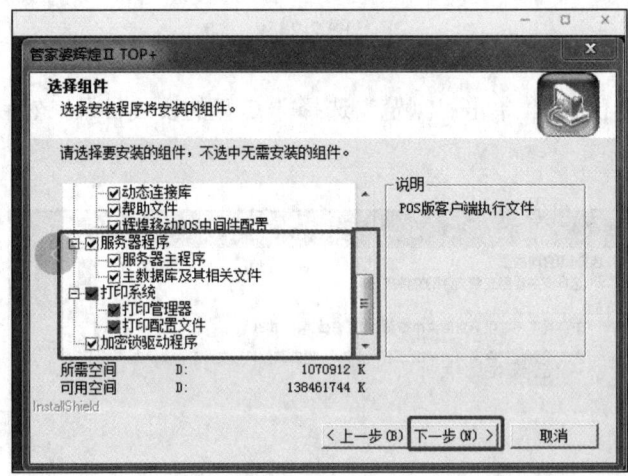

图 2-27

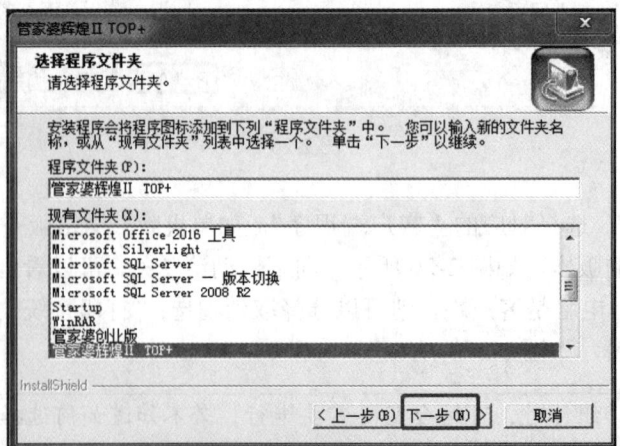

图 2-28

6. "开始复制文件"，单击"下一步"按钮，如图 2-29 所示。

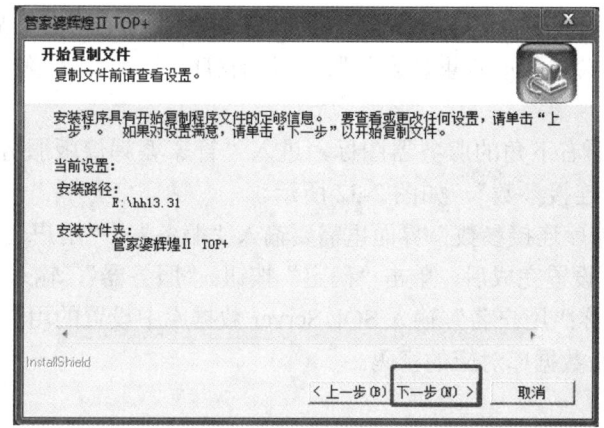

图 2-29

程序开始安装,待系统提醒安装成功,单击"OK"按钮,如图 2-30 所示。
单击"完成"按钮,如图 2-31 所示。

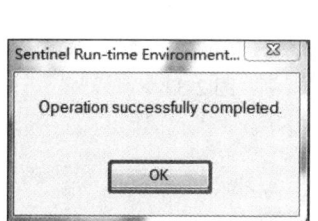

图 2-30

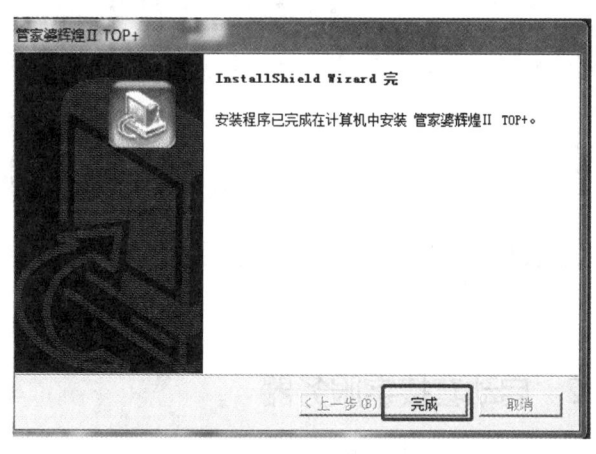

图 2-31

至此,管家婆辉煌版程序安装完成,电脑桌面上会出现图标 。

2.2 软件启用

为确保管家婆辉煌版软件能够正常登录,需要在服务器上启用以下 3 个程序。
- SQL Server 2008 R2 数据库
- 管家婆辉煌版服务器
- 套接字服务器

2.2.1 启动管家婆辉煌版服务器

管家婆辉煌版服务器的启动,可以设置成自动,也可设置成手动。在电脑桌面双击服务器程序图标即可启动管家婆辉煌版服务器，启动后，电脑桌面右下角会显示服务器图标 。

首次使用管家婆辉煌版或者重新安装服务器端程序后，均需配置辉煌版服务器。

操作步骤

1. 双击电脑桌面右下角的服务器图标，进入"管家婆辉煌版服务器"，单击选择"设置"→"设置数据库连接参数"，如图 2-32 所示。

2. 在"设置数据库连接参数"界面里需要输入"服务器""用户名"和"密码"三项内容，如图 2-33 所示，设置完成后，单击"确定"按钮。"服务器"，输入作为服务器电脑的 IP 地址或者是计算机名称；"用户名"，输入 SQL Server 数据库中设置的用户名，一般默认为"sa"；"密码"是 SQL Server 数据库对应的密码。

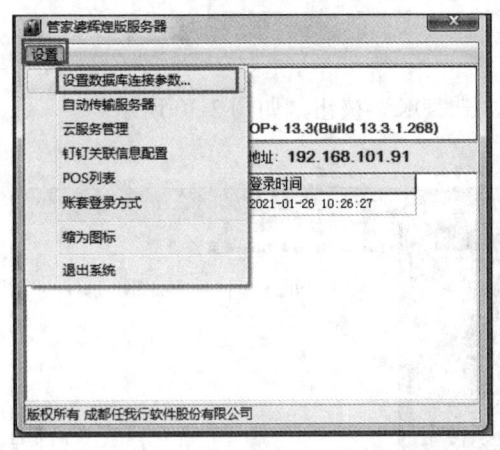

图 2-32

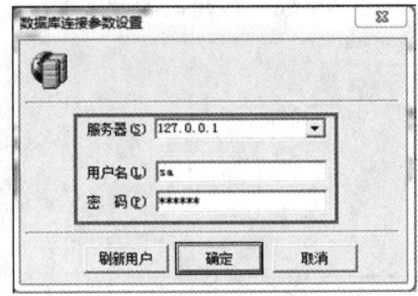

图 2-33

2.2.2 启动套接字服务器

在服务器端安装完辉煌版软件后，系统在正常情况下会自动启动套接字服务器，电脑桌面右下角会出现套接字服务器图标 。若套接字服务器没有自动启动，可以手动启动。

操作步骤

1. 单击电脑桌面左下角 Windows 图标，单击"所有程序"选项，如图 2-34 所示。

2. 在所有程序中找到"管家婆辉煌Ⅱ TOP+"文件夹里的"套接字服务器"，单击"套接字服务器"启动，如图 2-35 和图 2-36 所示。

图 2-34

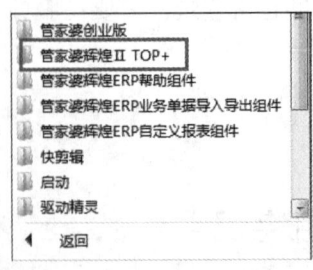

图 2-35

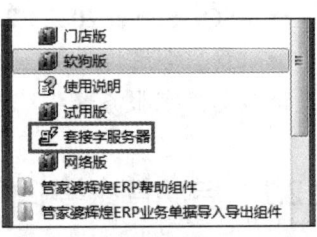

图 2-36

2.2.3 IP 精灵设置

使用管家婆辉煌网络版，需要每个客户端均可访问服务器端。在互联网中，任意可以互相访问的计算机，必须获得一个固定的 IP 地址，而固定 IP 地址的获取代价相对昂贵。为了解决客户对固定 IP 地址的需求和托管服务器费用昂贵的问题，就出现了 IP 精灵、花生壳等域名解析工具。

▋▋ 适用场景

使用管家婆辉煌网络版且服务器放本地。

辉煌食品有限公司没有固定 IP 地址，1 名财务、3 名商务、2 名库管员同时使用管家婆辉煌版，但公司仓库和办公室不在同一个局域网内。据此我们选择安装 IP 精灵，方便使用人员通过域名访问服务器。

▋▋ 操作步骤

1. 解压 IP 精灵安装包，双击"ipjl"图标，出现 IP 精灵安装向导，单击"下一步"按钮，如图 2-37 所示。

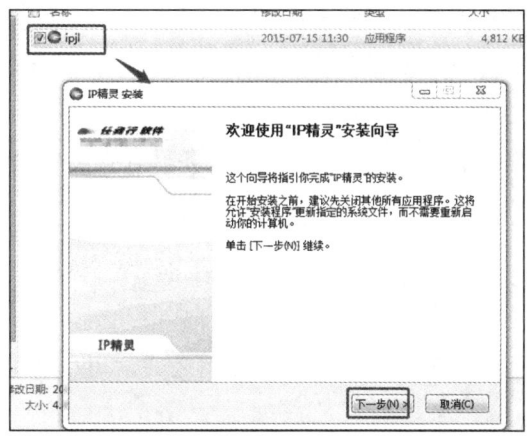

图 2-37

2. "选择安装位置"，使用默认的目标文件夹，单击"安装"按钮，如图 2-38 所示。系统自动完成安装，如图 2-39 所示，IP 精灵安装完成。

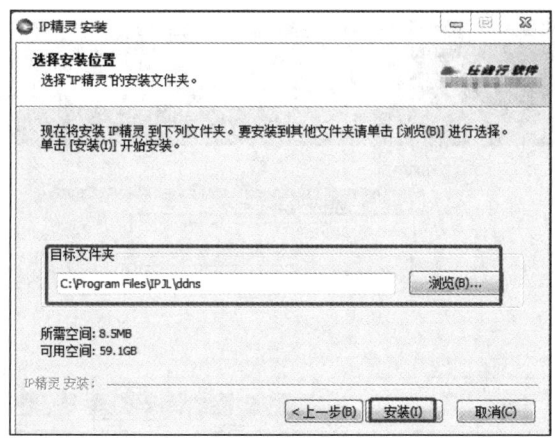

图 2-38

3. IP 精灵安装完成后，会自动运行，出现图 2-40 所示的登录界面，"通行证"和"密码"在购买 IP 精灵服务时获取，输入对应的"通行证"和"密码"即可。

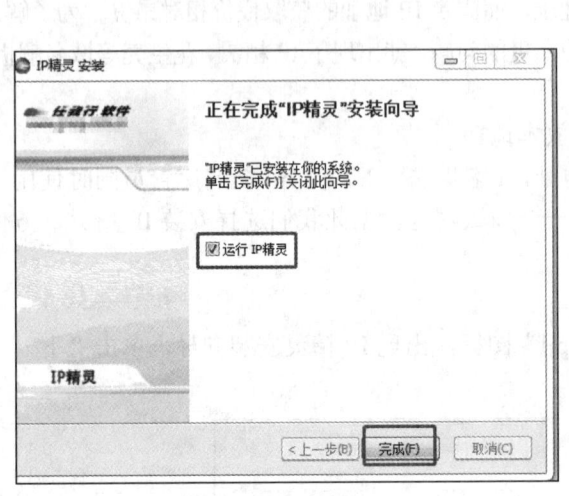
图 2-39

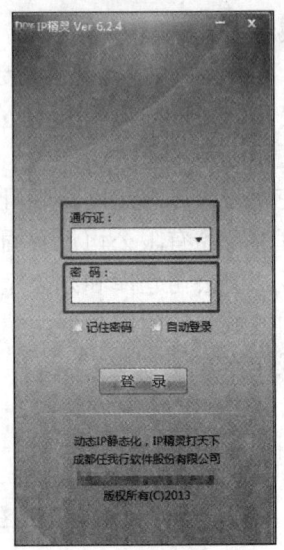
图 2-40

注意　　如果公司购买了云服务器，由于云服务器自带固定 IP，客户端可直接使用固定地址登录，则直接跳过此步骤。

2.2.4　登录管家婆辉煌版客户端

在数据库、辉煌版服务器等服务器端程序启用之后，可以在客户端电脑桌面双击管家婆辉煌版图标登录。

操作步骤

1. 双击管家婆辉煌Ⅱ TOP+图标，出现"登录向导"，在"服务器名称或 IP"处输入服务器的名称或 IP，在"请选择产品"处选择对应的版本，单击"下一步"按钮，如图 2-41 所示。

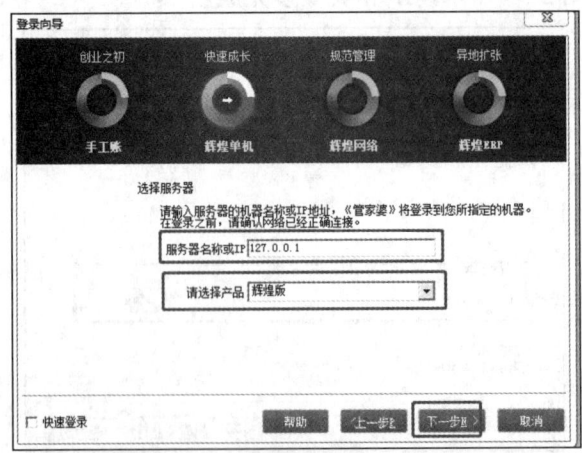
图 2-41

注意　系统默认选择辉煌版，选择辉煌版账套后，只能使用辉煌版账套。

2."登录向导"，选择对应的账套，如果是第一次登录，则系统中没有账套而需要新建账套（新建账套的方法详见第 3 章），单击"新增账套"按钮，然后选择账套，单击"下一步"按钮，如图 2-42 所示。

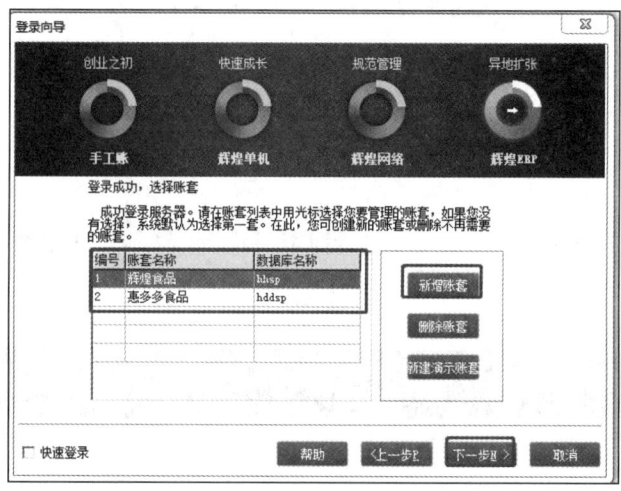

图 2-42

3."登录日期"默认读取当前服务器电脑的日期，直接单击"下一步"按钮，如图 2-43 所示。

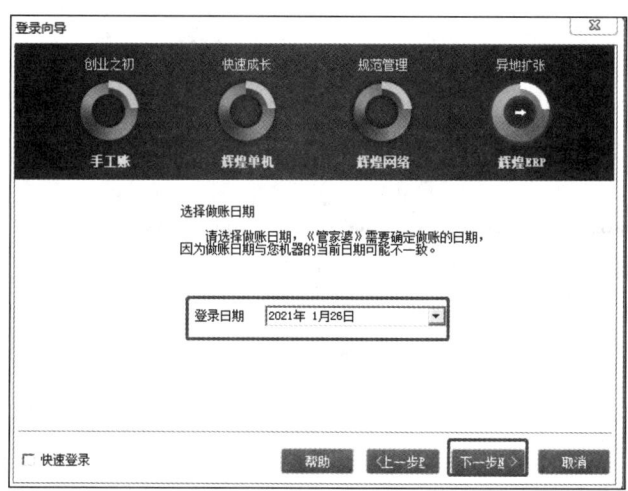

图 2-43

4."用户密码输入"，输入"操作员"和"登录密码"，第一次登录默认"操作员"为"管理员"，"登录密码"为空，如图 2-44 所示。管理员在系统中创建操作员的用户名和密码后，输入对应的用户名和密码登录，单击"完成"按钮，系统将自动登录，登录成功后会进入软件操作界面，如图 2-45 所示。

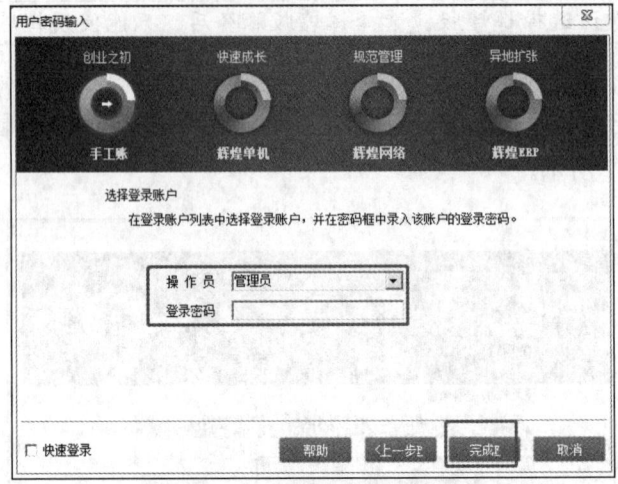

图 2-44

图 2-45

第 3 章　系统初始化

在正式使用管家婆辉煌网络版之前，我们需要做系统初始化工作，即建账前的各种准备工作，包括创建账套、用户配置、设置操作员及权限、基本信息搭建、期初数据录入，以及开账等，如图 3-1 所示。

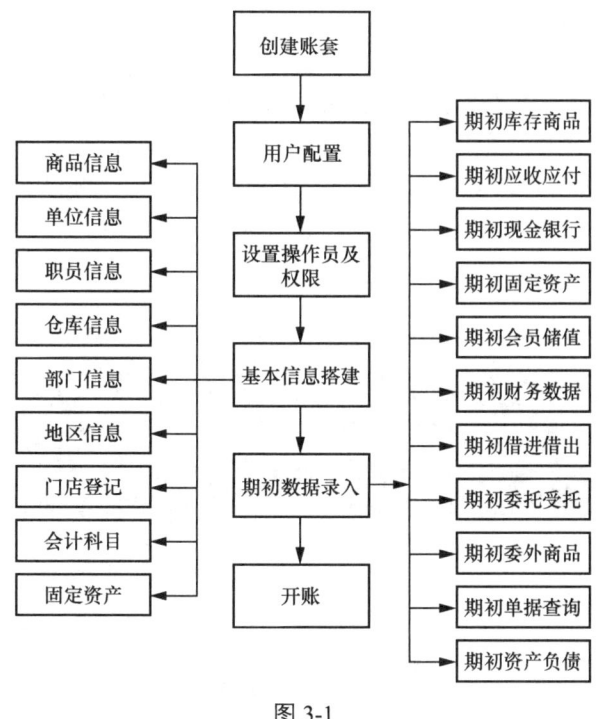

图 3-1

操作步骤

1. 创建账套。
2. 用户配置及用户权限配置。
3. 设置操作员及权限。
4. 基本信息搭建。
5. 期初数据录入。
6. 开账。

我们以辉煌食品有限公司为案例，讲解系统初始化工作。为了确保系统能按计划上线和顺利使用，公司老板张总任命计算机专业出身的小管负责管家婆软件系统的实施工作。今后，小管将以系统管理员的身份全程主导软件的上线和后期应用。

3.1 创建和删除账套

辉煌版的"账套",我们可以理解为公司手工账的账本,公司做账之前需先准备账本,而正式使用软件前需先建立账套,因此,系统管理员需要首先学会如何创建账套、删除账套,以及相关的账套管理方法。

3.1.1 创建账套

▌适用场景

公司需要新开账套。

▌应用实例

小管为辉煌食品公司新建账套,账套名为"辉煌食品有限责任公司"。

▌操作步骤

1. 打开软件进入"登录向导",单击"请选择产品"右侧的下拉按钮,选择"辉煌版",单击"下一步"按钮,如图3-2所示。登录成功后,单击"新增账套"按钮,如图3-3所示。

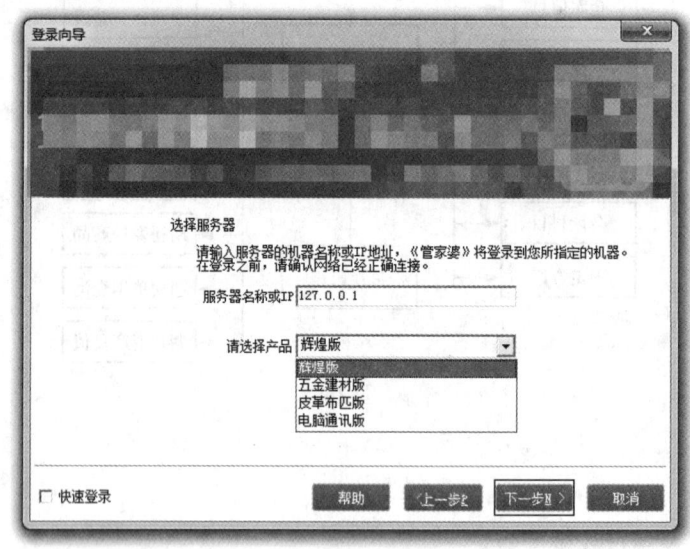

图3-2

> **注意** 在登录向导中,系统默认为辉煌版账套,如需使用行业版账套,请手动选择对应版本。

2. "创建账套",输入"系统管理员账号"(数据库账号,默认为sa)、"系统管理员密码"(数据库密码)、"账套名称""数据库名称",单击"确定"按钮,如图3-4所示。

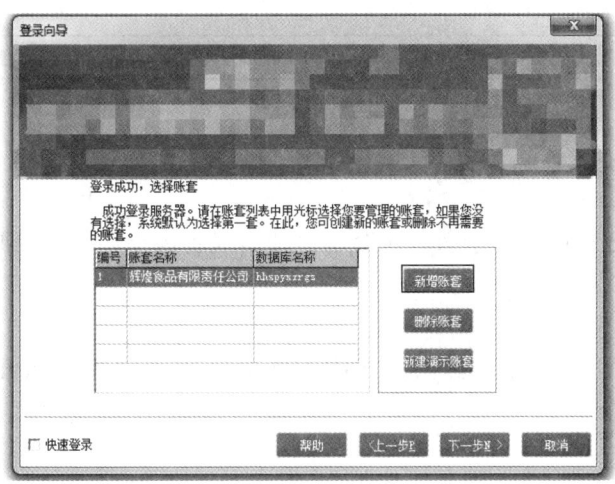

图 3-3

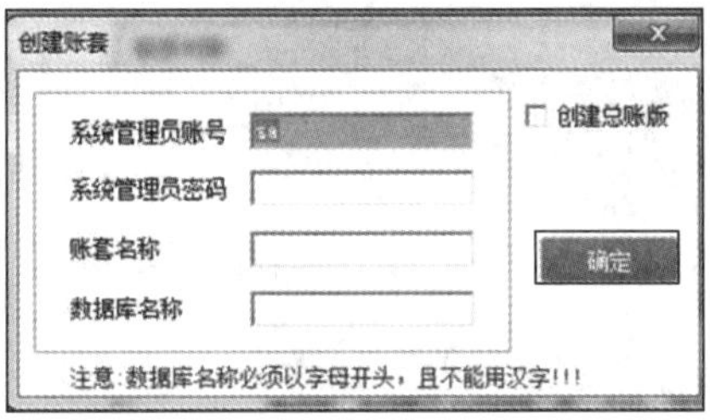

图 3-4

注意 如需使用标准财务，在建立账套时，记得勾选"创建总账版"，系统中会增加一个独立的总账版模块。

3．系统提示"创建账套成功！"，单击"确定"按钮，账套创建完成，如图 3-5 所示。同时，在软件账套列表中会显示创建成功的账套名称。

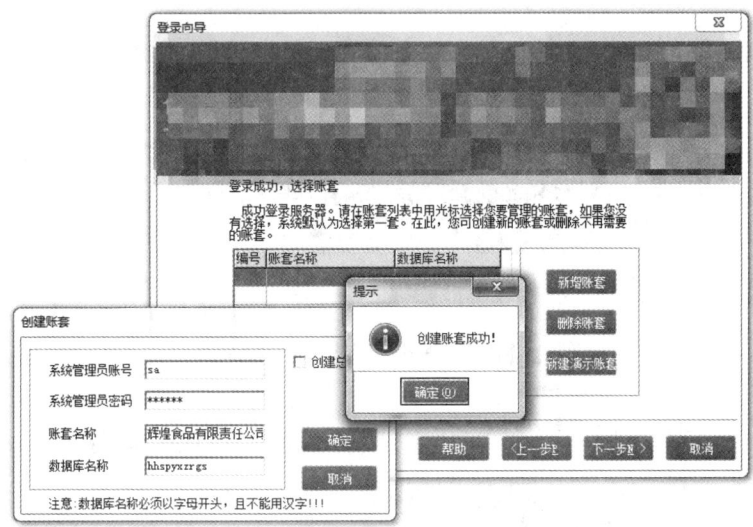

图 3-5

| 注意 | 此处的数据库名称必须以字母开头,不能用汉字,建议使用英文字母。 |

3.1.2 删除账套

在软件的使用过程中,由于有些账套不再使用或者由于误操作等原因,需要删除已经建立的账套。

操作步骤

1. 进入"登录向导",选择需要删除的账套,单击"删除账套"按钮,如图 3-6 所示。

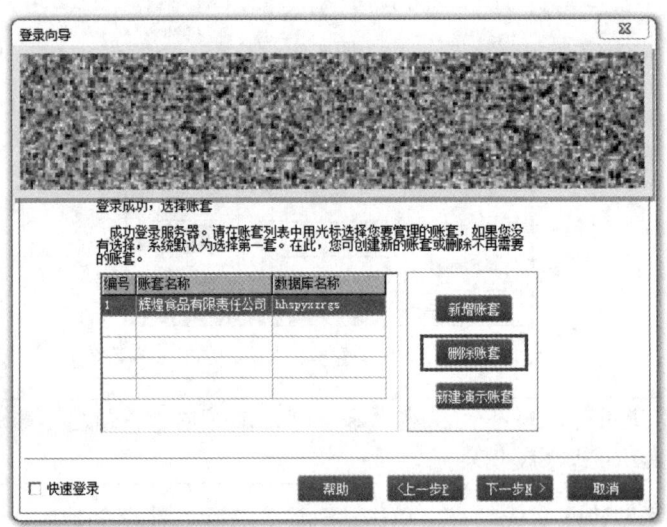

图 3-6

2. 在"删除账套"对话框中,输入"系统管理员密码"(数据库 sa 对应的密码),单击"确定"按钮,如图 3-7 所示;提示"删除账套成功!",如图 3-8 所示。

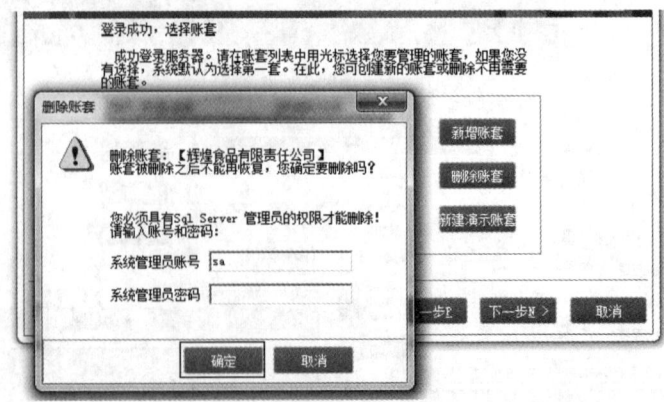

图 3-7

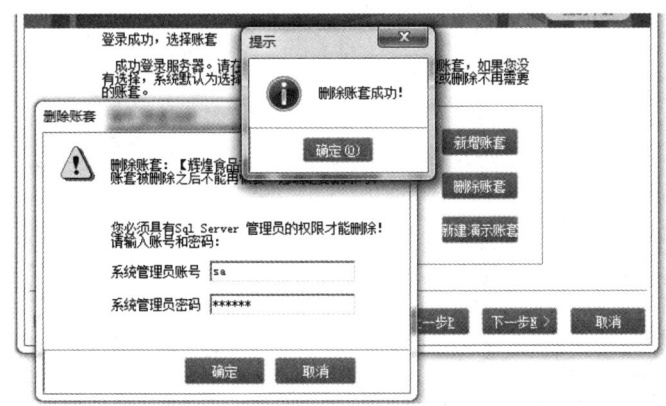

图 3-8

> **注意** 在管家婆辉煌版中删除账套，删除的是软件里的账套，并没有删除 SQL 数据库里的信息，如果要彻底删除，需要到 SQL 数据库里删除对应信息。

3.1.3 账套登录方式

新建账套后，管家婆辉煌版支持两种账套登录方式。

下拉选择用户方式：先选择账套，然后选择账套里对应的操作员匹配登录密码，登录软件。

根据用户匹配账套方式：先输入操作员及其密码匹配对应账套，选择有登录权限的账套登录软件。

两种方式的选择界面如图 3-9 所示。

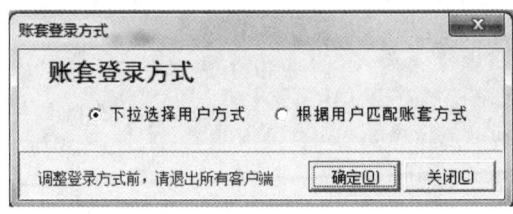

图 3-9

系统默认使用的是"下拉选择用户方式"。当公司账套较多时，为了更好地保护账套安全，避免操作员登录时选错账套，可以修改成"根据用户匹配账套方式"登录。

应用实例

小管在了解两种登录方式后，决定先选择"根据用户匹配账套方式"登录软件。

操作步骤

1. 找到操作系统桌面右下角管家婆辉煌版服务器图标，如图 3-10 所示。
2. 将鼠标指针放置在管家婆辉煌版服务器图标上，单击鼠标右键，在弹出的菜单中选择"账套登录方式"，如图 3-11 所示。

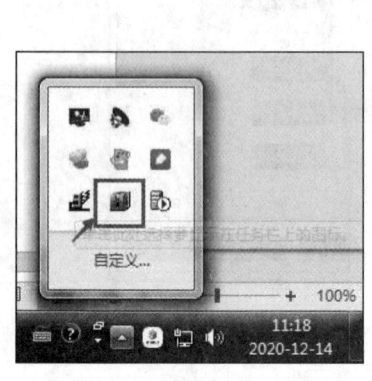 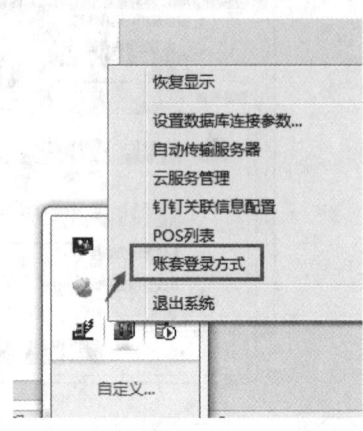

图 3-10　　　　　　　　　　　图 3-11

3. 在"账套登录方式"界面，选择"根据用户匹配账套方式"，如图 3-12 所示。

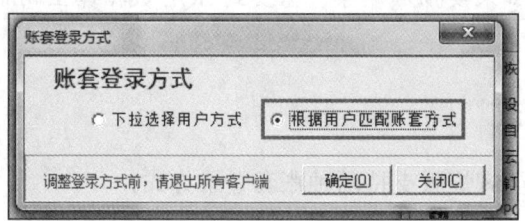

图 3-12

4. 修改成功后重新登录软件，功能生效，在"登录向导"界面输入"操作员"和"登录密码"，自动匹配对应账套进行登录，如图 3-13 所示。

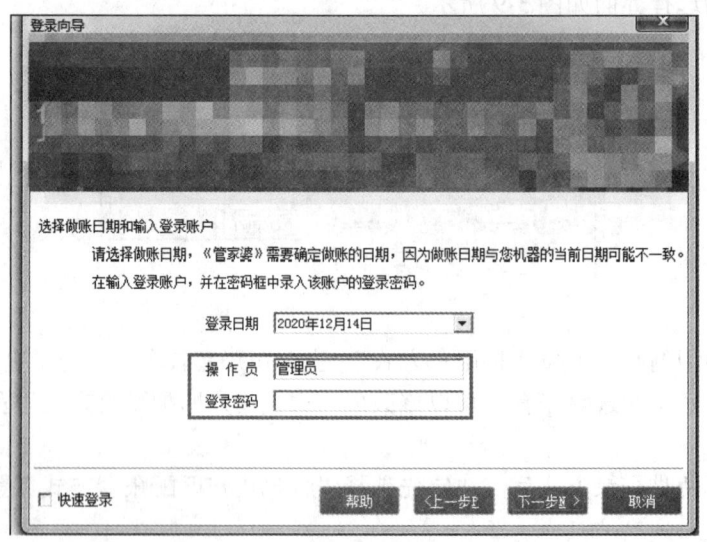

图 3-13

注意　　在修改账套登录方式时，需要先退出所有用户的登录。

3.2 用户配置

用户配置包括系统配置、功能配置、录单配置、小数配置和气泡信息 5 个方面。

3.2.1 系统配置

公司需要对系统整体配置，如成本算法、付款结算方式等。

应用实例

小管将公司组织架构、各部门人员分工及业务流程等方面梳理后，发现公司具体管控以下几点。

- 公司需要严格管理库存，不允许负库存出库。
- 公司的商品不使用同一种成本算法。
- 公司为一般纳税人，增值税税率为 17%，在进货、销售等业务中需要核算税额。
- 公司按单据结算收付款。
- 数据每天需要备份一次。

小管用管理员账号进入系统后实施系统配置，如图 3-14 所示。

操作步骤

1．单击"系统维护"→"系统管理"→"用户配置"→"系统配置"，在界面上方的"系统负库存"下拉列表中选择"不启用"；

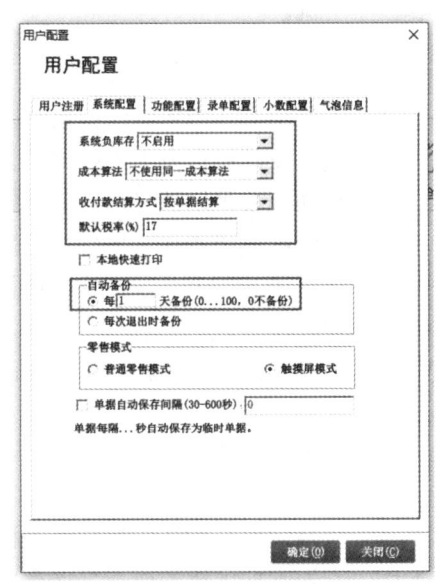

图 3-14

2．在"成本算法"处，单击选择"不使用同一成本算法"；

3．在"收付款结算方式"处，单击选择"按单据结算"；

4．在"默认税率"处，输入"17"；

5．将"自动备份"设置为"每 1 天备份"。

下面对系统配置下的各选项进行说明。

1．系统负库存：适用于不需要管理库存或者是不需要严格管理库存的情况。系统在没有库存或者是库存不足时也可以打单出货，管家婆辉煌版支持"不启用""系统启用负库存"和"仅业务系统启用"3 种方式，如图 3-15 所示。

- 不启用：需要严格管理库存。系统库存不足时，单据不能过账，系统默认为不启用。
- 系统启用负库存：不需要严格管理库存。不论系统库存是否足够，都可以过账单据。
- 仅业务系统启用：在启用实物仓库功能模块后，业务启用负库存。实物仓库不启用负库存商品的成本算法为移动加权平均算法时，商品才允许执行负库存业务。

2．成本算法：手工账中核算财务成本时，需要选择对应的成本算法。在管家婆辉煌版中也同理，每一个账套均需设置对应的成本算法，辉煌版在"用户配置"里支持 6 种不同的成本算法，如图 3-16 所示。

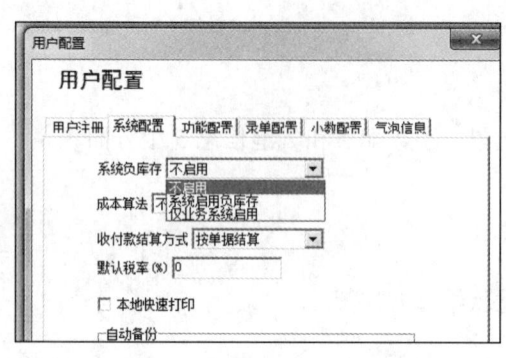
图 3-15

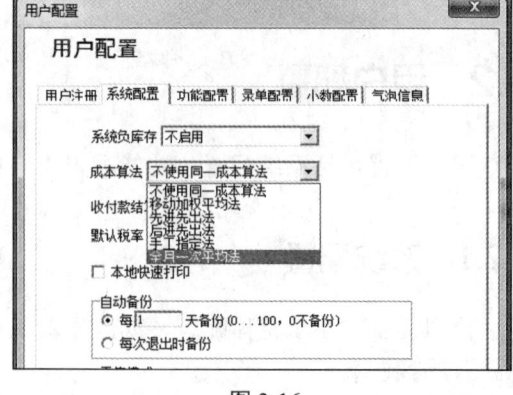
图 3-16

- 不使用同一成本算法：系统默认设置为不使用同一成本算法，每一个商品的成本算法，在商品信息里进行设置。
- 移动加权平均法：每次商品入库过账后，都计算一次加权平均单价，并作为出库商品的单位成本。
- 先进先出法：先入库的商品先发出，发出商品的成本按最先入库商品的成本进行计算。
- 后进先出法：最新入库的商品先发出，发出商品的成本按最新入库商品的成本进行计算。
- 手工指定法：商品入库时按照个别商品计算成本，商品出库时按照商品对应的入库成本进行计算。
- 全月一次平均法：商品成本根据期初和本期的进货数量与金额计算，并以此平均成本为本期出货的成本。这次的期间按照月结存的期间进行计算。

注意 系统支持 5 种成本算法，系统配置中的成本算法一旦确认后不能修改，建议配置成"不使用同一成本算法"。

3. 收付款结算方式：管家婆辉煌版支持 3 种收付款结算方式，按单据结算、按金额结算和按商品结算，如图 3-17 所示。

- 按单据结算：在收付款时，选择往来单位后，还需选择对应结算的单据，收付款金额与具体单据关联。
- 按金额结算：在收付款时，选择单据后不能看到结算单据。
- 按商品结算：在收付款结算时，将与往来单位的结算细化到某种具体的商品或品牌。

4. 自动备份：系统数据自动备份适用于每一家公司，数据安全很重要。确保数据安全的重要方式之一是数据备份。管家婆辉煌版支持两种自动备份方式，如图 3-18 所示。

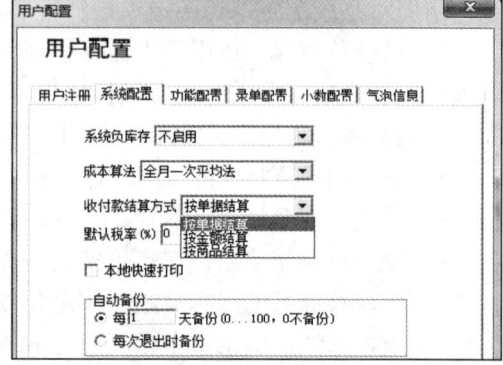
图 3-17

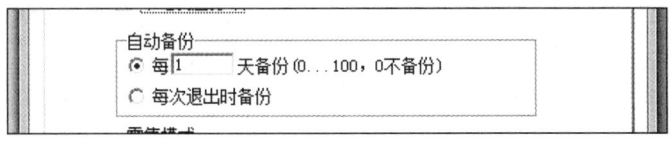

图 3-18

- 每 1 天备份：每天只自动备份一次，且以当天第一次退出系统时进行备份。此处的天数可以自由修改，改成多少天（最大值 100）备份一次都行。
- 每次退出时备份：每次退出软件时，自动进行数据备份。

| 注意 | 系统自动备份产生的数据存放在管家婆辉煌版服务器安装目录下的 backup 文件夹里。 |

5．零售模式：管家婆辉煌版支持两种零售模式：普通零售模式和触摸屏模式，如图 3-19 所示。

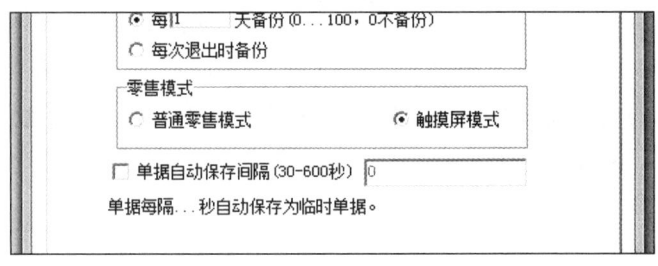

图 3-19

- 普通零售模式：适合零售业务较少的，在后台直接开零售单完成收银。
- 触摸屏模式：适合零售业务相对较多的，在门店用独立 POS 触摸屏进行收银。

6．单据自动保存间隔：在该项配置的空格中录入保存的秒数后，系统会按时间自动保存临时单据。当发生断电、关机等意外情况时，再次进入该类单据操作，系统会显示临时单据，可恢复临时单据，以最大限度地保证数据的安全性。

3.2.2 功能配置

小管在梳理公司业务后，发现公司不需要启用"功能配置"里的相关功能。但出于学习知识的需要，小管还是对其进行了一番了解。"功能设置"界面如图 3-20 所示。

1．启用三方结算：业务中存在购买单位和结算单位不是同一家单位的情况，需要按照结算单位产生往来账。

2．启用物流配货：客户下单购买了商品以后，需要向客户进行配货和送货。该对哪些单据和商品进行配货，哪些单据是已配送，哪些还没有配送，是管理中最关心的问题。而物流配货管理模块，则是专门针对配货这部分的业务处理。

3．启用实物仓库：实际业务中，实际仓库的货物出入库和业务库存不一定完全对等，实物仓库单独针对仓库人员进行货物出入库管理。

4. 物价调整审核后生效：公司在调整商品物价时，必须审核后才能正式生效。

5. 启用品牌应收管理：当公司代理多个品牌时，需要按"专款专用"模式来管理，即每一笔应收或预收均需要跟品牌商品进行关联结算。

6. 启用项目管理：在日常经营中，公司需要按项目来进行管理，将进销存业务与项目挂钩，管理每个项目的盈亏情况，查询每个项目的应收、应付，以及项目利润表。

7. 固定资产方式：固定资产方式分为两种，一种为非卡片式固定资产，用于记录固定资产的购买、折旧，以及变卖。一种为卡片式固定资产，按照标准会计的方式进行固定资产卡片管理。

8. 加盟店模式：在门店业务中存在加盟模式，加盟模式中有两个角色，一个为加盟总店（即总部），需要同步商品信息、配送货物明细单据到加盟店，以及查看加盟店加盟商品的库存情况。另外一个角色为未使用加盟店，需要接受总部发送的商品信息，以及配货单。

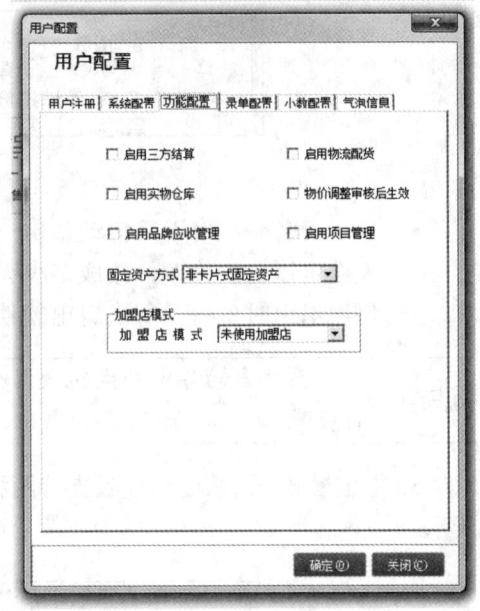

图 3-20

3.2.3 录单配置

在进销存业务中，需要进行全局管控。辉煌食品有限公司的小管在梳理公司具体业务时，发现需要重点管控两点：一是售价不允许低于成本价和公司规定的最低售价；二是如果有销售订单的，不能超订单发货。

操作方法

用管理员账号登录系统，单击菜单栏里的"系统维护"→"系统管理"→"用户配置"→"录单配置"，在"售价低于成本价不允许过账""低于最低售价不能过账""不允许超量执行销售订单"的允许列连续单击打钩，如图3-21所示。

注意 系统配置，用于通过软件系统进行业务管控的参数设置。目前共34项，部分默认设置为允许（已在允许处打钩）。

录单时，数量默认为1：设置为允许，物流类单据选择商品后，默认显示的数量为1；不选择时，默认显示数量为0。

虚拟库存负库存提示：设置允许后，商品出库时，如果虚拟库存数量为负或将出现负数时，则进行提示。

虚拟库存负库存不允许过账：设置允许后，商品出库时，如果虚拟库存数量为负或将出现负数时，则不能进行单据过账。

虚拟库存负库存不允许存草稿：设置允许后，商品出库时，如果虚拟库存数量为负或将出现负数时，则不能进行单据保存。

系统使用基本信息授权控制：选择了该选项后，才能使用基本信息授权功能。

系统使用目录板：选择该选项后，商品信息等涉及类的分级显示方式会在表格左边显示树状的目录板。但是不建议录入量大的客户勾选该项，会影响系统的响应速度。该选项默认为选择。

- 客户销售价格跟踪：往来每一种商品的最近一次折前进价，用户可进入"辅助功能"→"物价管理"查询和修改某往来单位对应商品的最近进价。使用该功能将会影响系统的运行速度。如果觉得系统速度太慢，可以将该功能关闭。价格跟踪，则有历史记录的商品可以优先跟踪价格，没有记录的商品价格为0。

- 售价低于最近进价、成本价、最低售价提示：当折后单价低于最近折后进价或低于库存成本或低于"物价管理"中设置的最低售价时，系统给予提示，帮助用户及时检查、防止错误。

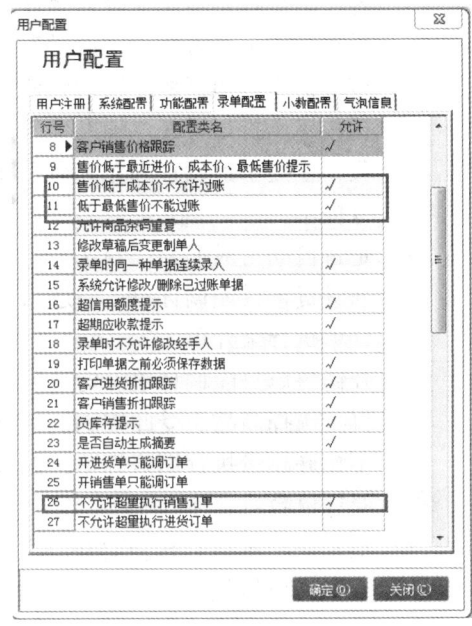

图 3-21

- 售价低于成本价不允许过账：勾选后，当商品的销售价格低于成本价时单据不能过账。
- 低于最低售价不能过账：勾选后，当商品的销售价格低于最低售价时，单据不能过账。
- 允许商品条码重复：选择该项后，将支持不同商品使用同一条码。
- 修改草稿后变更制单人：选择该项后，在业务稿中修改单据后，制单人会被修改为登录人，否则将不变。
- 录单时同一种单据连续录入：录单时，有时需同时录入几张相同的单据，如果这种情况较多，选中此项，就可以连续录入同一类型的业务单据。完成一笔业务过账时不会退出单据录入界面，继续录入下一笔业务。
- 系统允许修改/删除已过账单据：正常情况下，单据过账后将不能再作修改。单据录入错误后，只能通过红冲单据处理。勾选该选项后，可以对已经过账的单据进行修改，包括单据的表头信息及表体字段信息，可以修改商品、数量及价格等，但该配置的使用有以下注意事项。
  A．过账单据功能不能修改非移动加权平均算法的商品。
  B．电脑通信版和皮革布匹版不支持该功能。
  C．进行了审核控制和按单据结算的单据，不能使用该功能。
- 超信用额度提示：勾选后，超过信用额度开单过账，系统自动进行提示。
- 超期应收款提示：勾选后，存在超期应收款单据过账时，系统自动进行提示。
- 录单时不允许修改经手人：选上此项后，单据的经手人信息不能修改。如果操作员是管理员，则本设置无效。经手人默认为操作员，如果操作员为管理员，则经手人默认为空。
- 打印单据之前必须保存数据：防止操作员打印单据后将单据废弃，造成虚假数据信息。将该项设置为允许，则在打印前对数据进行保存。
- 客户进货折扣跟踪：设为允许后，系统将跟踪往来单位每一种商品的最近一次进货折扣率，折扣可在"辅助供"→"价格折扣跟踪"里查询和修改。
- 客户销售折扣跟踪：设为允许后，系统将跟踪往来单位每一种商品的最近一次销售折扣率，折扣可在"辅助供"→"价格折扣跟踪"里查询和修改。
- 负库存提示：设置为允许后，商品出库时，如果库存数量为负或将出现负数，则进行提示。
- 是否自动生成摘要：勾选后，将自动生成摘要信息，否则摘要信息一直为空。
- 开进货单只能调订单：勾选后，进货单将不能直接选择商品，也只能通过调取进货订单执行来开单。
- 开销售单只能调订单：勾选后，销售类单据将只能通过调取订单执行来开单，不能直接选择商品。受此控制的单据包括销售单、组合套件销售单。
- 不允许超量执行销售订单：勾选后，通过销售单调销售订单时，执行数量不能大于原订单数量。
- 不允许超量执行进货订单：勾选后，通过进货单调进货订单时，执行数量不能大于原订单数量。
- 单据过账之前不能打印：勾选后，需要先过账单据，然后再打印单据，避免打印未过账单据。
- 录入时焦点不自动跳转到辅助数量1/2：不勾选此项，商品信息和单据中配置了辅助数量1/2，在录入时焦点先落在辅助数量1/2上，然后再落到原数量上。
- 进货单、销售单入库时允许使用通讯称录入：勾选后，支持在进货单和销售单中读取通讯称的数据录入数量。
- 基本信息名称不允许相同：勾选后，商品信息、往来单位信息等基本信息的名称不可以重复。
- 成本异常时零成本出入库：默认不勾选。未勾选时，同现在处理。勾选后，出库零成本时不提示；成本异常时，按零成本出库。
- 允许零单价出入库：默认不勾选。未勾选时，同现在处理。勾选后，在所有单据开单时，如果商品没有单价或单价为0，可以过账。
- 只储值消费时输入密码：勾选后，会员消费时，只有进行储值消费需要输入会员卡密码。

3.2.4 小数配置

小数配置主要用于系统中数量、单价、金额、折扣的位数设置，需要配置进货单据、销售单据、报表等上具体数字的小数。

应用实例

辉煌食品有限公司在实际的业务中，各类单据和报表保留的小数位数有如下要求。
- 数量保留1位小数位数。
- 单价保留2位小数位数。

- 金额保留 2 位小数位数。

操作步骤

小管用管理员身份登录系统后,单击菜单栏里的"系统维护"→"系统管理"→"用户配置"→"小数配置",单击对应的小数位数进行位数选择,如图 3-22 所示。

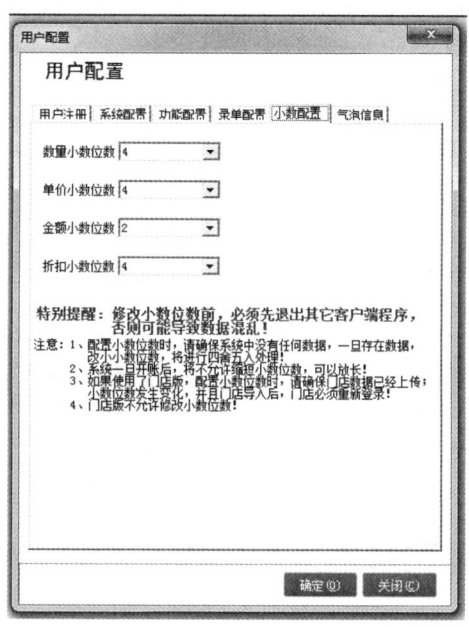

图 3-22

注意
- 开账后,小数位数只能增加,不能减少。
- 修改小数位数时,所有客户端的操作员必须退出软件。
- 建议修改之前做好数据备份。

3.2.5 气泡信息

在开单需要了解商品的库存数量、成本单价等信息时,可以启用气泡信息。

应用实例

小管希望在正式使用软件时,公司销售在开单时可以看到该商品的库存情况。

操作步骤

1．小管用管理员身份登录系统后,单击菜单栏里的"系统维护"→"系统管理"→"用户配置"→"气泡信息"。

2．在"查看显示"栏勾选需要启用的信息字段。

3．在"显示气泡时间"处,输入对应的显示时间为 10,单击"确定"按钮,如图 3-23 所示。

注意 重新登录系统,功能才会生效。

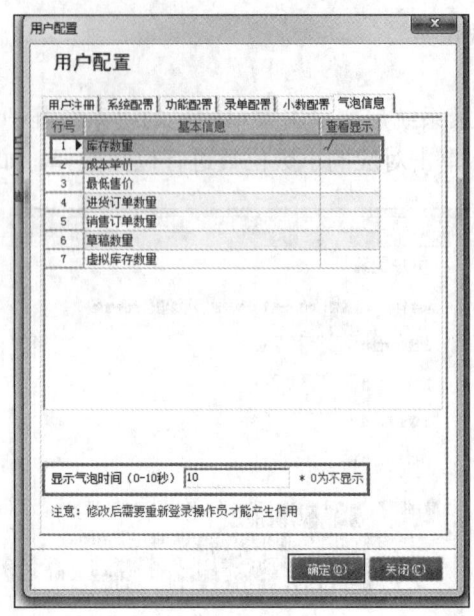

图 3-23

3.3 用户权限设置和基本信息授权

3.3.1 用户权限设置

创建完账套后,系统默认的是管理员账号,其他操作员账号需要管理员新建。每位员工的岗位职责不同,对应的操作权限也会不同。

权限设置分为两个模块,一个模块为"用户及权限设置",用于设置操作员的单据、报表、基本信息字段等相关的使用。另一个模块为"基本信息授权",用于管控基本信息的使用范围,如商品信息、单位信息和仓库信息的使用。

在进行权限设置时,系统管理员需要首先与公司总经理沟通,确认公司人员职责和系统使用人员名单及对应到软件的权限。

公司使用软件的有多个操作员,每个操作员的岗位不同、权限不同。

应用实例

小管与公司张总经过认真细致的沟通后,最终确定的操作员有张总、张销售、李销售、赵销售、李采购、钱财务、王仓库,各自的权限如图 3-24 所示。

姓名	部门	权限范围
张总	总经办	所有权限
张销售	销售部	销售类单据和销售类报表权限、没有成本权限
李销售	销售部	销售类单据和销售类报表权限、没有成本权限
赵销售	销售部	销售类单据和销售类报表权限、没有成本权限
李采购	采购部	进货类单据和进货类报表权限、仓库类报表查询权限
钱财务	财务部	所有权限
王仓库	财库部	仓库类单据和仓库类报表权限、进货单据查询权限、没有成本权限

图 3-24

操作步骤

（以操作员张销售新建和设置权限为例。）

1. 小管以管理员身份登录系统后，单击菜单栏里的"系统维护"→"系统管理"→"用户及权限设置"，单击"添加"按钮，弹出"职员选择"对话框，如图 3-25 所示。

图 3-25

2. 对张销售分配权限，选择"张销售"→"单据权限"→"销售类单据"，全选后，有权限的功能被标记成橘红色的小圆点，报表权限操作选择"全选"，如图 3-26 和图 3-27 所示。

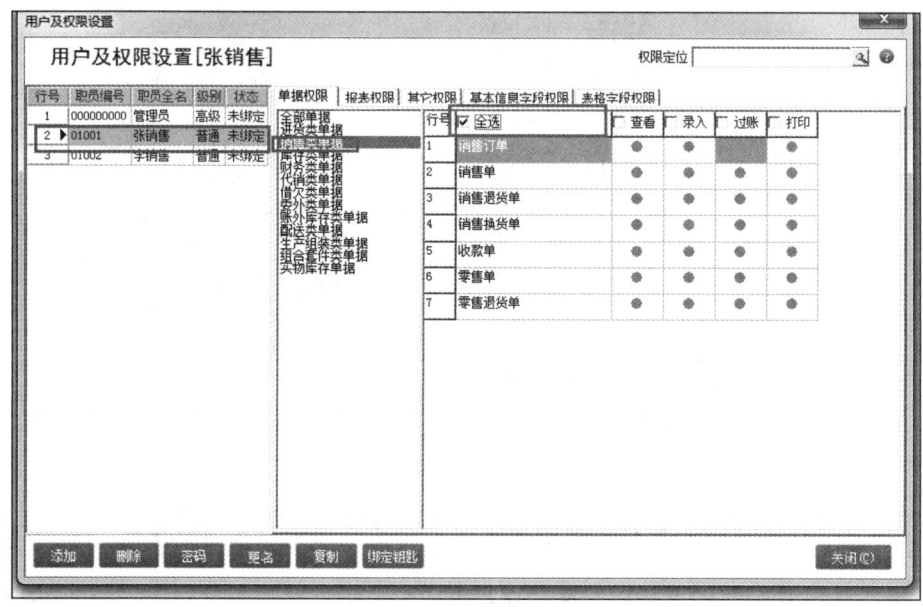

图 3-26

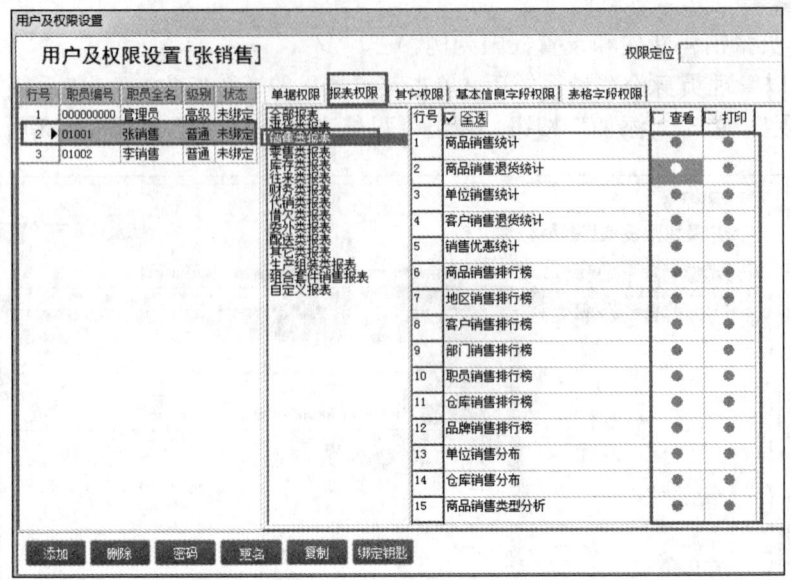

图 3-27

3．确认权限，选中"张销售"→"其他权限"，在"权限定位"中输入"成本"，执行成本权限的搜索定位，显示成本查看权限的"查看执行"栏为空，如图 3-28 所示。

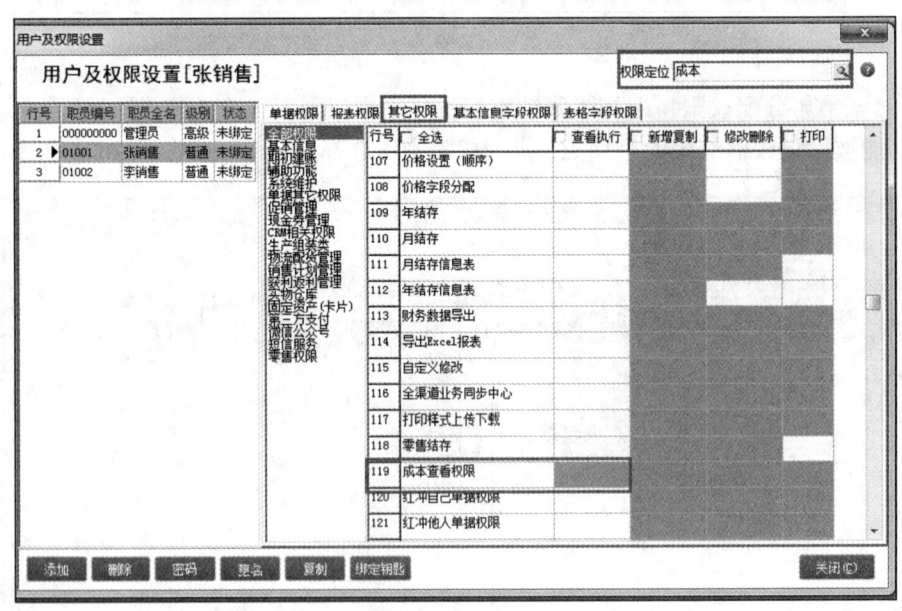

图 3-28

注意 权限定位是一种权限搜索功能，可用于快速定位所需权限。

4．给操作员张销售设置操作员密码 ZXS001，张销售权限设置完成，如图 3-29 所示。

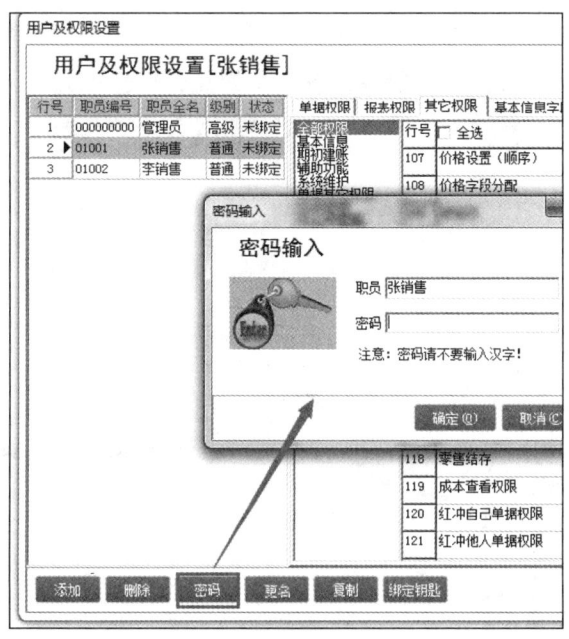

图 3-29

3.3.2 基本信息授权

基本信息授权用于对操作员单据、报表的录入，修改，查询等相关权限进行设置。

经过设置后，某个操作员只能对某些单位销售，或者只能从某仓库出货，或者只能销售或采购某些商品，或者只能查询某些商品的销售数据、某些客户的资料和往来情况等。

应用实例

辉煌食品有限公司目前一共有 3 个仓库，但是在实际业务中，仓管员小王只需对总仓负责，小管只需将总仓库的权限配置给仓管员小王即可，其次仓管员小王需要拥有查看所有商品信息、单位信息、部门信息的权限。

操作步骤

1. 小管登录软件后找到"系统维护"→"系统管理"→"用户配置"→"录单配置"→"系统使用基本信息授权控制"，鼠标左键连续单击打钩，允许系统使用基本信息授权，如图 3-30 所示。

2. 小管依次单击"系统维护"→"系统管理"→"基本信息授权"，出现图 3-31 所示的窗口。

3. 基本信息授权，依次单击"王仓库"→"仓库授权"→"总仓"，在对应的状态栏下单击，会现五角星标志，如图 3-32 所示。

4. 商品授权，直接选择"王仓库"→"商品授权"→"全部商品"，在对应的状态栏下

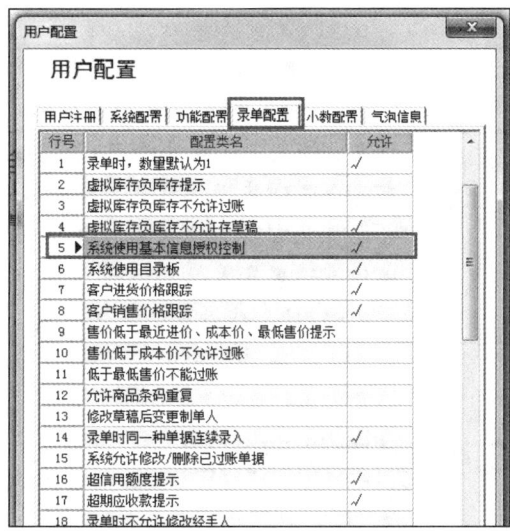

图 3-30

单击，会现五角星标志，如图 3-33 所示。用同样的方式设置单位授权和部门授权。

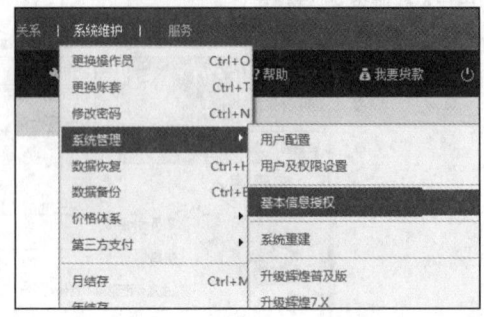

图 3-31

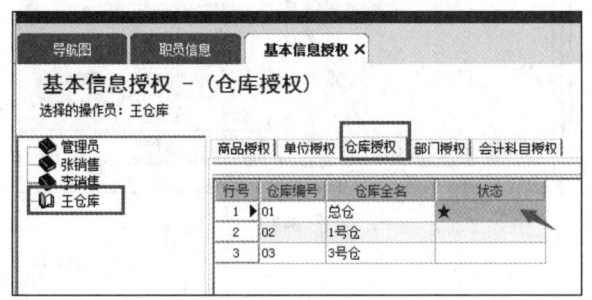

图 3-32

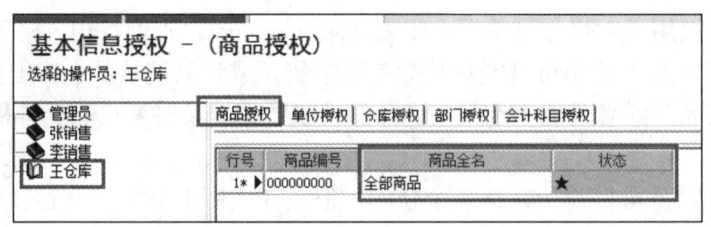

图 3-33

注意

- 操作员（除管理员外）只能对自己拥有权限的类执行添加操作。
- 使用基本信息授权功能后，查询报表的数据仅会显示有授权部分的数据信息。使用了该功能的用户在报表查询时需要注意：在系统启用基本信息授权后，有时会遇到某操作员开单时选择往来单位、仓库、商品信息时都为空，但是系统里本身是有商品信息的。这种情况一般都是由于启用"基本信息授权"后未给该操作员设置基本信息授权，在管理员设置基本信息授权后即可正常使用。
- 对于新添加的基本信息，默认为所有操作员都有此操作权限。

3.4 基本信息搭建

在日常业务处理中，每次都需要用到基本信息，如商品信息、单位信息、职员信息等。

正式使用管家婆软件前，需要提前整理基本信息并录入系统。

基本信息的搭建方式有两种：一是手动一条一条录入；二是按照"辅助功能"→"导入导出"→"导入基本信息"里的 Excel 模板统一整理到 Excel 表，批量导入。

3.4.1 基本信息-商品信息和品牌信息

应用实例

小管将商品信息正式录入系统之前，先和钱财务一起整理商品信息明细表，确认商品信息的分类，以及日常报表查询维度。公司当前经营食品饮料类商品，如图 3-34 所示，现将商品信息录入软件。

大类	品牌	商品名称	条码	单位	辅助单位	单位关系	零售价
饮料	康师傅	康师傅茉莉花茶500mL	6928706641638	瓶	箱	15	3
	康师傅	康师傅冰红茶500mL	6928713100243	瓶	箱	15	3
	康师傅	康师傅绿茶500mL	6922448840441	瓶	箱	15	3
	娃哈哈	元气苏打水350mL	6922449420376	瓶	箱	24	3
	娃哈哈	柠檬味苏打水550mL	6928689800688	瓶	箱	12	3
	娃哈哈	薄荷味苏打水350mL	0025700010319	瓶	箱	12	3
	农夫山泉	NFC果汁饮料300mL	6922336131002	瓶	箱	10	6
	农夫山泉	茶π500mL	6928286400731	瓶	箱	15	4.5
	农夫山泉	水溶C100柠檬味445mL	6928286400878	瓶	箱	15	5
饼干	达利园	好吃点香脆腰果800g	6928706651638	箱			19.9
	达利园	好吃点香脆核桃饼800g	6928713100246	箱			19.9
	达利园	好吃点高纤消化饼800g	6922448840123	箱			17.9
	奥利奥	奥利奥mini夹心小饼干	6922449420388	盒	箱	24	6.8
	奥利奥	奥利奥夹心巧克力349g	6922449420388	袋	箱	12	16.9
	奥利奥	奥利奥巧克棒460.8g	6922449420388	盒			21.8

图 3-34

操作步骤

1. 打开软件，单击选择"基本信息"→"商品信息"→"空白新增"，如图 3-35 所示。

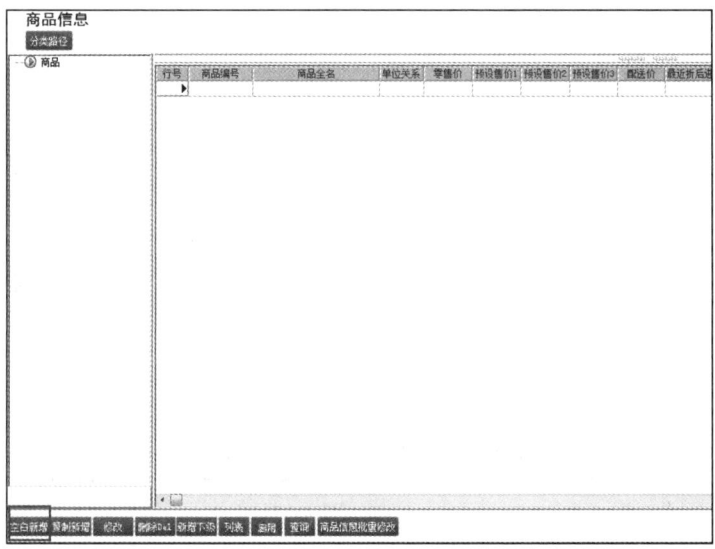

图 3-35

2．在商品信息窗口，录入"商品全名""商品编号""单位名称""零售价"等相关信息后，单击"确定"按钮，如图3-36所示。

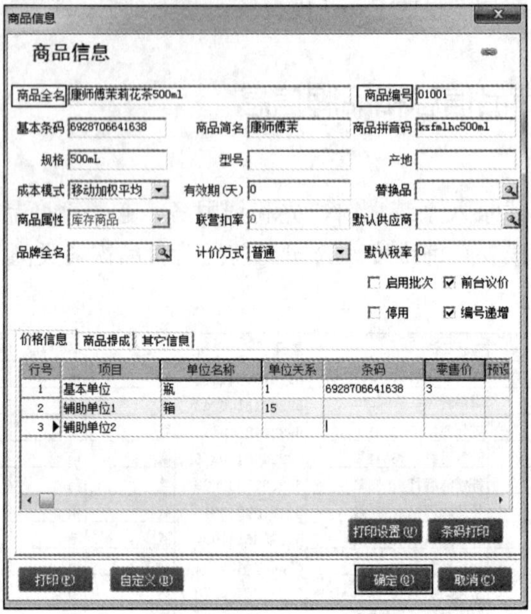

图3-36

- 在新建商品信息时，应先建大类，再建下级商品，最多可以分到10级，如图3-37所示。

注意

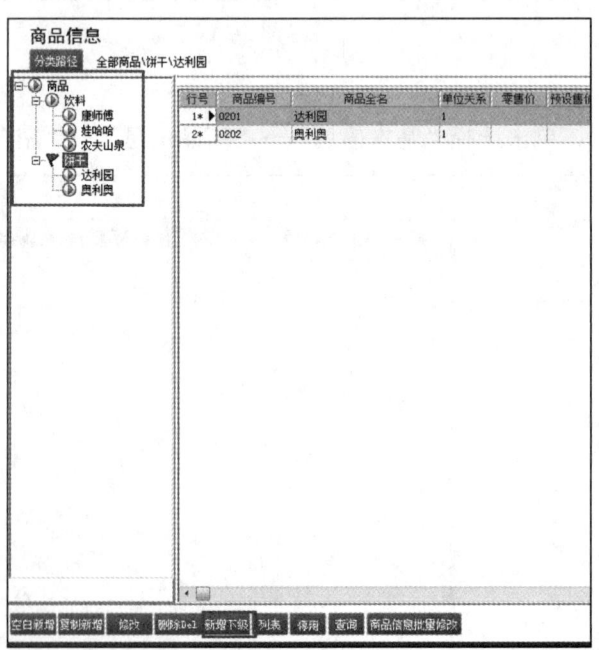

图3-37

- 在商品信息窗口中有许多细节功能，如图3-38所示。

图 3-38

复制新增：将已有的商品信息复制成新的商品信息，只需修改商品编号即可。

商品信息批量修改：对选中的商品信息的商品全名、规格、型号等字段批量修改。

- 品牌全名：品牌全名调用的是品牌信息，实际业务中需要把商品信息关联到品牌，则先新建品牌信息，再选择对应品牌。具体操作如下。

A. 单击选择"基本信息"→"品牌信息"→"空白新增"，在弹出的"品牌信息"对话框中录入品牌信息，如图 3-39 所示。

图 3-39

B. 单击选择"基本信息"→"商品信息"→"品牌全名"，在弹出的"品牌选择"对话框中选择对应的商品品牌，如图 3-40 所示。

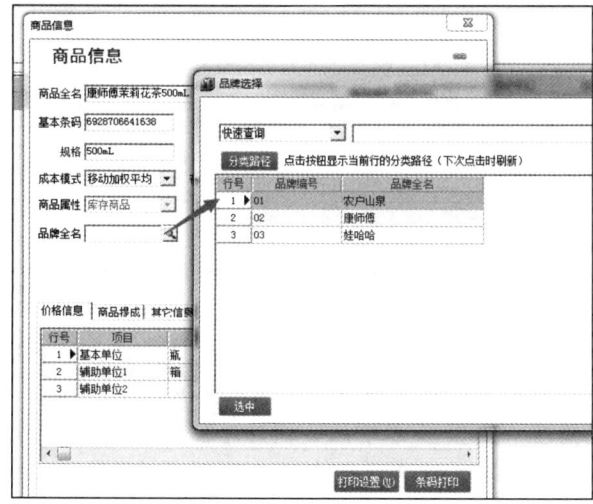

图 3-40

- 在"商品信息"录入窗口中有许多字段。在使用时，录入"商品全名""商品编号"后，其余字段使用默认信息，剩余空白字段，根据实际情况选择录入，如图 3-41 和图 3-42 所示。

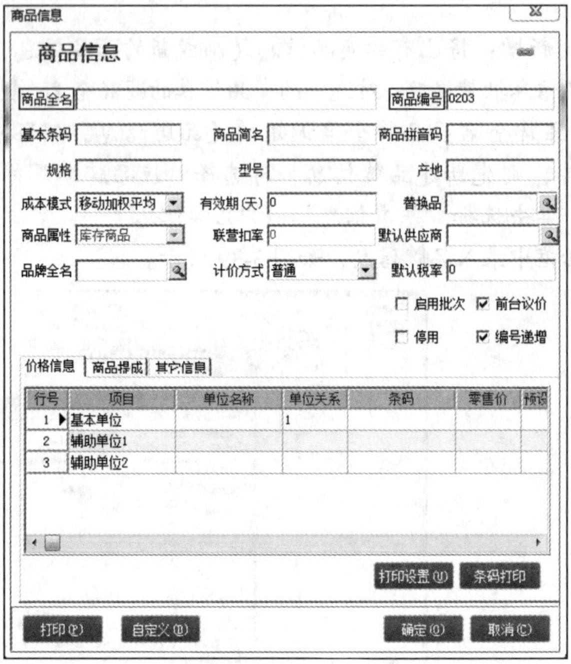

图 3-41

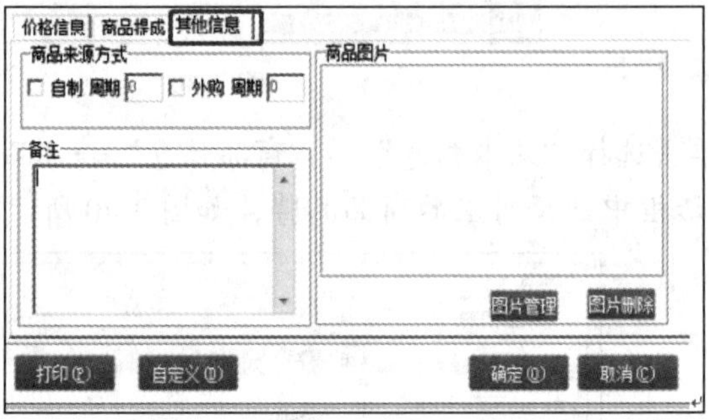

图 3-42

说明

- 图中的蓝色名称字段，可以用鼠标双击打开进行重命名，如将"商品全名"改成"商品全称"。
- 商品单位信息：最多支持 3 个计量单位，基本单位、辅助单位 1 和辅助单位 2，彼此之间的换算关系为"辅助单位 1=基本单位×辅助单位 1 对应的单位关系""辅助单位 2=基本单位×辅助单位 2 对应的单位关系"。
- 条码：在开单时，录入对应的条码，就带出对应的商品信息。管家婆辉煌版支持"一品多码"，即一个商品对应多个条码。双击鼠标左键，弹出条码录入框,最多支持 30 个条码录入。
- 预设售价:预设售价主要是用于录入销售单时自动跳出售价,也可以在"辅助功能"→"物价管理"中录入或修改。
- 有效期:适用于食品、饮料等行业,录入保质期的天数。

(注:后续单位信息、仓库信息、部门信息等相关信息的分类同理,不再重复讲解。)

3.4.2 基本信息-单位信息和地区信息

小管整理出辉煌食品有限公司的商品信息明细,如图 3-43 所示。

大类	单位全名	单位编号	单位地址	手机号码	应收款上限	应付款上限	结算期限(天)	备注
供应商	康师傅厂家	GYS1001				50000	20	
	娃哈哈厂家	GYS1002						
	农夫山泉厂家	GYS1003						
客户	鑫鑫超市	KH1001	成都	13100000000	10000		30	
	小梦商贸	KH1002	杭州	13100000000	5000		30	
	惠多多商贸	KH1003	北京	13100000000	5000		30	
	买乐购物中心	KH1004	上海	13100000000	20000		30	
	太二餐饮连锁公司	KH1005	苏州	13100000000	20000		30	
	零售客户	KH1006	成都	13100000000			30	

图 3-43

操作步骤

1. 单击选择"基本信息"→"单位信息"→"空白新增",在弹出的"单位信息"对话框中输入具体的单位信息,如图 3-44 所示。

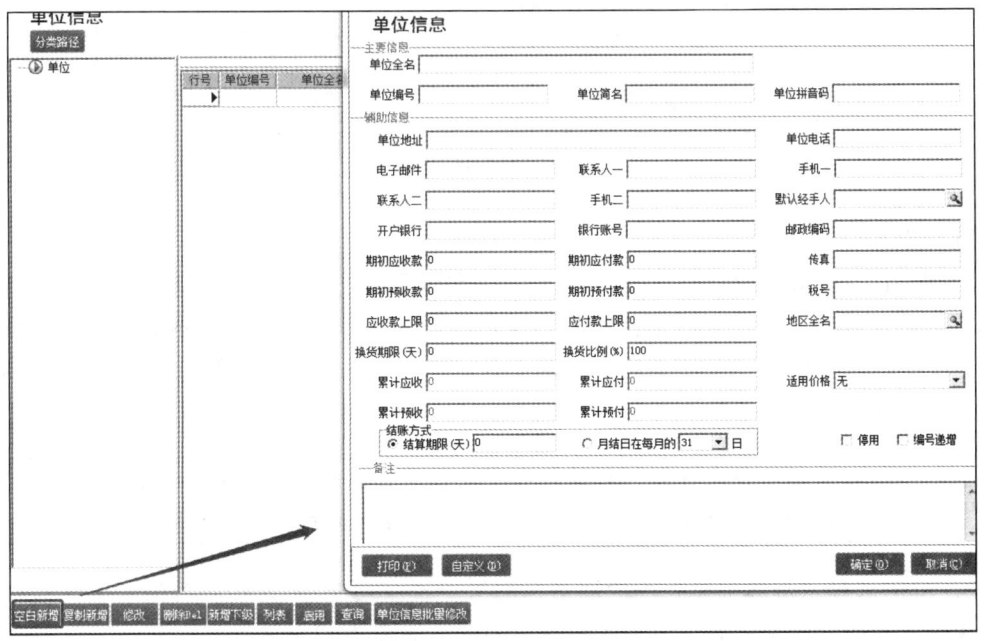

图 3-44

说明
- 地区全名：录入往来单位所在地区后，可查询地区维度的报表，比如"地区销售排行榜"。
- 地区信息：需要在"基本信息"→"地区信息"里提前新建，在往来单位中直接调用即可。
- 应收款上限：往来单位的信用额度，允许往来单位欠款的最大限度。
- 应付款上限：往来单位的信用额度，允许欠该单位款项的最大限度。
- 换货期限：与该单位发生的进销业务，在多少天内允许换货。
- 换货比例：在换货期限内，与该单位发生的进销业务额，允许退货的最大比例。
- 适用价格：选择"系统维护"→"价格体系"中的价格作为该单位的指定价格。
- 结算期限：在收款期限栏输入相应的天数，则与这个往来单位相关的销售单收款期限自动关联。

2. 如单位信息需要分级，可参照商品信息分类的原理进行，最多支持10级分类。

3.4.3 基本信息-职员信息和部门信息

小管梳理了辉煌食品有限公司的人员情况，如图3-45所示。

编号	姓名	部门	电话	所属门店	最低折扣	每单优惠（元）
01001	张销售	销售部	13100000000		9折	
01002	李销售	销售部	13100000000		9折	
01003	赵销售	销售部	13100000000	1号门店		10
01004	李采购	采购部	13100000000			
01005	钱财务	财务部	13100000000			
01006	王仓库	财库部	13100000000			

图 3-45

操作步骤

1. 职员归属部门，与部门关联，在建立职员信息时，建议先建立部门信息，或者职员信息建立后，再修改职员对应部门。具体操作步骤为，单击选择"基本信息"→"部门信息"→"空白新增"，在弹出的"部门信息"对话框中录入对应的"部门全名""部门编号"，如图3-46所示。

注意　如果部门存在分级，如销售部下设置有销售一部、销售二部，则在创建销售部后，对销售部创建"新增下级"，新增销售一部和销售二部即可。

2. 单击选择"基本信息"→"职员信息"→"空白新增"，在弹出的"职员信息"对话框中录入对应的职员信息，以"张销售"为例，如图3-47所示。

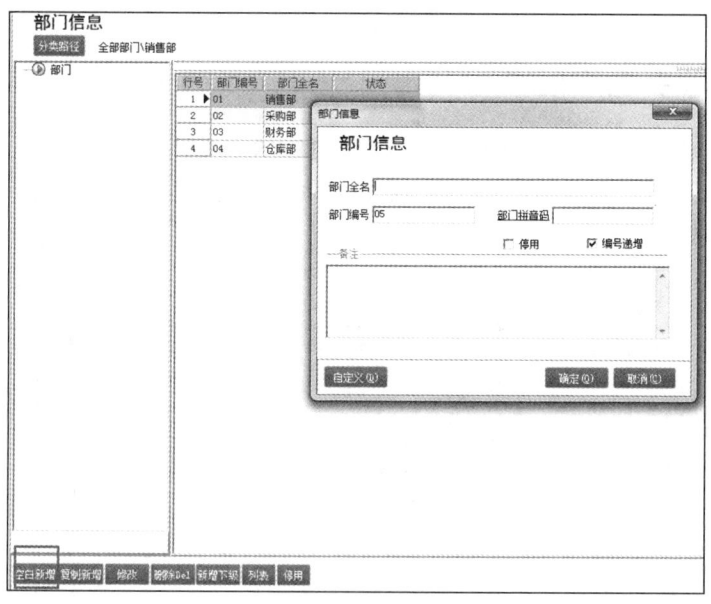

图 3-46

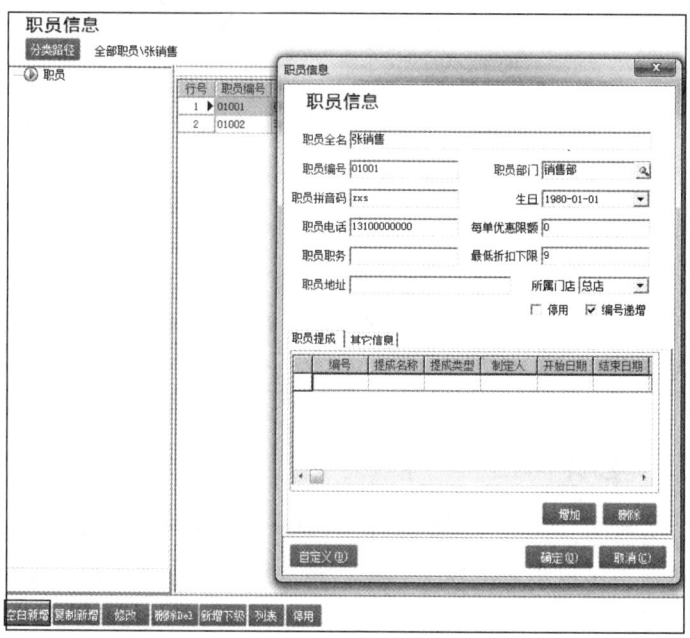

图 3-47

说明

- 职员部门：鼠标双击或者是单击放大镜按钮选择提前整理好的部门信息。
- 每单优惠限额：在业务单据中，该职员可以给客户优惠的最大金额。
- 最低折扣下限：在业务中，该职员可以给客户的最低折扣，低于最低折扣单据不允许过账。
- 所属门店：如果公司有门店销售业务，需要将职员归属到门店，如无，则默认为总店。

3.4.4 基本信息-仓库信息

辉煌食品有限公司一共有 3 个仓库：总仓、1 号仓、2 号仓。仓库信息的创建操作：单击选择"基本信息"→"仓库信息"→"空白新增"，在弹出的"仓库信息"对话框中录入具体信息，如图 3-48 所示。

图 3-48

注意 仓库信息默认为总仓。如果有门店，需要选择仓库对应的门店，门店销售时则扣减对应仓库的库存。

3.4.5 基本信息-会计科目

管家婆辉煌版是业务、财务一体化软件，"财务"有智能财务和标准财务两种类型。其中，智能财务是从业务角度出发的财务数据，标准财务从财务角度出发生成标准的财务账单和报表。基本信息下的会计科目，方便更好地使用钱流等相关功能。此处的会计科目针对固定资产、银行账户、费用、收入进行管理，其余的可直接在会计科目下操作处理。这 4 个科目调整后，会计科目的对应内容也同步调整。

应用实例

所有会计科目的新增操作方法相同。小管为辉煌食品有限公司新增银行科目。公司在日常业务中需要新增两个银行账户，分别是中国银行的和中国农业银行的。

操作步骤

单击选择"基本信息"→"会计科目"→"全部银行存款合计"→"空白新增"，在弹出的"科目信息"对话框中录入科目信息详情，如图 3-49 所示。

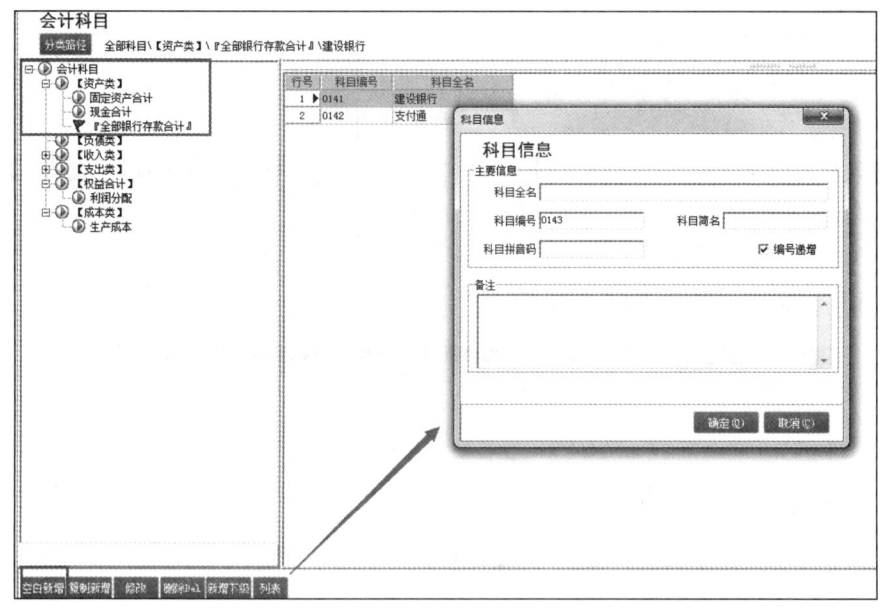

图 3-49

注意　系统中默认有建设银行和支付通两个科目，系统科目不允许删除，但支持修改。

3.4.6　通过 Excel 表导入基本信息

当公司有 Excel 表整理的商品信息、客户信息等信息，或是基本信息量很大，需要快速批量导入基本信息时，可以通过 Excel 表将基本信息里的商品信息、单位信息、仓库信息、职员信息批量导入管家婆系统（注：这里以导入商品信息为例）。

应用实例

小管在整理公司基本信息时，了解到公司存储的商品信息有一张完整的商品表，如图 3-50 所示，通过 Excel 表模板可以将这张商品表里的商品信息批量导入系统。

大类	品牌	商品名称	条码	单位	辅助单位	单位关系	零售价
饮料	康师傅	康师傅茉莉花茶500mL	6928706641638	瓶	箱	15	3
	康师傅	康师傅冰红茶500mL	6928713100243	瓶	箱	15	3
	康师傅	康师傅绿茶500mL	6922448840441	瓶	箱	15	3
	娃哈哈	元气苏打水350mL	6922449420376	瓶	箱	24	3
	娃哈哈	柠檬味苏打水550mL	6928689800688	瓶	箱	12	3
	娃哈哈	薄荷味苏打水350mL	0025700010319	瓶	箱	12	3
	农夫山泉	NFC果汁饮料300mL	6922336131002	瓶	箱	10	6
	农夫山泉	茶π500mL	6928286400731	瓶	箱	15	4.5
	农夫山泉	水溶C100柠檬味445mL	6928286400878	瓶	箱	15	5
饼干	达利园	好吃点香脆腰果800g	6928706651638	箱			19.9
	达利园	好吃点香脆核桃饼800g	6928713100246	箱			19.9
	达利园	好吃点高纤消化饼800g	6922448840123	箱			17.9
	奥利奥	奥利奥mini夹心小饼干	6922449420388	盒	箱	24	6.8
	奥利奥	奥利奥夹心巧克力349g	6922449420388	袋	箱	12	16.9
	奥利奥	奥利奥巧克棒460.8g	6922449420388	盒			21.8

图 3-50

▌操作步骤

1．登录软件，找到"辅助功能"→"导入导出"→"导入基本信息（Excel）"并单击打开，如图 3-51 所示。

2．导入辉煌版基本信息，选择"创建模板"，单击"选择"按钮，在弹出的窗口"文件名"处，给 Excel 表起名，如"基本信息导入表"，并选择将文件保存在桌面后单击"保存"按钮，如图 3-52 所示。

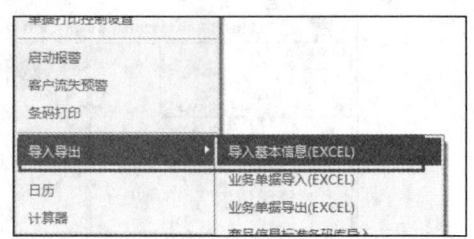

图 3-51

图 3-52

3．单击"创建模板"按钮，如图 3-53 所示。
4．确认桌面是否有"基本信息导入表"的 Excel 文档，如图 3-54 所示。

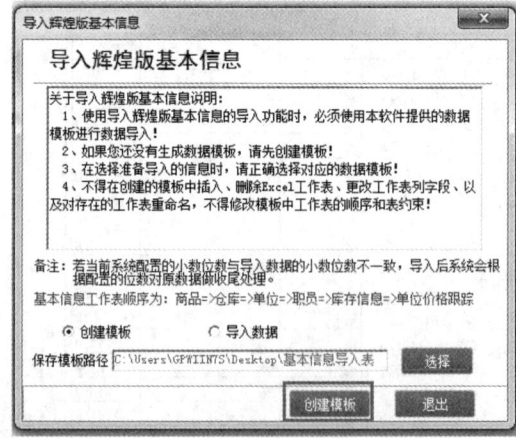

图 3-53

图 3-54

5. 打开 Excel 表，整理商品信息到创建的模板里，如图 3-55 所示。

父类编号	商品编号	商品全名	简名	型号	规格	产地	成本算法	商品属性	联营扣率(%)	默认供应商	编号品牌	编计价方式	有效期(天)	备注	基本单位	条码	零售价	预设售价
	01	饮料					移动加权平均	库存商品										
01	0101	康师傅					移动加权平均	库存商品										
0101	0101001	康师傅茉莉花茶500mL					移动加权平均	库存商品							瓶	6928706641638	3	
0101	0101002	康师傅冰红茶500mL					移动加权平均	库存商品							瓶	6928713100243	3	
0101	0101003	康师傅绿茶500mL					移动加权平均	库存商品							瓶	6922448840441	3	
01	0102	娃哈哈					移动加权平均	库存商品							瓶	6922449420376	3	
0102	0102001	元气苏打水350mL					移动加权平均	库存商品							瓶	6928689800688	3	
0102	0102002	柠檬味苏打水550mL					移动加权平均	库存商品							瓶	0025700010319	3	
0102	0102003	薄荷味苏打水350mL					移动加权平均	库存商品										
	02	饼干					移动加权平均	库存商品										
02	0201	达利园					移动加权平均	库存商品										
0201	0201001	好吃点香脆腰果800g					移动加权平均	库存商品							箱	6928706651638	19.9	
0201	0201001	好吃点香脆腰果800g					移动加权平均	库存商品							箱	6928713100246	19.9	
0201	0201001	好吃点香脆腰果800g					移动加权平均	库存商品							箱	6922448840123	17.9	

图 3-55

注意
- 整理模板时，模板里的信息不能删除和修改。
- 商品模板中的商品信息字段，可按照实际情况选择部分录入，但如商品编号、成本算法、商品属性等字段为必填字段。
- 饮料作为大类目，下分有"康师傅"和"娃哈哈"，"康师傅"和"娃哈哈"下有明细商品，因此在模板中的父类信息可以理解为该商品需要关联的上级分类商品。

6. 确认整理完成后，保存 Excel 表。登录软件找到"辅助功能"→"导入导出"→"基本信息导入（Excel 表）"，选择"导入数据"后，单击"选择"按钮，如图 3-56 所示。

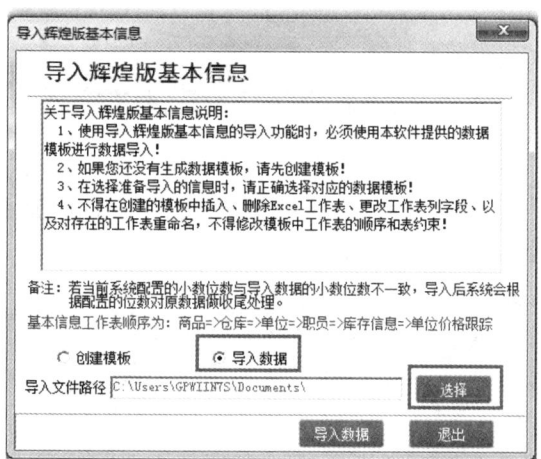

图 3-56

7. 在弹出的窗口中，选择需要导入的"基本信息导入表"，单击"打开"按钮，如图 3-57 所示。

8. 选择需要导入的 Excel 表，单击"导入数据"按钮，如图 3-58 所示。

图 3-57

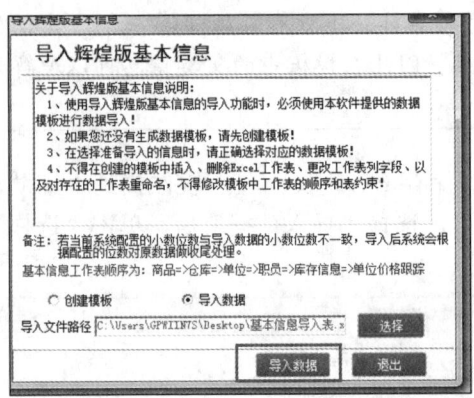

图 3-58

9. 导入数据后，系统会提示数据的导入情况，小管仔细阅读后发现有两条信息没有导入成功，如图 3-59 所示，需要检查具体情况。

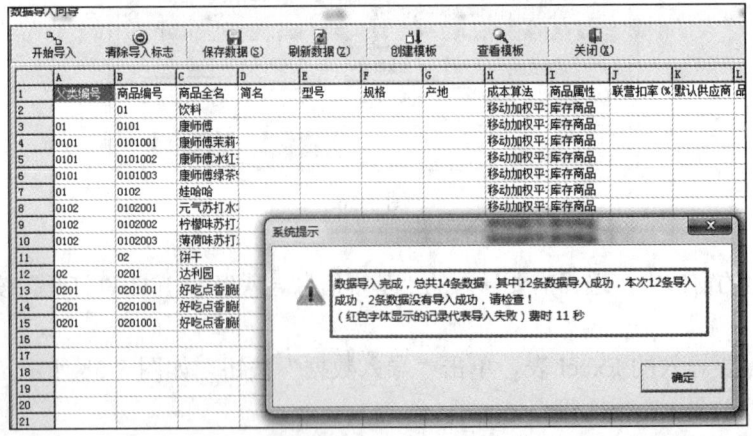

图 3-59

10. 系统将导入失败的信息标记为红色并解释原因（在 Excel 表模板中也自动将导入失败的信息标记为红色），如图 3-60 所示。

成本算法	商品属性	备注	基本单位	条码	零售价	预设售价1	最低售价	辅助单位1	辅1换算关系	
移动加权平均	库存商品									导入成功
移动加权平均	库存商品									导入成功
移动加权平均	库存商品		瓶	6928706641638	3			箱	15	导入成功
移动加权平均	库存商品		瓶	6928713100243	3			箱	15	导入成功
移动加权平均	库存商品		瓶	6922448840441	3			箱	15	导入成功
移动加权平均	库存商品		瓶	6922449420376	3			箱	24	导入成功
移动加权平均	库存商品		瓶	6928689800688	3			箱	12	导入成功
移动加权平均	库存商品		瓶	0025700010319	3			箱	12	导入成功
移动加权平均	库存商品									导入成功
移动加权平均	库存商品									导入成功
移动加权平均	库存商品									导入成功
移动加权平均	库存商品									导入成功
移动加权平均	库存商品		箱	6928706651638	19.9					导入失败,该记录的编号或与其它记录相同，与您的配置不符！
移动加权平均	库存商品		箱	6928713100246	19.9					导入失败,该记录的编号或与其它记录相同，与您的配置不符！
移动加权平均	库存商品		箱	6922448840123	17.9					导入失败,该记录的编号或与其它记录相同，与您的配置不符！

图 3-60

11. 按照提示进行修改，重新导入基本信息即可。
12. 导入完成后，回到"基本信息"→"商品信息"检查商品信息是否导入完成。

注意
- 使用导入功能时，必须使用本软件提供的数据模板进行数据导入。
- 如果还没有生成数据模板，请先创建模板。
- 在选择准备导入的信息时，请正确选择对应的数据模板。
- 不得在创建的模板中插入、删除 Excel 工作表，更改工作表列字段，以及对存在的工作表重命名，不得修改模板中工作表的顺序和表约束。

3.5 期初建账

在使用管家婆辉煌版处理业务之前，需要将公司之前的各项结存数据通过"基本信息"→"期初建账"录入软件中，以保证整个公司数据的连续性和准确性。公司的期初数据处理对象主要有期初库存、期初应收应付、期初现金银行、期初固定资产和期初会员储值等数据。

应用实例

辉煌食品有限公司决定从 2020 年 12 月 1 号起正式使用软件，公司截止到 2020 年 11 月 30 号的数据，如图 3-61、图 3-62 和图 3-63 所示。

商品全名	仓库	数量（瓶）	成本单价	库存金额
康师傅茉莉花茶500mL	总仓	50	2	100
康师傅冰红茶500mL	总仓	50	2	100
康师傅绿茶500mL	总仓	30	2	60
元气苏打水350mL	总仓	20	2	40
柠檬味苏打水550mL	总仓	100	2	200
薄荷味苏打水350mL	总仓	100	2	200
NFC果汁饮料300mL	1号仓	50	3	150
茶π500mL	1号仓	20	3	60
水溶C100柠檬味445mL	1号仓	100	3	300

图 3-61

单位全名	期初应收	期初应付
康师傅厂家		5000
惠多多商贸	12000	

图 3-62

科目编号	科目全名	期初金额
101	现金	20,000
0143	中国银行	20,000
0144	农业银行	15,000
	应交税金	2,000

图 3-63

操作步骤

1．小管登录管家婆辉煌系统，单击选择"基本信息"→"期初建账"→"期初库存商品"，如图 3-64 所示。

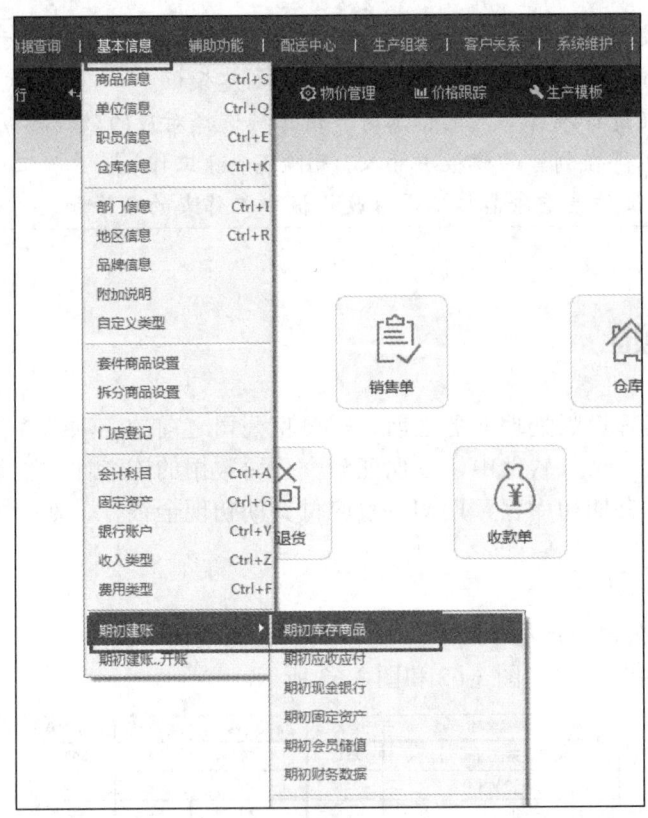

图 3-64

2．选择要录入期初库存数据的仓库，如图 3-65 所示。

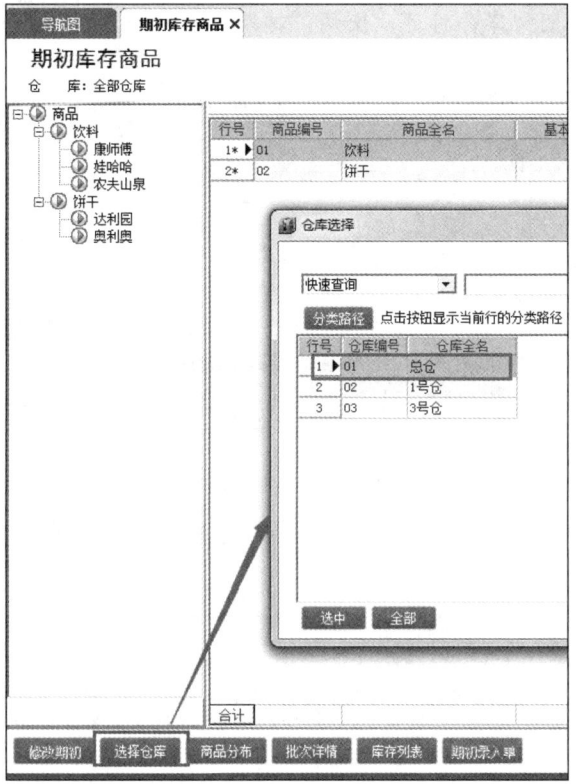

图 3-65

3. 选择仓库后,选择对应的需要录入的商品大类,这里需要录入"康师傅茉莉花茶500mL"在总仓的库存,需要选择"商品"→"饮料"→"康师傅"→"康师傅茉莉花茶500mL",录入对应的期初数量 50、成本单价 2 元,然后单击"确定"按钮,如图 3-66 所示。

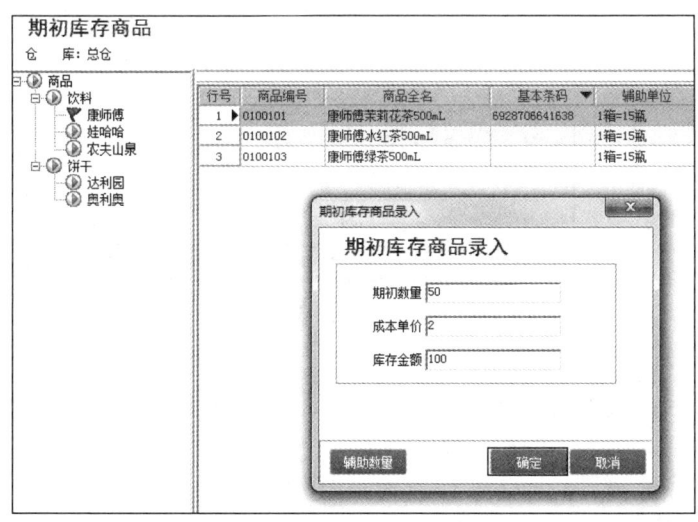

图 3-66

- 录入期初库存时可以使用"辅助数量"录入，如图 3-67 所示。

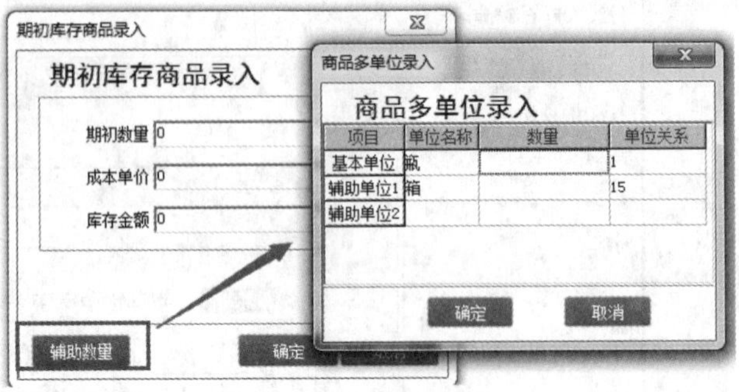

图 3-67

- 录入期初库存时，可以用单据录入。步骤为"基本信息"→"期初建账"→"期初库存商品"→"期初录入单"，通过单据快速录入商品的期初库存，如图 3-68 所示。

注意

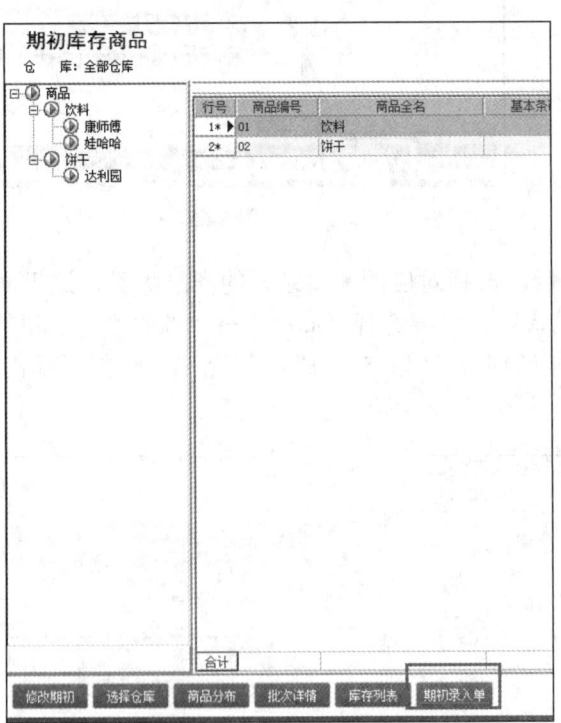

图 3-68

4. 确认录入后，检查数据录入是否正确，如图 3-69 所示。
5. 录入完成后，录入"期初应收应付款"。
6. 登录系统，选择"基本信息"→"期初建账"，弹出"期初应收应付款"对话框。
7. "期初应收应付款"中选择需要录入期初数据的"康师傅厂家"，选择"修改期初"，录入康师傅厂家"期初应收款"5000 元，然后单击"确定"按钮，如图 3-70 所示。

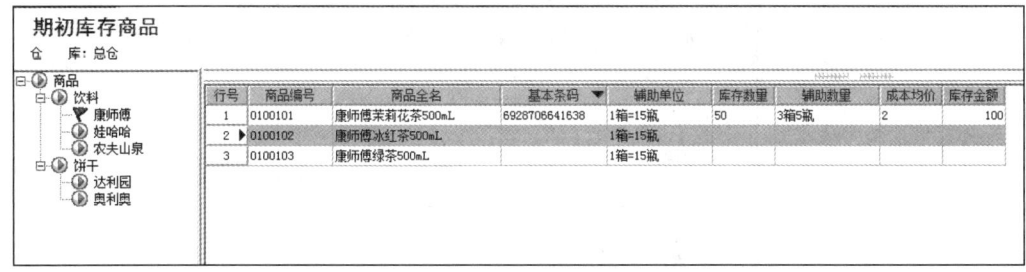

图 3-69

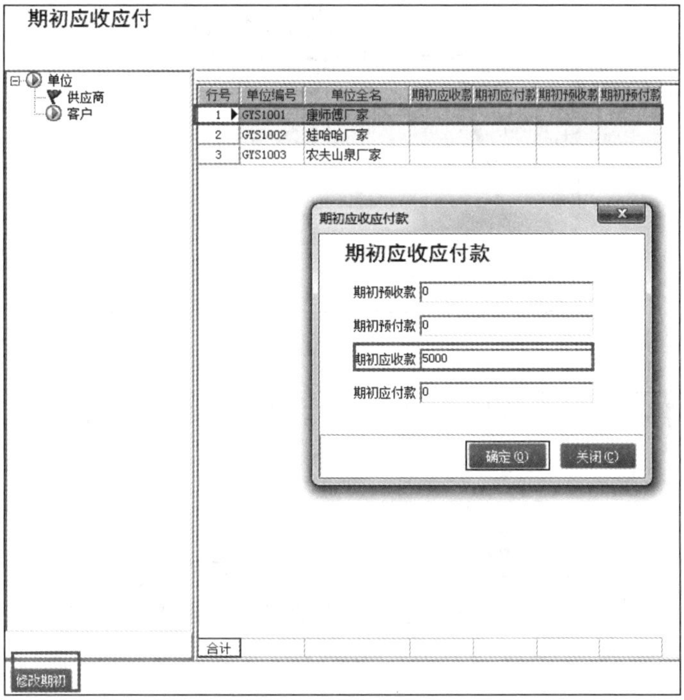

图 3-70

> **注意** 在录入某一往来单位的期初应收应付款、预收预付数据时，期初预收款和期初预付款必须有一个为 0，期初应收款和期初应付款也必须有一个为 0。

8．登录系统，单击选择"基本信息"→"期初建账"→"期初现金银行"，连续单击鼠标左键或是单击"修改期初"按钮，系统弹出"修改期初"对话框，录入对应的金额，现金 20000 元，单击"确定"按钮，期初现金 20000 元录入完成，如图 3-71 所示。

9．用同样的方式录入中国银行、中国农业银行的期初数据。

10．登录系统，单击选择"基本信息"→"期初建账"→"期初财务数据"，在"期初财务数据"→"应交税金"处直接连续单击鼠标左键或是单击"修改期初"按钮。在"修改期初"窗口录入"期初金额"2000 后单击"确定"按钮，如图 3-72 所示。

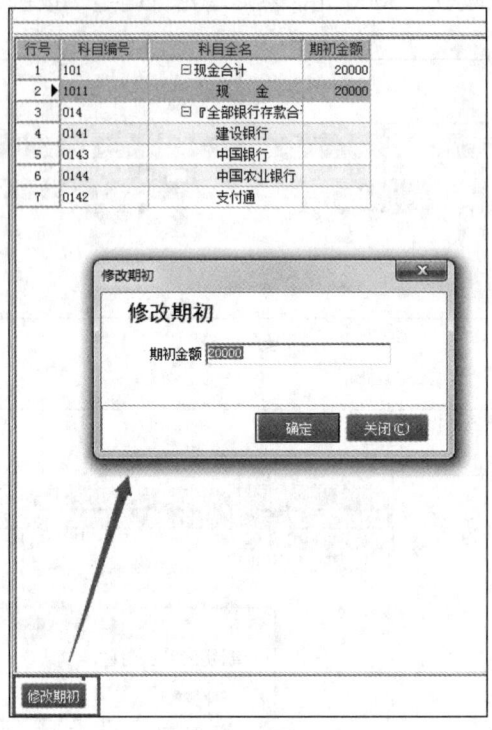

图 3-71

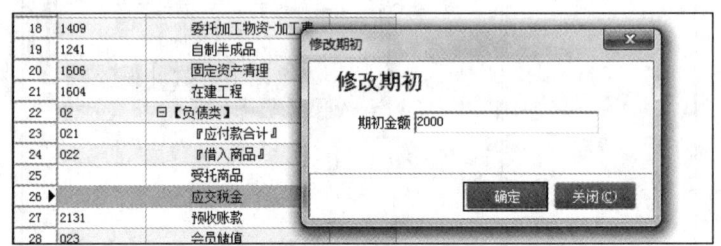

图 3-72

| 注意 | • 之前录入的期初库存数据、应收应付、现金银行等数据都会自动保存到"期初财务数据"列表和"期初资产负债表（平衡表）"中。
• 在软件中没有单独提供菜单进入期初数据录入的科目，都通过"期初财务数据"录入。 |
| --- | --- |

至此，辉煌食品有限公司的期初数据全部录入管家婆辉煌系统。

3.6 开账

在各项基本信息和期初的数据录入完成并确认无误后，即可开账完成系统初始化工作。

应用实例

小管检查公司各项初始数据,再次核对确认期初数据无误,准备正式启用账套,开始日常进销存业务处理。

操作步骤

依次选择"基本信息"→"开账",单击"开账"按钮后,系统提示:系统期初建账已经结束,可以开始过账了!此即表示系统开账成功,如图3-73和图3-74所示。

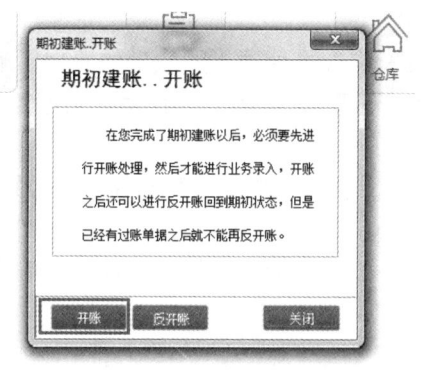

图 3-73

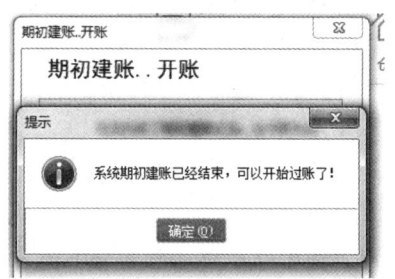

图 3-74

注意

- 系统开账后,期初数据不允许再修改,如需修改,需要通过反开账回到期初修改,如图3-75所示。
- 系统正式录入进销存数据后,不允许反开账,如图3-76所示。

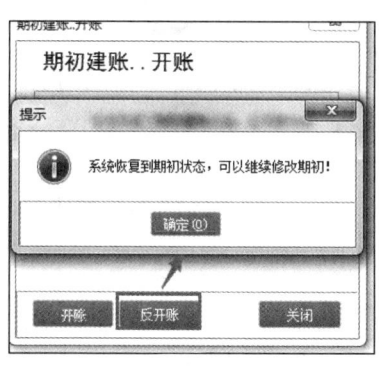

图 3-75

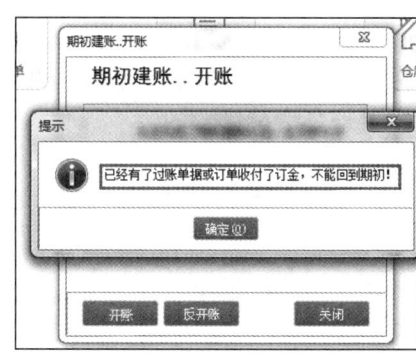

图 3-76

第 4 章　进货业务管理

本章以辉煌食品有限公司为案例，通过公司采购人员处理采购业务的流程了解管家婆辉煌版对进货类业务的处理。公司的进货业务由李采购负责处理，小管将协助李采购执行进货业务的处理。

小管与李采购通过梳理公司当前的进货业务发现，目前公司的进货业务涉及 5 个环节。

1．进货订货
（1）采购部门人员根据其他相关部门，如销售部、仓管部等提出的需求，确定订货需求，向供应商下订单。
（2）根据不同情况支付订金。
（3）由于人为因素或其他因素对销售订单内容进行修改与删除，以及调整订单完成状态。
（4）针对订单进行查询统计，方便相关负责人了解订单完成情况。

2．进货
（1）按照订单执行采购计划，通过进货单调用订单，完成订单。
（2）支付货款给供应商或是作为应付账款处理，以后统一结算。
（3）对进货单的相关业务数据进行统计，方便相关人员进行分析查询。

3．退货
（1）采购的货物由于质量、市场等原因有时会退货给供应商，需填写进货退货单。
（2）提供退货情况报表。

4．换货
（1）由于采购货物的质量或其他原因，将一些已采购商品找供应商更换，并填写进货换货单。
（2）提供换货情况报表。

5．付款
（1）针对进货业务中产生的应付账款结算。
（2）提供查询结算情况的报表。

4.1　进货订货业务

辉煌食品有限公司的业务习惯是，在正式进货前，向供应商下进货订单。在管家婆辉煌版中，进货订单可以帮助用户对订单进行处理，同时让用户方便地查询出在某供应商的进货订货情况、某商品的进货订货情况，以及订单完成情况，也可以在"数据查询"→"库存查询"→"订单库存查询"里了解库存。

4.1.1 进货订单录入

制作进货订单通常是在正式处理采购业务之前对采购计划订制与管理的业务行为,是存货在采购业务中流动的起点。

▌应用实例

辉煌食品有限公司现在需要采购"康师傅"茉莉花茶和冰红茶各 100 瓶、绿茶 120 瓶。

▌操作步骤

1. 单击选择"业务录入"→"进货订单"(见图 4-1),或者单击导航图下的"进货管理"→"进货订单"图标进入(见图 4-2)。

图 4-1

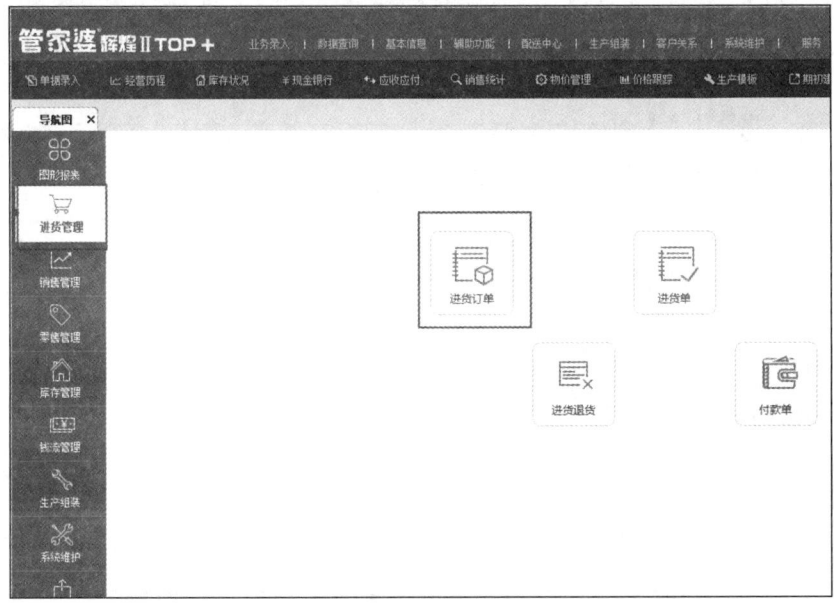

图 4-2

2. 录入表头信息。供货单位选择供应商下的"康师傅厂家",经手人为"李采购",部门信息会自动带出,收货仓库为总仓,之后选择好交货日期,如图4-3所示。

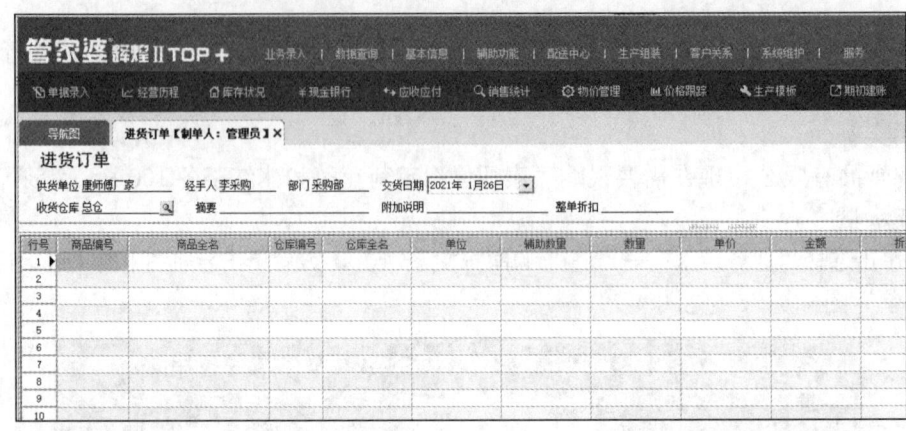

图4-3

说明
- 交货日期:订单的"交货日期"是指进货订货的预计收货日期,可以在订单查询中查询某订单的预计收货日期。交货日期还可以用于统计未来一段时间内将要入货的商品数量,与企业的实际库存相结合,可以大致评估未来的供货能力。
- 整单折扣:整单进行价格折扣处理,商品行的折扣及折后单价将同时调整。整单折扣不会控制单品折扣,当整单折扣与单品折扣修改后,以最后修改的数据作为商品行的折扣依据,折扣数值是0~10的两位正小数。

3. 添加表体内容。选中商品编号或商品全名的位置,双击鼠标左键或按键盘Enter键打开"商品选择"对话框,勾选"饮料-康师傅"下的3种饮料,如图4-4所示。

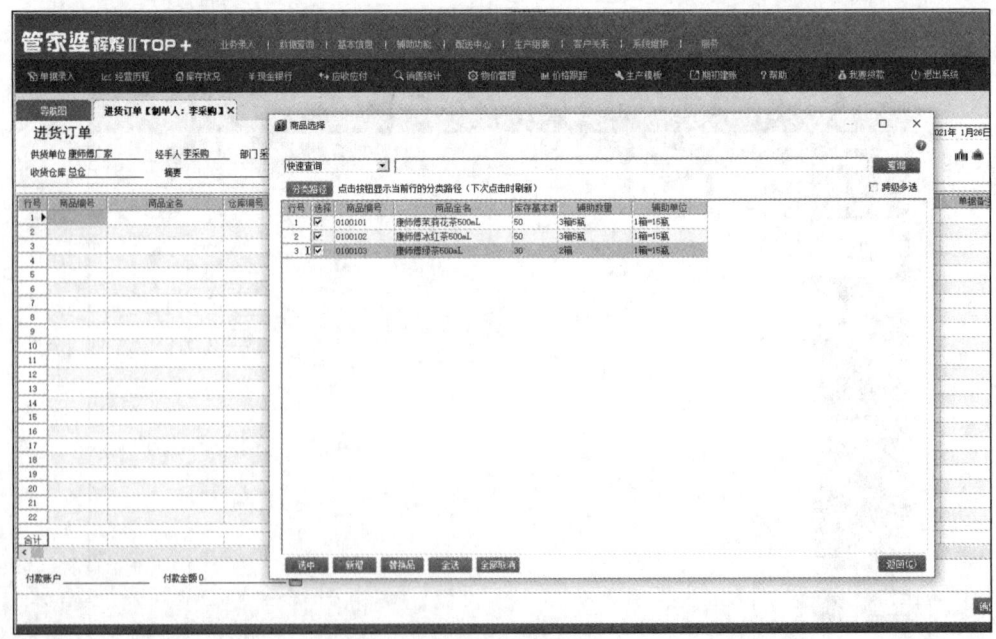

图4-4

4．选择好商品后，分别在数量处录入"康师傅"茉莉花茶和冰红茶各 100 瓶、绿茶 120 瓶，进货单价均为 2 元，如图 4-5 所示。

图 4-5

5．添加表尾信息。订货时还要支付给厂家一部分的货款作为订金。"付款账户"选择现金，"付款金额"输入 320。录入完成后单击"保存单据"按钮，如图 4-6 所示。

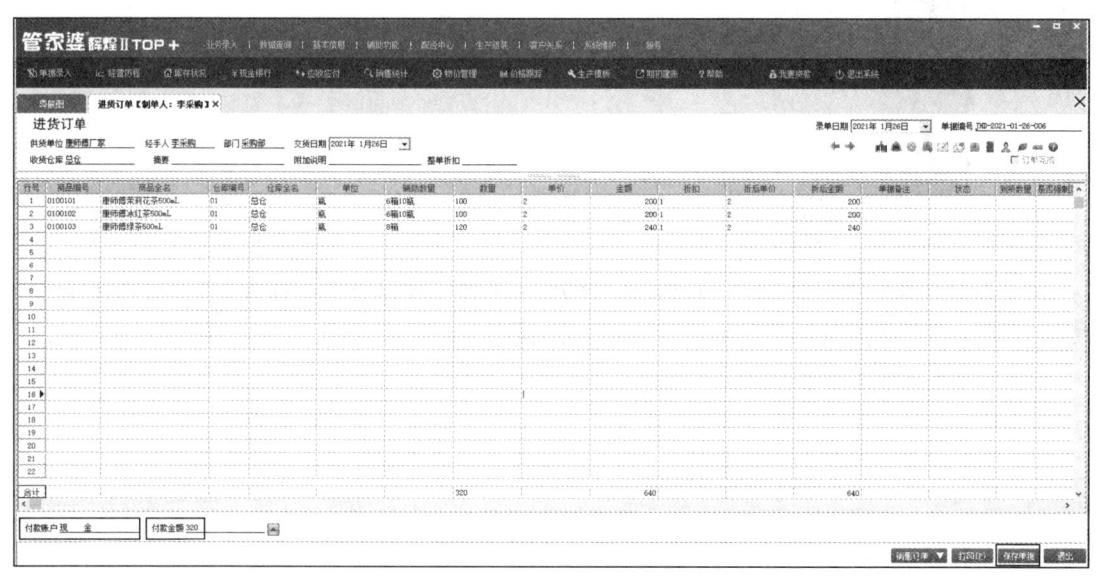

图 4-6

> **注意** 制作进货订单必须录入供货单位、进货订货商品名称、数量、单价（金额）。

4.1.2 进货订单查询

开了多少订单、订单金额多少、由哪些单位订的、是否已经执行、订单的执行情况如何、是否需要强制完成等均可通过订单查询得知详情。

应用实例

李采购完成销售订单的录入工作后,需要查询之前针对康师傅厂家所开的进货订单情况。

操作步骤

1. 单击选择"数据查询"→"进货查询"→"进货订单统计"→"进货订单查询",如图 4-7 所示。

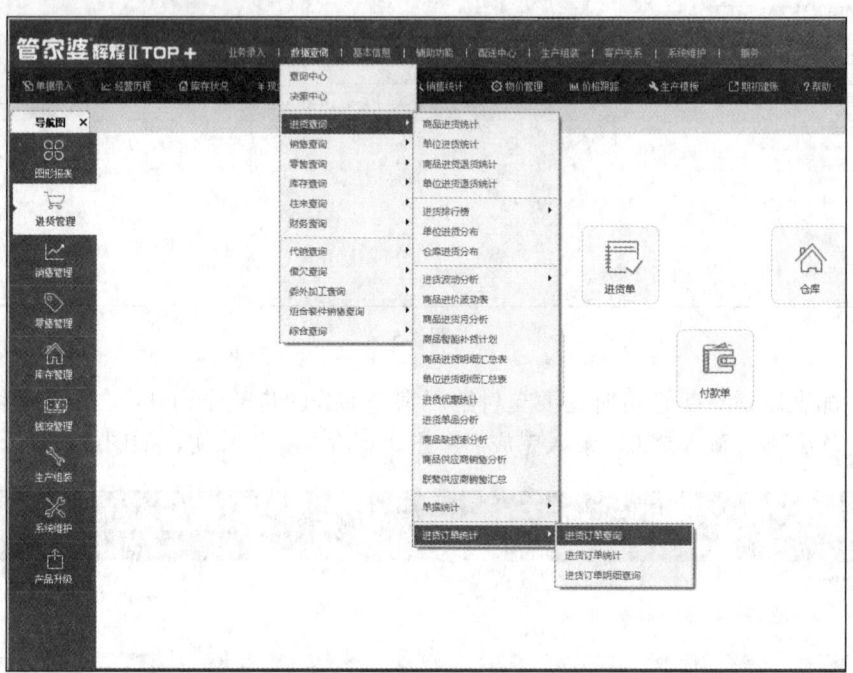

图 4-7

2. 在弹出的"查询条件"对话框中,"单位全名"选择"康师傅厂家",单击"确定"按钮后,就可以按照条件筛选出进货订单了,如图 4-8 所示。

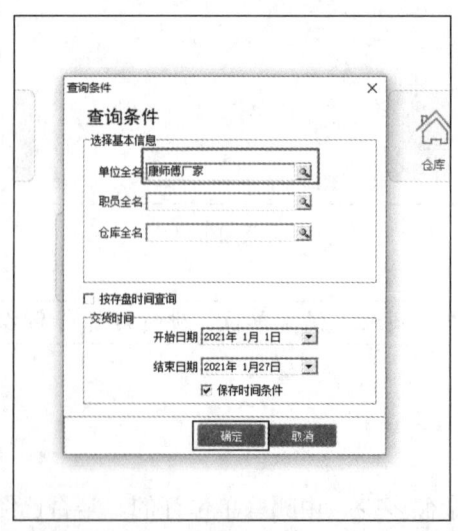

图 4-8

3. 打开查询界面，可以查询到录单的时间、交货的时间、订单金额、完成状态和已付订金等信息，如图4-9所示。

图4-9

- 查看单据：调出此张订单，也可选中后双击该订单。
- 新增：新建一张订单，与"业务录入"→"进货订单"菜单的功能相同。
- 修改：修改某张不曾执行的订单的全部内容。如果订单被调用后要进行修改操作必须满足以下条件。

（1）订单被调用后，再修改订单，修改商品数量时将不能小于被执行数量。

（2）订单被调用后，再修改订单，已执行商品不允许删除。

（3）订单被调用后，可对商品进行强制完成。在订单处右击增加菜单"商品强制完成"，此强制完成只针对单行商品进行操作。如需将多行商品强制完成，则多次操作。

说明　（4）订单启用审核流程，订单被调用后，则不再支持订单修改。

- 删除：删除某张不曾执行过的订单，只要执行过就不能删除。
- 强制完成：有时，订单虽未完成，但已不需要其完成或已不可能完成，因此从统计上希望将来的"未完成订单"的内容不再包含此订单，便可将此张订单强制完成。在以后的统计中，虽然订单未完成，但在将来统计未完成订单时，不予统计。
- 订单复制：将指定订单复制为进货订单或销售订单，该操作受订单操作权限控制；
- 执行情况：了解指定订单被哪些进货单调用执行、每次执行金额情况。

（备注：后续所有单据中的功能按键与进货订单相似，不再赘述。）

> **注意** 进入"订单查询"对话框能够看到的订单受"操作员只能操作自己的订单"权限控制,没有被设置该权限时,能看到所有订单,使用此权限时,只能看到自己录制的订单。

4.1.3 进货订单统计

进货订单统计里可以按照商品、单位、经手人3种方式统计订单订货数量、完成数量、未完成数量、强制完成数量、订货金额、完成金额等信息。

▌ 应用实例

李采购想查询一下系统上线当月在供应商——康师傅厂家那里的订货金额一共有多少、现在完成了多少、还有多少未完成。

▌ 操作步骤

1. 单击选择"数据查询"→"进货查询"→"进货订单统计"→"进货订单统计",如图4-10所示。

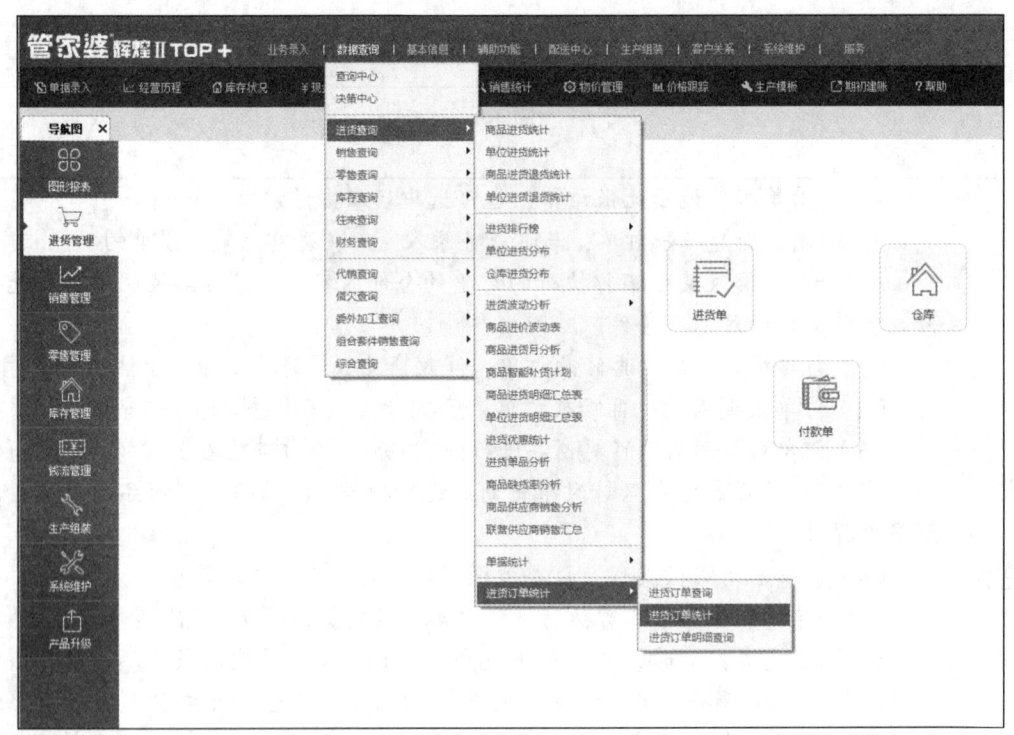

图 4-10

2. 李采购想了解本月对康师傅厂家的进货情况,需要在"查询条件"窗口中将"列表选择"选择为"单位方式",然后在"单位全名"处选择"康师傅厂家",并将时间选择为当月后,单击"确定"按钮,如图4-11所示。

第 4 章 进货业务管理 | 67

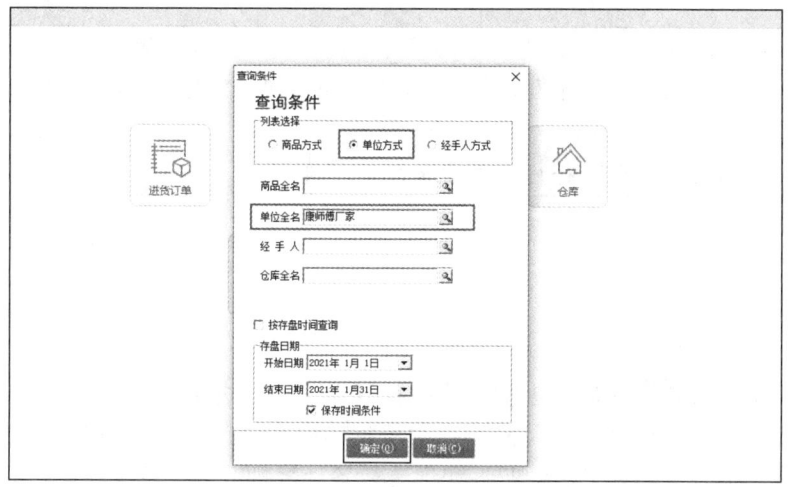

图 4-11

说明

- 商品方式：商品方式统计各商品的订货数量金额、完成数量金额、未完成数量金额、强制完成数量金额和补订货数量金额。在多个供应商对同一商品都有订货的情况下，可以进一步查询该商品在各供应商处的订货详情。
- 单位方式：可以查询对各供应商的订货金额、完成金额、未完成金额、强制完成金额和补订货金额。在对某供应商订货品种很多的情况下，可以进一步查询对某供应商各商品的订货情况。
- 经手人方式：按经手人统计订货金额、补订货金额、完成金额、强制完成金额、未完成金额。

3. 系统会统计出选定条件下的订货金额、完成金额和已付订金等信息，如图 4-12 所示。

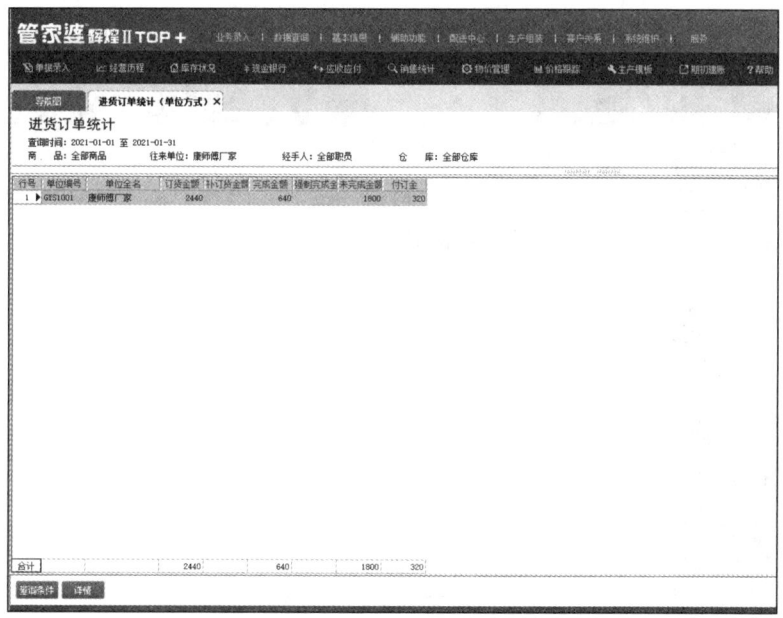

图 4-12

> 注意
> - 补订数量是指,进货单调用订单后,实际执行数量超出订单数量的部分。比如,订单上订货数量为5,而实际上调用订单后,进货单执行了10个,则补订货5个。
> - 补订货金额=补订货数量×订单单价。

4.2 进货业务

在系统中录入进货订单后,进货订单的执行需要通过进货单来处理。一方面进货单将商品采购入库,另一方面通过支付影响应收应付和现金银行,实现物流和钱流同步处理;既处理了进货业务,又处理了获赠业务和优惠业务,多种业务一单完成。

4.2.1 进货单

管家婆辉煌版的进货单主要用于处理采购商品的入库业务,如果在商品入库前使用了进货订单,则可以直接调用进货订单快速填充单据内容,避免重复录入。

应用实例

李采购想将所有的进货订单都使用软件来完成采购入库,我们以向康师傅厂商采购的3种饮料需要交货入库为例,采用进货单去完成。

操作步骤

1. 单击选择"业务录入"→"进货单"进入(见图4-13),或者单击"进货管理"→"进货单"图标进入(见图4-14)。

图4-13

第 4 章　进货业务管理 | 69

图 4-14

2. 直接调取之前的进货订单，单击右下角的"进货订单"按钮，选中上次制作的进货订单，选中所要进货入库的商品，单击"确定"按钮即可，如图 4-15 所示。

图 4-15

3. 在调用进货订单后，表头和表体会自动填入数据，对于表体中的数量可以按照进货情况填写，填写的数量会影响订单的执行状态。填写完成后，单击"保存单据"按钮，如图 4-16 所示。

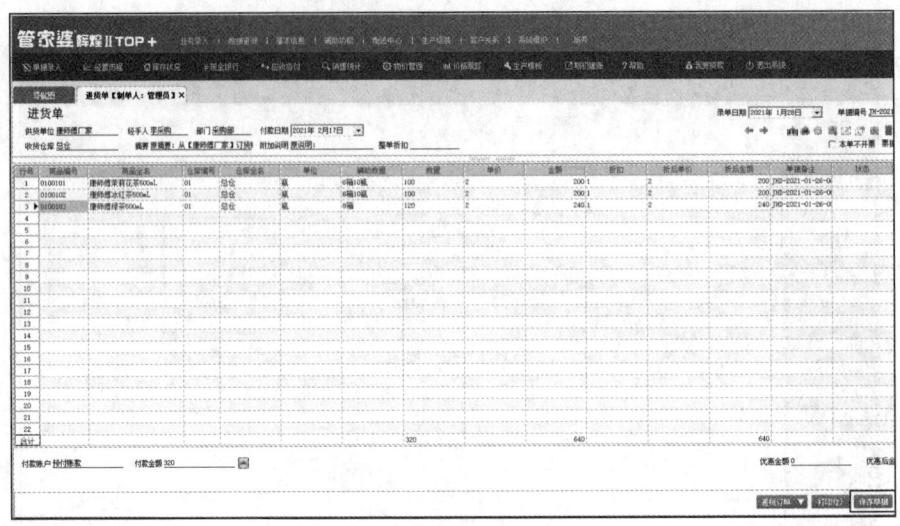

图 4-16

4.2.2 进货单统计

管家婆软件提供的进货单统计功能是可以从商品、往来单位、仓库等多个角度对进货情况分析的,同时对进货仓库的分布、价格和明细情况进行统计。"进货单统计"以进货单为统计依据,让我们清楚地知道,一共进了多少货、多少钱的货。进货单统计的数据扣减了单据红冲的数据,统计的是商品的进货数量、折后金额、税额、含税单价、价税合计、运费、入库单价、入库金额等信息。

■▎应用实例

李采购从康师傅厂家那里做了几次进货业务了,现在想要查询一下本月的进货情况,了解包括从该供应商所进货商品的总量、各种商品的明细数量和商品进货的明细账本。

■▎操作步骤

1. 在主界面单击选择"数据查询"→"进货查询"→"进货订单统计"→"进货订单查询",如图 4-17 所示。

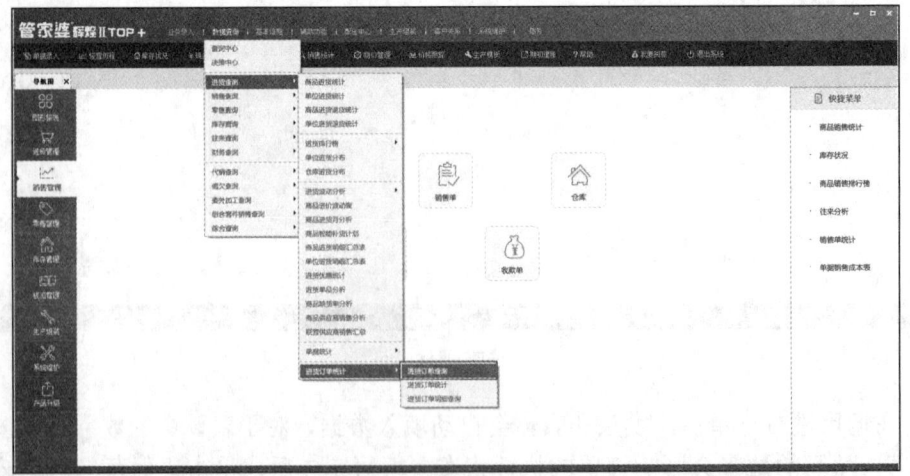

图 4-17

2．在"查询条件"对话框的"单位全名"处单击放大镜按钮，在往来单位中选取"康师傅厂家"，并将时间选择为当月后，单击"确定"按钮，如图4-18所示。

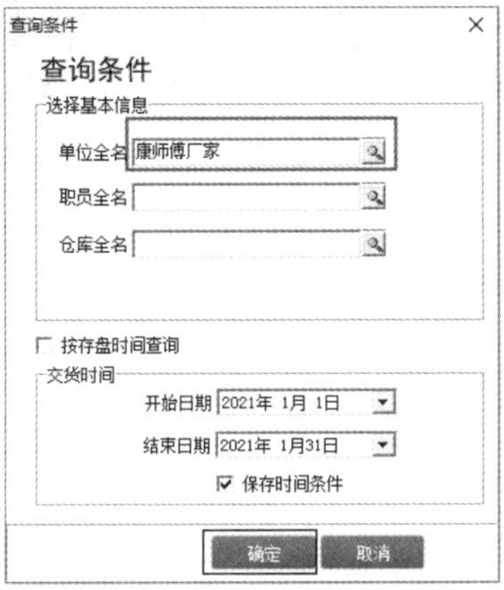

图 4-18

3．系统出示"进货单统计"，表单中会显示出符合条件的各类商品的进货信息，查看这些类型的商品进货总数，以及总金额等信息。单击左下角的"列表"按钮，在弹出的"列表选择"对话框中选择"全部列表"，然后单击"确定"按钮，如图4-19所示。

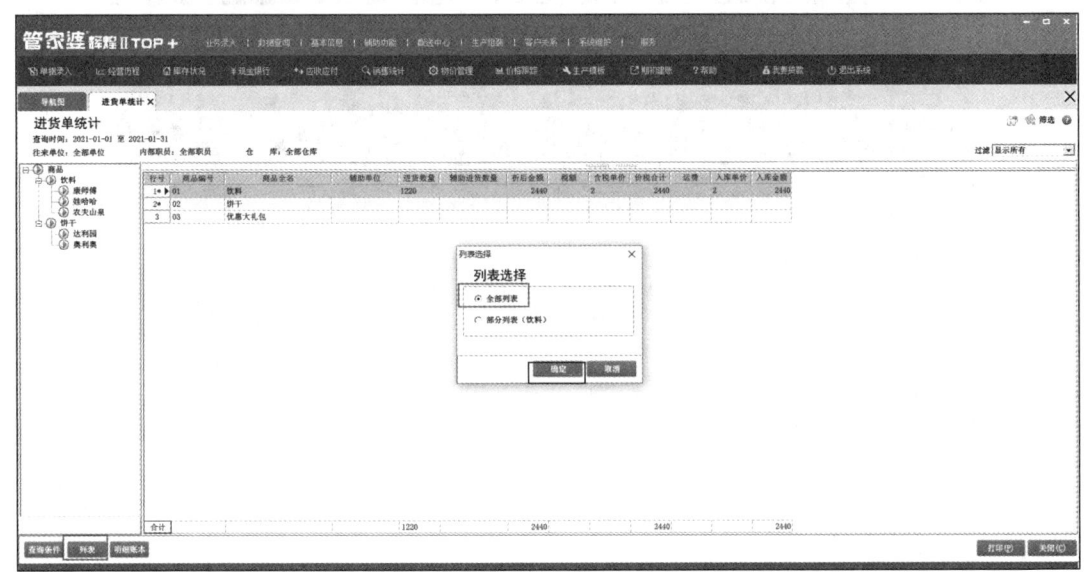

图 4-19

4．"进货单统计列表"显示刚刚所选大类下查询时间段内所有商品的进货信息，包括进货数量、总金额、税额，以及运费等信息。选择其中的商品"康师傅茉莉花茶 500mL"，然后单击左下角的"明细账本"按钮，如图4-20所示。

5．"进货明细账本"会将包含所选商品在查询时间范围所有的进货单据罗列出来，同时还会显示出单据编号、日期、仓库等信息。李采购想查看第一张单据的详情，单击选中第一张单据,然后单击左下角的"查看单据"按钮,如图 4-21 所示。

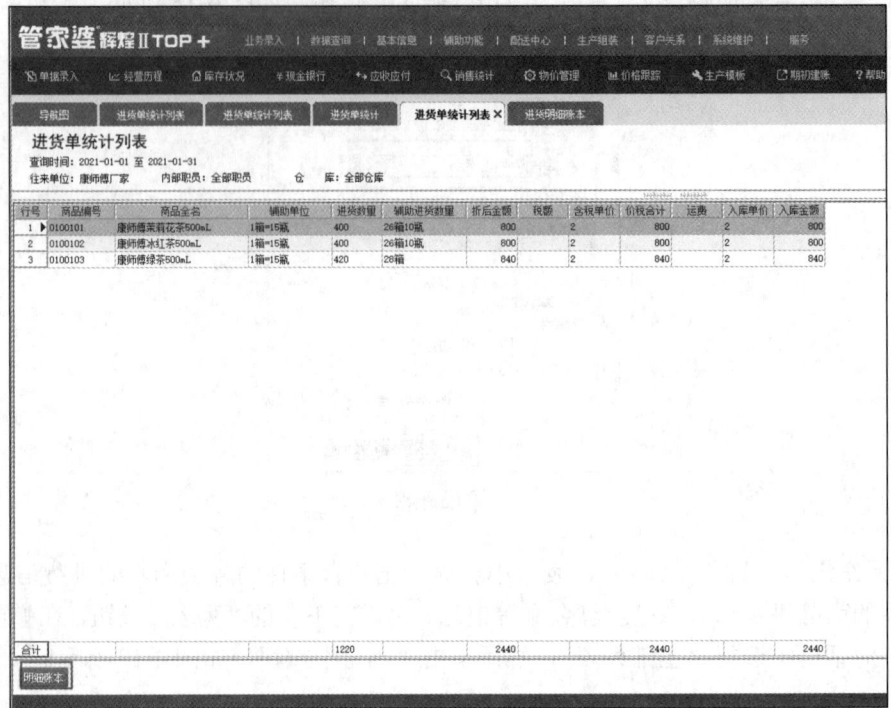

图 4-20

图 4-21

6. 系统会打开所选中的对应单据，如图 4-22 所示。

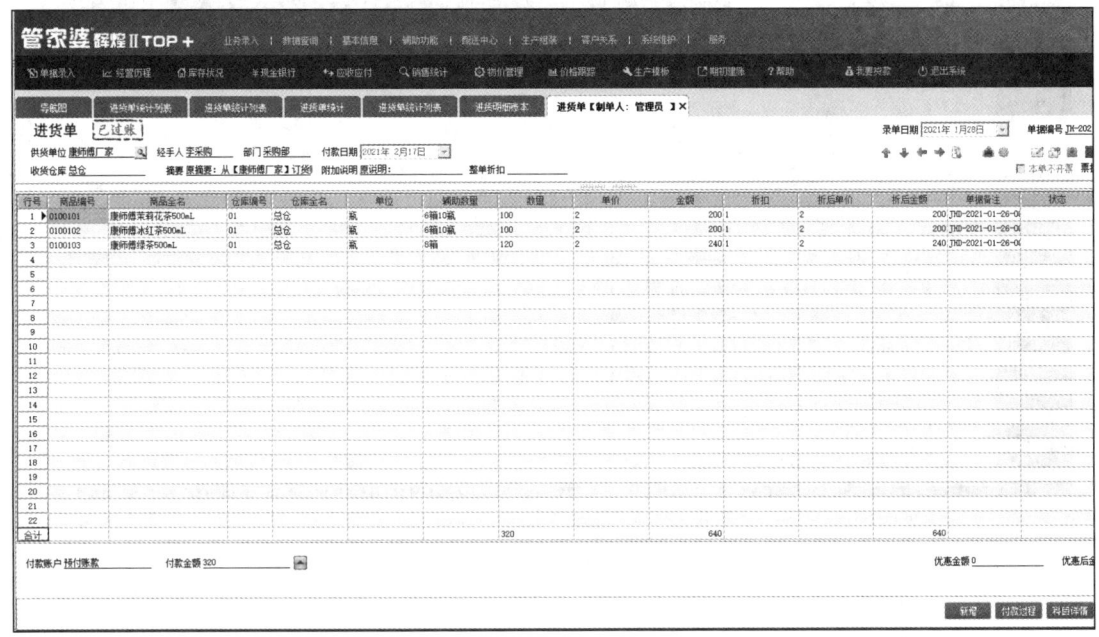

图 4-22

4.2.3 进货统计

管家婆辉煌版从商品和供应商两个角度对进货进行统计，查看统计报表时可以按照单据类型、往来单位、职员、时间等条件设置进行查看。进货统计用于统计商品的进货数量、进货均价、折后金额、税额、含税单价、价税合计、运费、入库单价、入库金额、赠品数量和赠品零售额等信息。

> **注意** 商品进货统计与单位进货统计的统计内容相似，单位进货统计是按照往来单位来显示进货数据的，而商品进货统计则是按照商品来显示进货数据的。

应用实例

李采购想要查询 1 月份总仓通过进货单一共向康师傅厂家采购了多少商品入库，以及每件商品的进货均价是多少钱。

操作步骤

1. 在主界面单击选择"数据查询"→"进货查询"→"商品进货统计"，如图 4-23 所示。

2. 在弹出的"查询条件"对话框中的"单位全名"处单击放大镜按钮选择"康师傅厂家"，在"仓库全名"处单击放大镜按钮选择总仓，在"选择单据"下勾选"进货单"，最后将时间选择为当月后，单击"确定"按钮，如图 4-24 所示。

图 4-23

图 4-24

3．系统会显示"商品进货统计"界面，显示出符合条件的商品信息，单击"列表"按钮，可以将查询的商品展开显示，如图 4-25 所示。

4．在"商品进货统计列表"中，单击左下角的"明细账本"按钮可以查询所选商品的每一笔进货类明细情况，单击"每月比较"按钮可以查询出全部商品或部分商品每一会计月的进货情况，如图 4-26 所示。

图 4-25

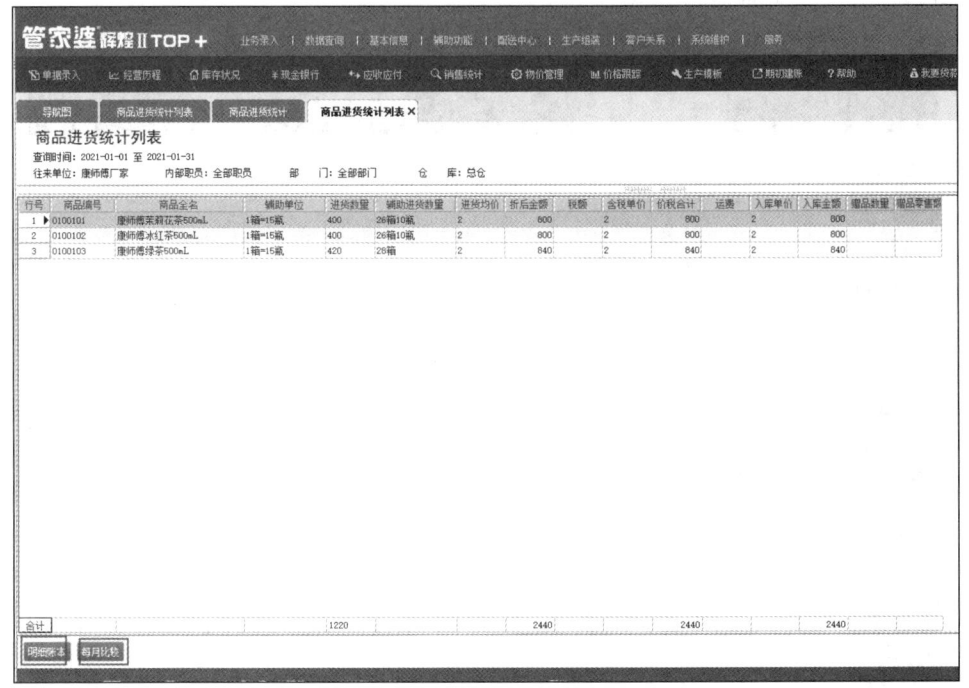

图 4-26

注意
- 进货统计包含了进货退货单等单据,而进货单统计只统计进货单的内容,所以在有退货业务单据存在的情况下,二者所统计出来的数量会存在差异。
- 单位进货统计的操作与商品进货统计的操作基本一致。

4.3 进货退货业务

在日常的采购业务中，有时采购方会由于销售、质量或者规格等原因，将采购的商品退还给供货商。此时，就需要编制一张进货退货单来记录退货业务。

4.3.1 进货退货单

进货退货单是协助企业处理采购退货业务的。为了方便处理进货退货业务，进货退货单可以直接录入商品，也可以调出原进货单进行退货。

▎应用实例

仓库通知李采购，2月1日从娃哈哈进的10箱元气苏打水350mL，其中1箱在运输过程中破损，需要向厂家退货。李采购与供应商沟通后，因为本批采购尚未支付货款，所以直接冲减对娃哈哈厂家的应付账款。

▎操作步骤

1. 在软件主界面单击选择"业务录入"→"进货退货单"，或者单击"进货管理"→"进货退货"图标，如图4-27所示。

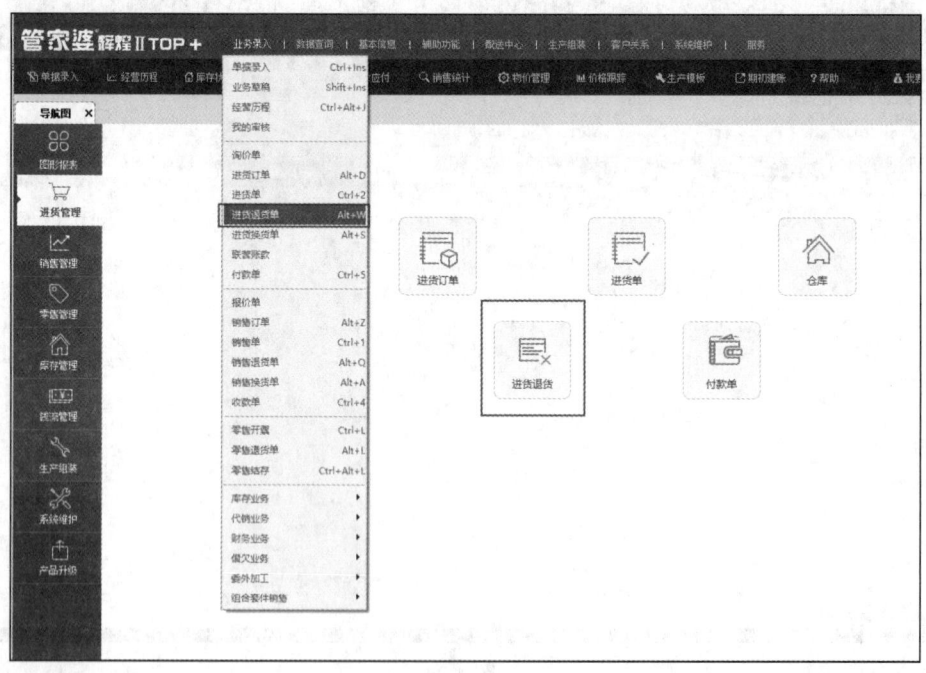

图 4-27

2. 打开"进货退货单"界面，单击右下角的"进货单"按钮，在"选择进货单"对话框中，选择从娃哈哈厂家采购的那批10箱元气苏打水350mL的进货单，单击"确定"按钮，如图4-28所示。

第 4 章 进货业务管理 77

图 4-28

3. 系统会把选择好的"进货单"数据填入"进货退货单"中，将退货数量修改成 1，单击"保存单据"按钮，就可以完成这笔进货退货业务了，如图 4-29 所示。

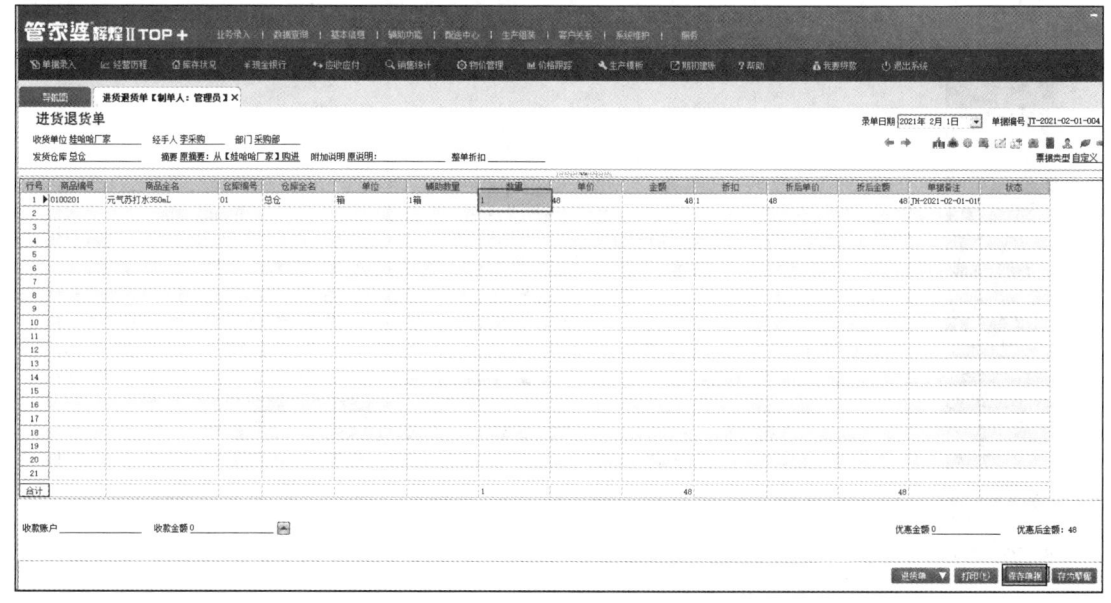

图 4-29

注意：在进货退货过程中，如果有商品需要以赠品方式退货，处理方式有两种：如果是调原进货单，且原进货单是赠品，调到退货单依然会是赠品；如果是直接录入商品，则按 F4 键或单击鼠标右键选择对应的商品，将该行标记为赠品即可。

4.3.2 进货退货单统计

进货退货单统计指以进货退货单为统计依据，从商品、供货商、仓库、部门等不同角度对进货退货情况分析。进货退货单统计的数据扣减了单据红冲的数据，统计的是商品的退货数量、退货金额、税额、含税单价、价税合计等信息，同时还提供了进货退货仓库的分布、价格和明显情况统计，协助用户实现全面的进货退货管理。

▌ 应用实例

李采购想要查询2021年1月1日至2月1日，所有采购业务处理过程中出现的退货商品的出库情况。

▌ 操作步骤

1. 在主界面单击选择"数据查询"→"进货查询"→"单据统计"→"进货退货单统计"，如图4-30所示。

图 4-30

2. 在弹出的"查询条件"对话框中，单击"开始日期"和"结束日期"后的下拉按钮，设置时间分别为2021年1月1日、2021年2月1日，单击"确定"按钮，如图4-31所示。

3. 系统展示出"进货退货单统计"界面，李采购单击左下角的"列表"按钮，在弹出的"列表选择"对话框中选择"全部列表",再单击"确定"按钮,如图 4-32 所示。系统展示出"进货退货单统计列表"界面,如图 4-33 所示。

图 4-31

图 4-32

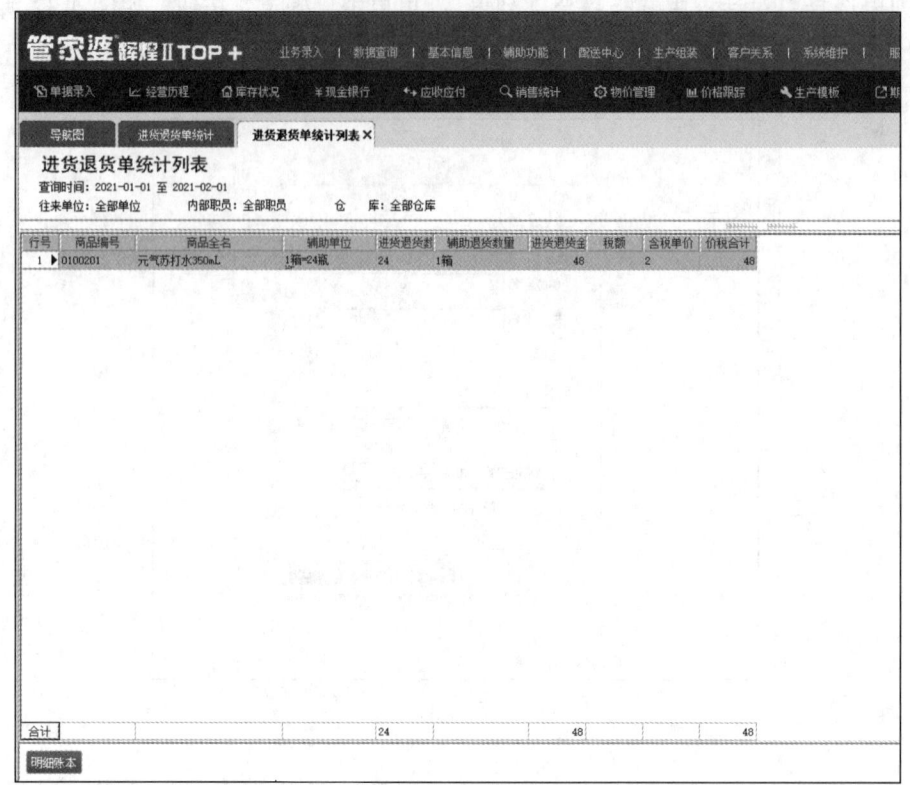

图 4-33

> **注意** 该报表下明细账本的查询功能与"4.2.2 进货单统计"下的明细账本功能基本一致,"明细账本"功能在此不再赘述。

4.3.3 商品进货退货统计

商品进货退货统计指以进货和退货业务为数据来源,统计商品的进货数量、进货折后金额、进货入库数量、进货入库金额、进货退货数量、进货退货金额及退货率信息。统计时可以设置要统计的单据类型、仓库、职员和时间等条件。

应用实例

李采购要查询在 1 月 1 日到 2 月 1 日期间,退给各供应商的退货金额及退货率等信息。

操作步骤

1. 在主界面菜单中单击选择"数据查询"→"进货查询"→"商品进货退货统计",如图 4-34 所示。
2. 在弹出的"查询条件"对话框中设置时间段,把"开始日期"和"结束日期"分别设置为 2021 年 1 月 1 日、2021 年 2 月 1 日,然后单击"确定"按钮,如图 4-35 所示。

第 4 章 进货业务管理 | 81

图 4-34

图 4-35

3．系统展示出"商品进货退货统计表"界面，李采购单击左下角的"列表"按钮，在弹出的"列表选择"对话框中选择"全部列表"，然后单击"确定"按钮。系统展示出"商品进货退货统计列表"表单，可以查看相关供应商的退货金额和退货率，如图 4-36 和图 4-37 所示。

图 4-36

图 4-37

> **注意**
> - 进货入库金额=进货单入库金额+受托结算单入库金额+借转进货单入库金额+进货换货单入库金额。
> - 进货退货金额=进货退货单出库金额+进货换货单出库金额。
> - 退货率=进货退货数量÷进货入库数量。

4.4 进货换货业务

企业日常经营中常会遇到进货换货问题,一方面将商品退回供应商,另一方面重新选购商品,此时需要使用进货换货单来处理。

4.4.1 进货换货单

进货换货单是对企业购进的商品在退回给供应商时换回另外一种商品的业务处理单据,由此可避免一笔业务需要同时做进货退货单和进货单的麻烦。

应用实例

辉煌食品有限公司最近发现,550mL 柠檬味苏打水受到市场欢迎,决定将 300 瓶 350mL 元气苏打水退回娃哈哈厂家,换 300 瓶 550mL 柠檬味苏打水,350mL 元气苏打水单价为 2 元,550mL 柠檬味苏打水单价为 4.5 元。李采购和娃哈哈厂家沟通后,当日将 300 瓶 350mL 元气苏打水退回厂家,并将 300 瓶 550mL 柠檬味苏打水带回公司仓库,所产生的差价挂在往来账目。

操作步骤

1. 在软件主界面依次单击选择"业务录入"→"进货换货单",如图 4-38 所示。

图 4-38

2. 系统显示"进货换货单"界面,"进货换货单"界面分为上下两个表体,上为商品换出即退货表格,下为商品换入即重新采购表格。李采购在表头"往来单位"处选择本次的换货单位"娃哈哈厂家",如图 4-39 所示。

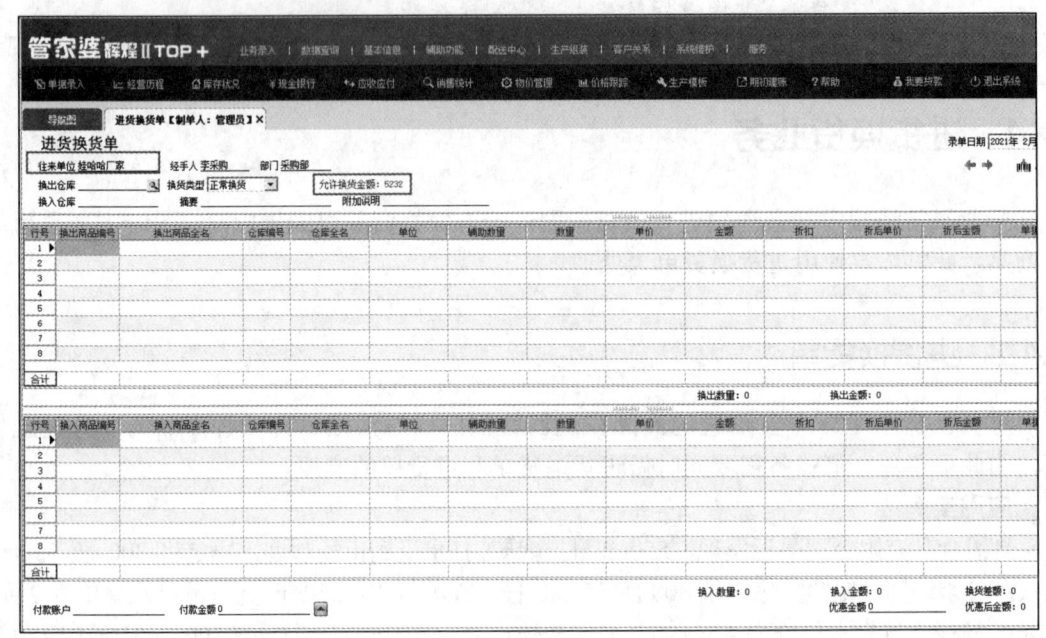

图 4-39

说明 允许换货金额,根据往来单位基本信息中的换货期限和换货比例进行核算。允许换货金额主要用于控制判断退货金额是否大于允许换货金额,如果大于则会提示,否则不会。其计算方法为,从进货换货单录单之日倒推换货期限天数内,针对供货单位的进货金额×换货比例-其间已经换货退货金额。进货金额=进货单金额-进货退货单金额。比如,换货期限为 10 天,这 10 天里一共进货 10000 元,换货比例为 20%,换货期限就 10 天,如这 10 天里没有发生换货业务(即其间已经换货退货金额为 0),则允许换货金额为 10000×20%=2000 元;如这 10 天里已经换货一次,换货退货金额 1000 元,则本次允许换货金额为 2000-1000=1000 元。

3. 单击"换出仓库"右侧的放大镜按钮,选择存放需要换出商品的仓库,"换入仓库"同理,李采购选择两个仓库均为"总仓"。单击"换货类型"后的下拉按钮,选择换货类型为"正常换货",如图 4-40 所示。

说明 换货类型分正常换货与坏损换货,起到记录标记作用。如果退回的商品为坏损商品,则选择"坏损换货"。

4. 在单据的上表体中单击录入换出商品元气苏打水 350mL 的信息,输入数量"300",单价"2";在单据的下表体中录入换入商品柠檬味苏打水 550mL 的信息,在数量处输入数量"300",单价"4.5",系统会自动计算出换货差额为 450 元,单击"保存单据"按钮保存单据，如图 4-41 所示。

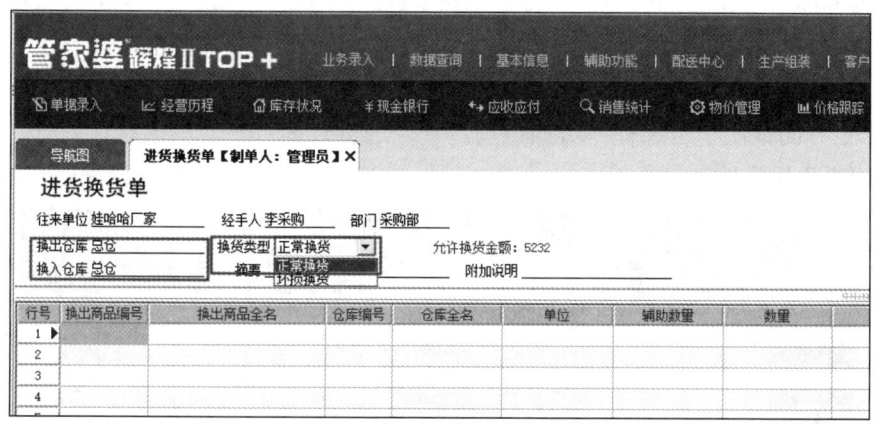

图 4-40

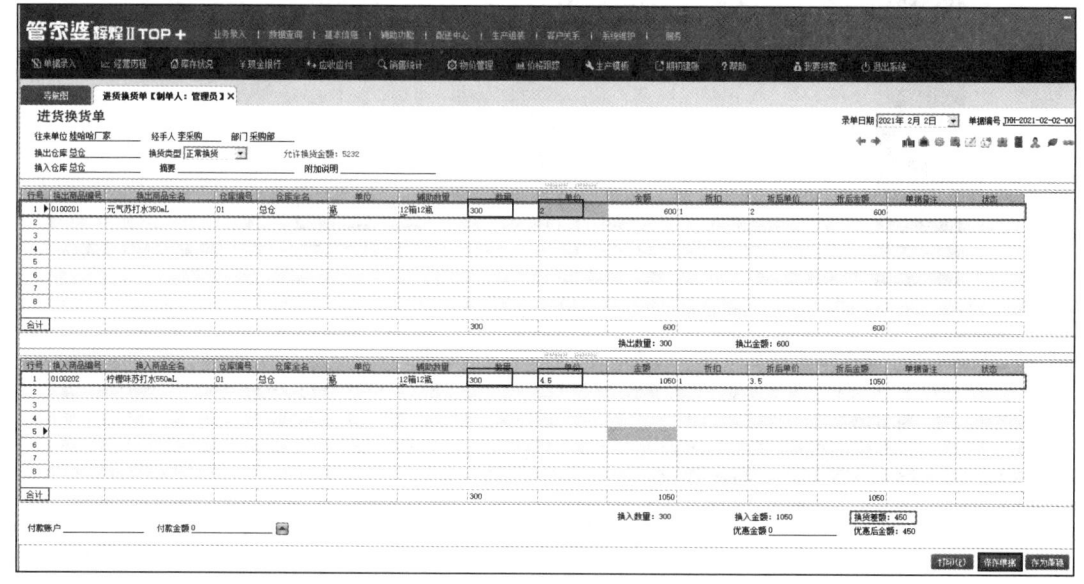

图 4-41

说明　换货差额为正，表示采购金额大于退货金额，则需要我方向供货商付款；换货差额为负，则表示供货商需要向我方付款。付款金额不允许为负，优惠允许录入负数。优惠为正，表示供货商对我方的优惠；优惠为负，表示我方对供货商的优惠。

4.4.2 进货换货单统计

进货换货单统计用于统计商品使用进货换货单后的进货和退货数据。进货换货单统计的数据扣减了单据红冲的数据，统计的是商品的退货出库数量、退货单价、退货价税合计、进货数量、进货单价和进货价税合计等信息。

应用实例

李采购在做完进货换货单过账之后,想要去查看一下截至目前,公司与其他供应商之间的采购换货情况,包括退货时的单价及调换货物入库的单价,还有总价和数量信息。

操作步骤

1. 在主界面依次单击选择"数据查询"→"进货查询"→"单据统计"→"进货换货单统计",如图 4-42 所示。

图 4-42

2. 系统弹出"条件选择"对话框,设置好起止时间,其他条件选择默认,然后单击"确定"按钮,如图 4-43 所示。

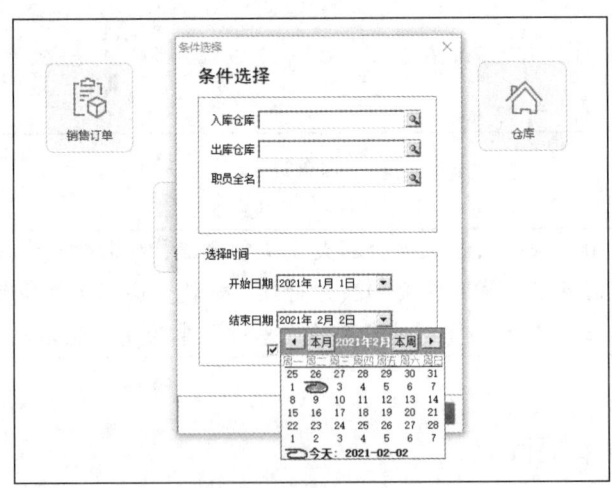

图 4-43

3. 系统显示"进货换货单统计"界面,单击左下角的"列表"按钮,在弹出的"列表选择"对话框中选择"全部列表",单击"确定"按钮,商品将展开显示,并且将没有换货业务的商品过滤掉，如图 4-44 和图 4-45 所示。

图 4-44

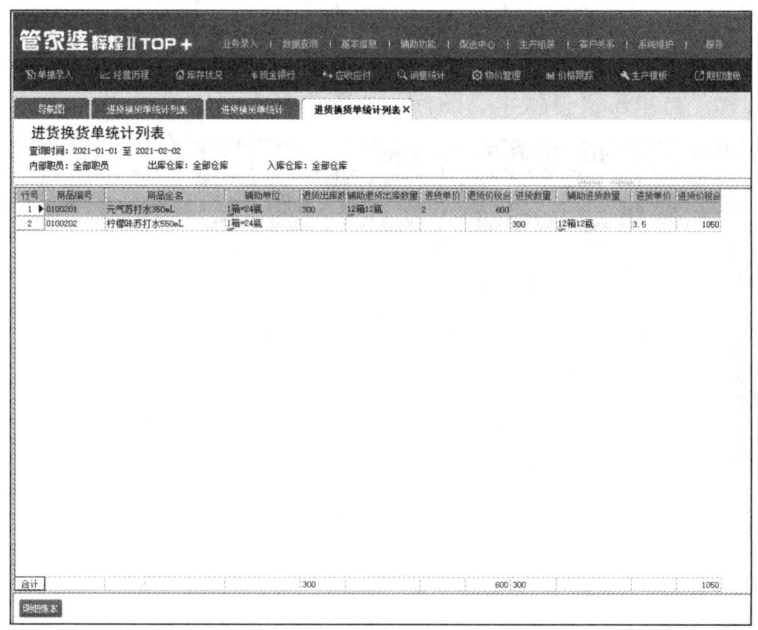

图 4-45

4.5 付款业务

通常在处理进货业务时，可以直接在进货单上付款，也可用付款单付款。

4.5.1 付款单

付款单用于对企业采购业务中未结算的款项进行支付业务的处理。系统提供了3种结算方式。

方式一：按单结算。选择相关单位后，系统会寻找出所有未结算的单据并显示出来，企业所支付的金额最好分配到每一笔业务中。按单结算的好处是每一笔业务都非常清晰，弊端是必须每单分配，影响效率。

方式二：按金额结算。不需要寻找相关单据，只需对累积应付款进行处理即可。按金额结算的好处是处理快，弊端是不清楚每一笔业务的结算情况，无法溯源。

方式三：按商品结算。选择相关单位后，系统会弹出商品结算选择窗口；该窗口分为上下表体，上表体显示单据信息，下表体显示商品信息。按商品结算将与往来单位的结算细化到某个具体的商品或品牌，让结算更加精确。

> **注意** 使用收付款单需要先选择收付款结算方式，可单击"系统维护"→"系统管理"→"用户配置"→"系统配置"后进行选择。

▌应用实例

李采购找到公司财务部的钱财务，协商处理当月向娃哈哈厂家采购业务所产生费用的付款业务。

▌操作步骤

1. 在软件主界面依次单击选择"业务录入"→"付款单"，或者单击"导航图"中的"进货管理"图标，再单击"付款单"图标，如图4-46所示。

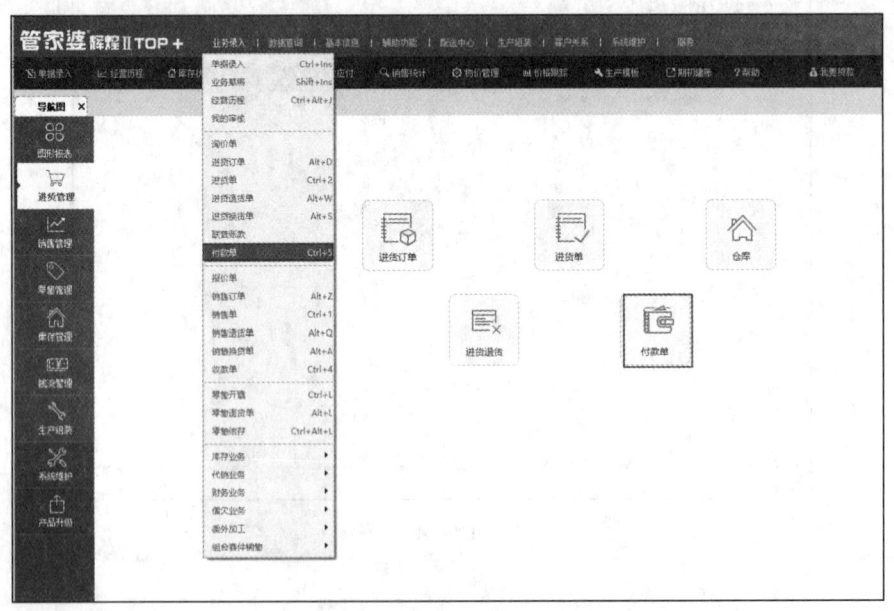

图 4-46

2. 系统会打开"付款单"界面，因为小管在系统初始化设置时，选择公司的结算方式为按单据结算，所以现在系统所展示的"付款单"为按单据结算方式的付款单。单据分为上下两个表体，上表体中是科目编号、科目名称与结算金额等信息，下表体中显示出所选的往来单位业务款项中未结清的单据。钱财务将"收款单位"选择为"娃哈哈厂家"，系统会自动在单据的下表体中带出未结算的单据，余额为负数则表示该往来单位在采购业务中产生过退货或换货业务，如图4-47所示。

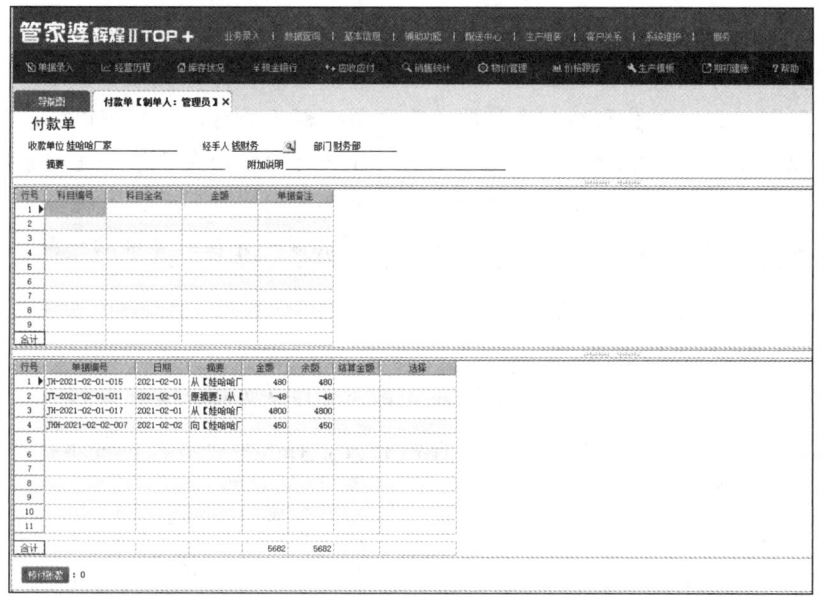

图 4-47

3. 在上表体双击"科目编号"字段，选择结算的科目全名为"建设银行"，"金额"字段输入本次结算的金额5682元，再在下表体中需要结算的单据后面的"选择"字段进行双击勾选，出现"√"表示该单据已经被选中进行结算，系统会自动填入计算金额，选择完毕后，单击"保存单据"按钮，如图4-48所示。

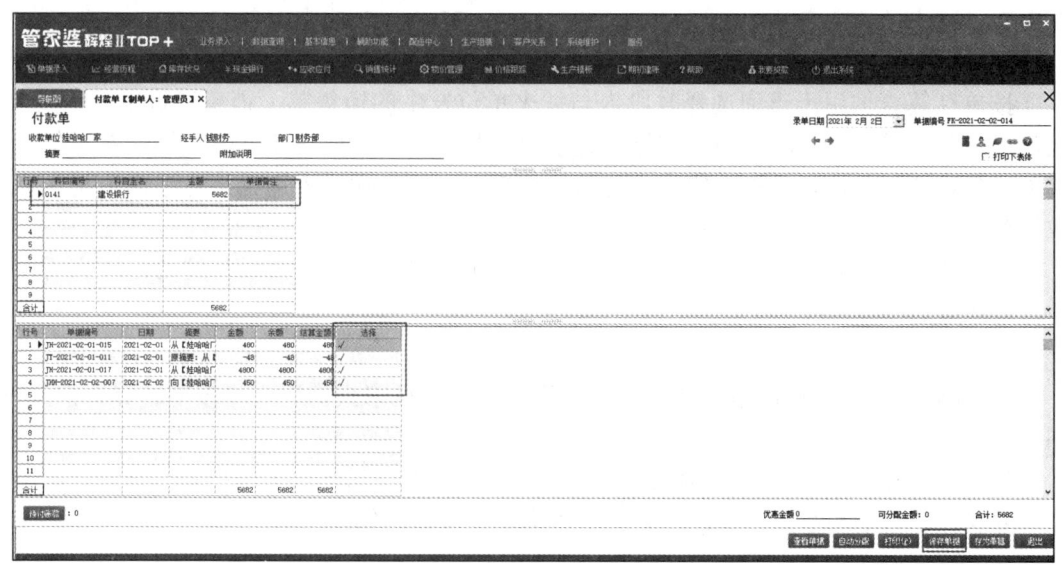

图 4-48

说明

- 在付款单中，选择收款单位后，系统会按账龄由大到小的顺序自动跳出对此单位未结算完成的进货单及进货退货单。用户可以直接录入付款账户及金额，也可以对跳出的进货单或进货退货单进行勾选，以达到分单结算的目的。
- 在将进货货款分单结算时，有时不需要针对某一笔业务进行结算，只是减少应付账款总额，则在输入科目全名和金额后，可以直接单击右下角的"自动分配"按钮，即在录入本次付款的账户与金额后，自动分配可以将此笔付款自动对应未结清的、账龄最大的几笔单据。如果付款金额大于第一笔的余额，系统会自动结算下一行的业务，直到付款金额全部分配完。同时，系统会自动处理退货业务引起应付账款减少的情况，会将退货金额一并在结算金额中显示。

注意

- 订金或预付账款业务有两种情况。
  A. 支付订金或预付账款
  在付款单中，选择了付款的账户后，直接单击界面左下角的"预付账款"按钮，系统会自动将金额转入预付账款科目。再次单击后，预付账款清空。
  B. 使用预付账款进行结算
  企业支付了进货订金或预付账款后，在付款单中，可以使用预付账款进行业务结算。方法：在付款单的账户中，选择预付账款，并录入金额即可。
- 结算方式支持在开账过程中调整。"按单据结算"与"按商品结算"间相互调整时，系统中不允许存在部分结存的单据，即单据只能是全部结存或者从未结存。按商品结算时，有"运费""优惠""期初""加工费"等，均在单据明细中增加一条商品全名为对应类型的明细，数量默认为0。

4.5.2 按单结算查询

按单结算查询用于查询选择时段内与往来单位发生的销售单、销售退货单、进货单、进货退货单、受托结算单、委托结算单、销售换货单、进货换货单、借转销售单、借转进货单或各种调账单，以及期初应收应付的结算情况。可以通过查询结果查看尚未与客户完成结算的业务，并查看原始单据。

钱财务在与娃哈哈厂家结算之后想要查询一下到目前为止，公司与娃哈哈厂家所发生的每笔业务的结算情况。

操作步骤

1. 在软件主界面依次单击选择"数据查询"→"往来查询"→"按单结算查询"，如图4-49所示。
2. 系统弹出"条件选择"对话框，单击"单位全名"后的放大镜按钮，选择娃哈哈厂家，并在开始日期和结束日期设定后单击"确定"按钮，如图4-50所示。

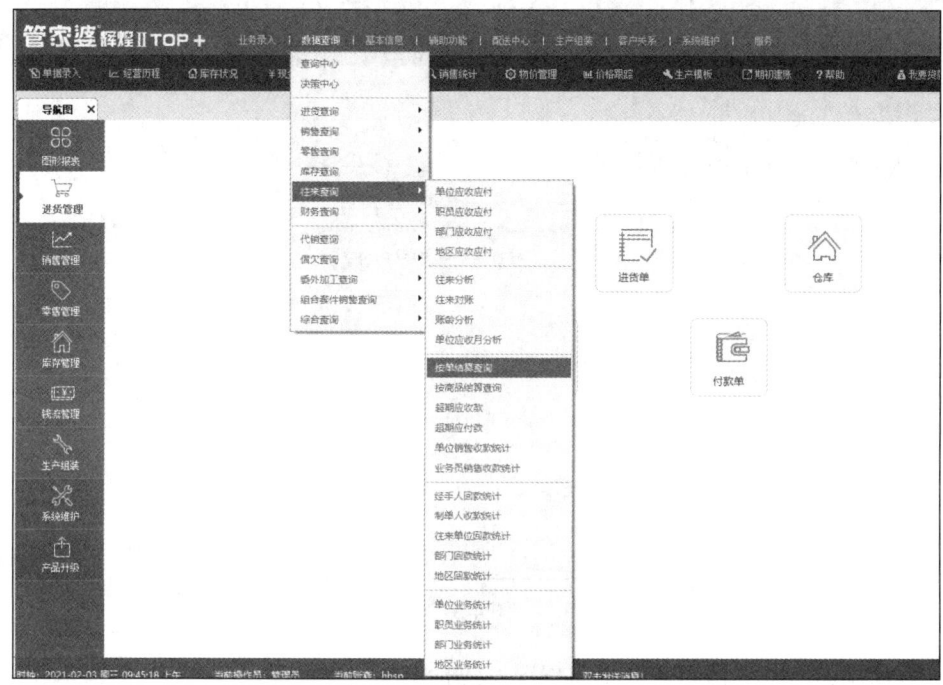

图 4-49

图 4-50

3. 系统会显示"按单结算查询"界面，单击左上角"单据类型"后面的下拉菜单按钮可以选择单据类型进行筛选，单击"票据类型"后的下拉菜单按钮可以按票据类型进行筛选，系统会显示出所设置条件下的公司与娃哈哈厂家之间的业务单据结算情况，包括业务的总金额和余额信息，单击"单据类型"前的"+"按钮，如图 4-51 所示。

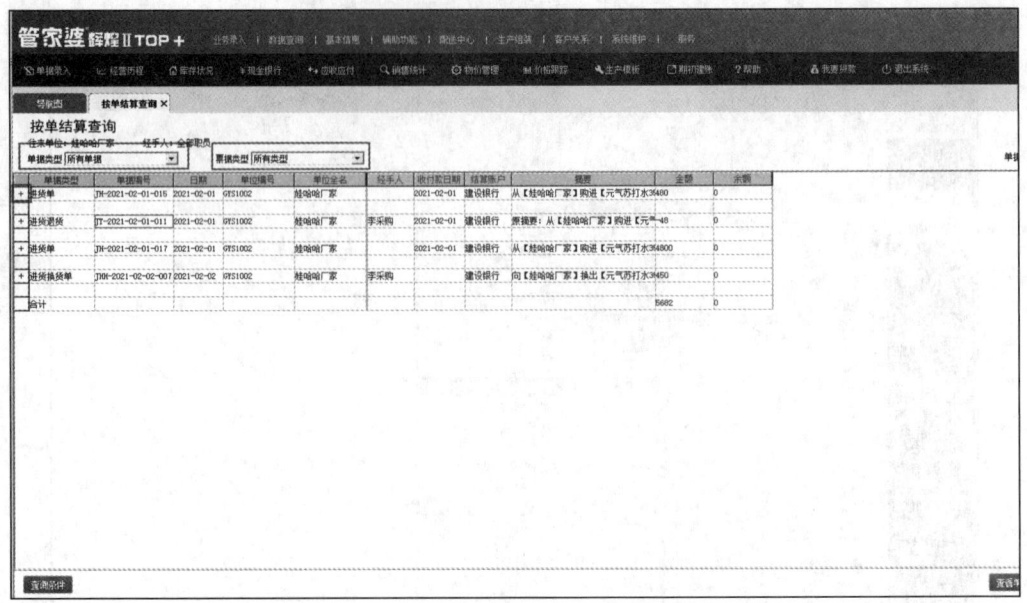

图 4-51

4. 系统显示与该单据相关的结算情况,包括单据类型和编号、日期、结算账户、金额和支付情况等,如图 4-52 所示。

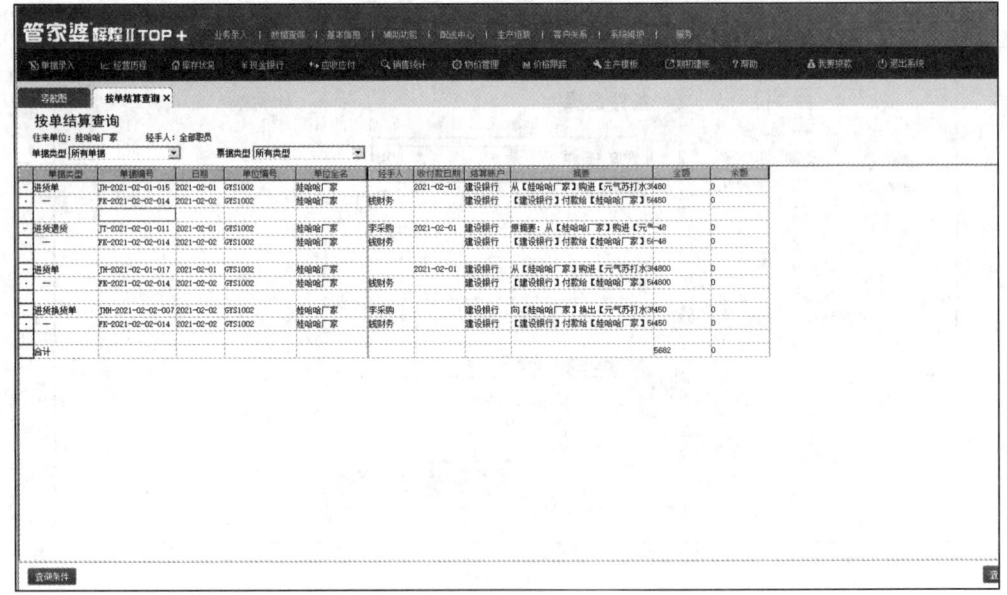

图 4-52

注意
- 如果系统配置的是按金额结算,则不允许查看按单结算,要使用本查询,则系统必须配置"按单结算"。按金额结算查询操作与按单结算方法相似,具体取决于所使用的结算方式。可以按照不同的情况选择,具体方法在此不再赘述。
- 在按单结算明细表中,可以显示所有单据,也可以只显示未完成单据。

第 5 章 销售业务管理

在销售业务的处理过程中,会涉及报价单、销售订单、销售出库、销售退货、销售换货和收款等,如图 5-1 所示。

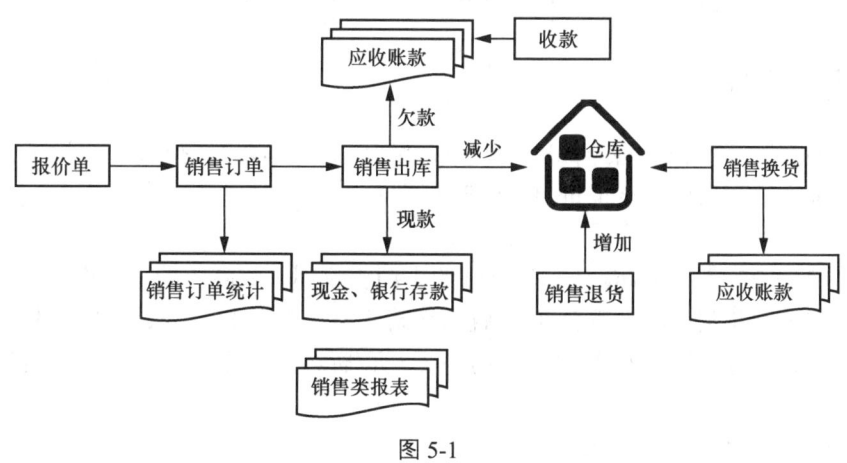

图 5-1

1. 报价单
销售过程中需要将发送给客户的商品具体报价进行存档,以备随时查询报价情况。
2. 销售订单
(1) 在销售中跟客户签订销售合同,需要编制销售订单以便对订单进行管理。
(2) 根据不同情况收取订金。
(3) 在销售出库前,由于编写错误、客户改变采购商品的数量等原因,需要对订单修改。
(4) 针对订单进行查询统计,方便相关负责人了解订单完成情况。
3. 销售出库
(1) 按照订单进行销售出库,通过销售单调用订单,完成订单。
(2) 收取客户支付的货款或者将其作为应收账款处理,以后统一结算。
(3) 对销售单的相关业务数据进行统计,方便相关人员进行分析查询。
4. 销售退货
(1) 客户由于质量、市场等原因有时会退回商品,需填写销售退货单。
(2) 提供退货情况的报表。
(3) 财务核对现金银行、应收账款的情况或者调整对应的财务数据。
5. 销售换货
(1) 因为某种原因需要将一些已销售出库的商品进行更换,填写销售换货单。

(2)提供换货情况的报表。
6．应收账款
(1)对销售业务中产生的应收账款进行结算。
(2)提供查询结算情况的报表。

5.1 报价业务

管家婆辉煌版中的报价单一方面可以帮助记录报价，方便随时查询对客户的报价明细，另一方面可以在销售订单中调取报价单数据，快速完成销售订单的录制。

5.1.1 报价业务

辉煌食品有限公司在销售产品的过程中，经常需要给客户做报价单，为了更好地跟踪对客户的报价详情，需要留存报价单，随时查询。

应用实例

2021 年 2 月 25 日，辉煌食品有限公司的李销售收到小梦商贸的采购咨询。小梦商贸需要了解康师傅茉莉花茶和冰红茶各 100 瓶、绿茶 120 瓶的价格，李销售向小梦商贸报价：康师傅茉莉花茶、冰红茶、绿茶的价格均为 2.5 元/瓶。为方便后续查询，李销售在系统中录入了报价单。

操作步骤

1．李销售登录系统后，单击选择"业务录入"→"报价单"，如图 5-2 所示。

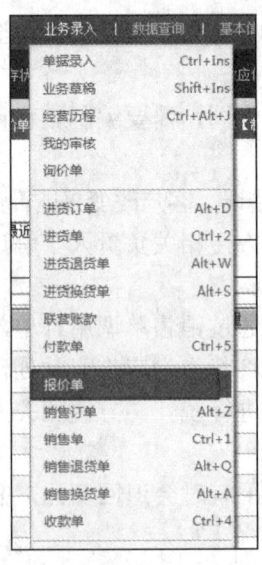

图 5-2

2．在报价单录入对应的往来单位、报价人、有效日期、商品信息、数量和价格，然后单击"保存单据"按钮，如图 5-3 所示。

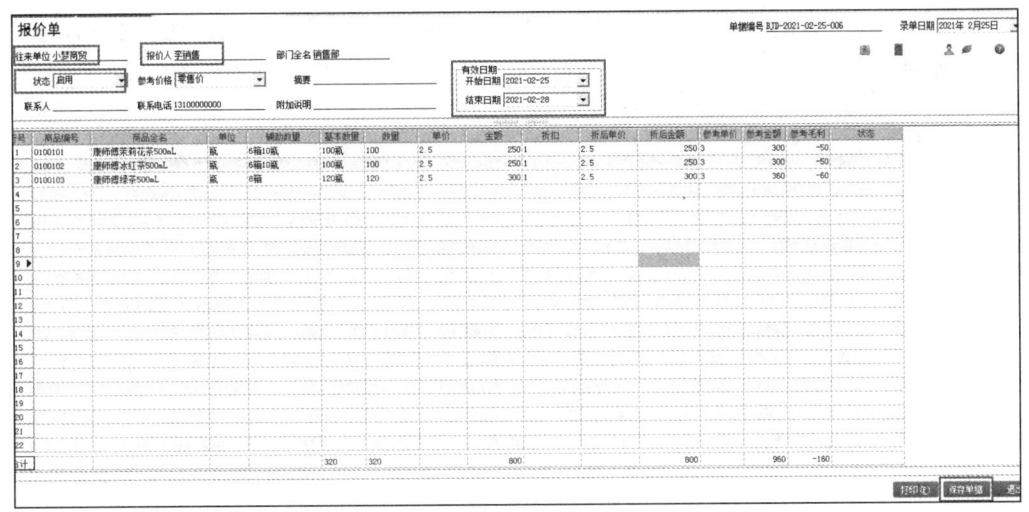

图 5-3

注意 销售订单调报价单有时会出现无法调取的情况，一般是由于报价单未启用或者是已经过期所致。因此在表头信息录入时注意"状态"是"启用"，"有效日期"修改成具体的时间。

5.1.2 报价业务查询

系统录入报价单后，随着销售业务的跟进，报价单需要进行查询、修改、删除、停用等操作。

应用实例

2021年2月26日，公司李销售收到小梦商贸再次询价，希望将之前2.5元/瓶的报价调整成2元/瓶，在请示上级同意后，李销售随即调整。

操作步骤

1. 进入系统，单击选择"辅助功能"→"查询报价管理"→"报价管理"，在弹出的对话框中录入查询条件，单击"确定"按钮，如图5-4所示。

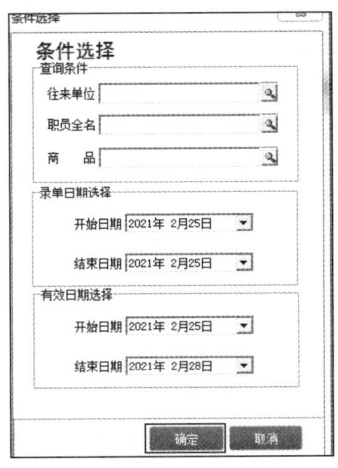

图 5-4

2．在报价管理界面，选择需要修改的报价单，单击"修改"按钮，如图5-5所示。

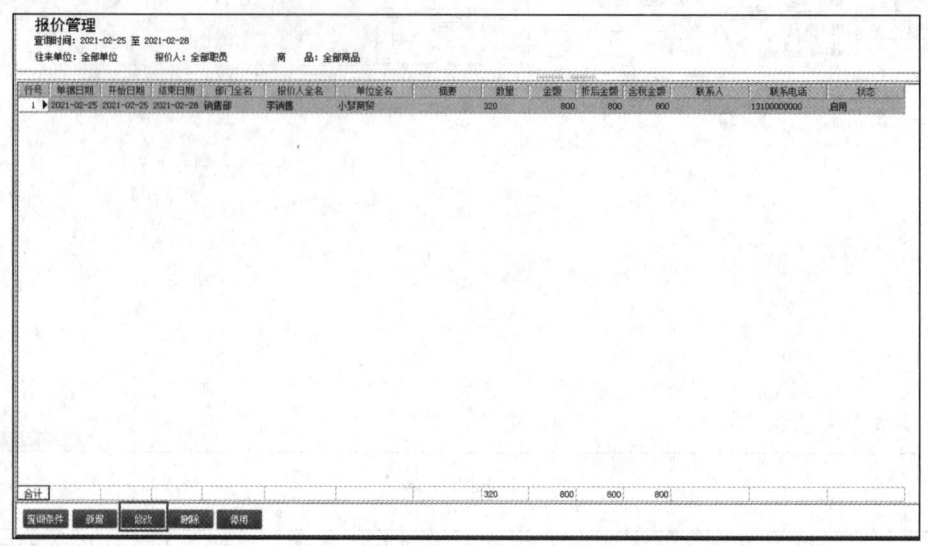

图 5-5

| 说明 | 报价管理支持新增、修改、删除和停用4项操作。 |

3．在报价单上直接将原单据上的"单价"2.5修改为2.0，单击"保存单据"按钮即可，如图5-6所示。

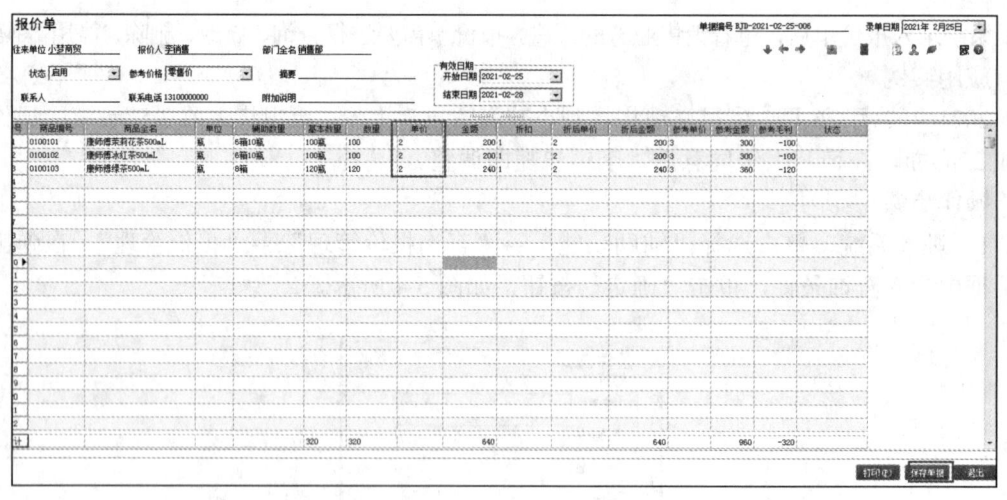

图 5-6

5.2 销售订货业务

销售管理可以帮助用户对订单进行管理，让用户查询出对某客户的销售订货情况、某商品的销售订货情况，以及订单完成情况，还可以通过"数据查询"→"库存查询"→"订单库存查询"里了解库存，有助于企业对销售计划和库存的管理。

5.2.1 销售订货业务

销售人员与客户签订销售合同或者确认购买意向时，需要填写订单，用以根据订单收取订金，从而发货出库。

应用实例

2021 年 2 月 27 日，公司李销售收到小梦商贸确认购买的订单，包括康师傅茉莉花茶和冰红茶各 100 瓶、绿茶 120 瓶，单价均为 2 元。收取 50%的订金，汇款到建设银行账户，剩余尾款货到结算，计划 3 月 9 日之前完成交货。

操作步骤

1. 单击选择"导航图"→"销售管理"→"销售订单"，如图 5-7 所示。

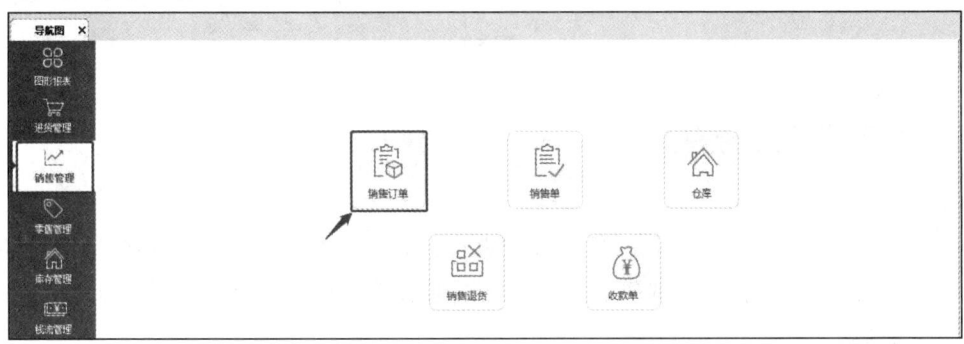

图 5-7

2. 在"销售订单"界面，在单据表头录入"购买单位""经手人""发货仓库"等信息，以及"交货日期"为 2021 年 3 月 9 日。在表体中录入商品、仓库、数量、单价等信息。如果之前有录入报价单，可以调报价单直接开单，如图 5-8 所示。

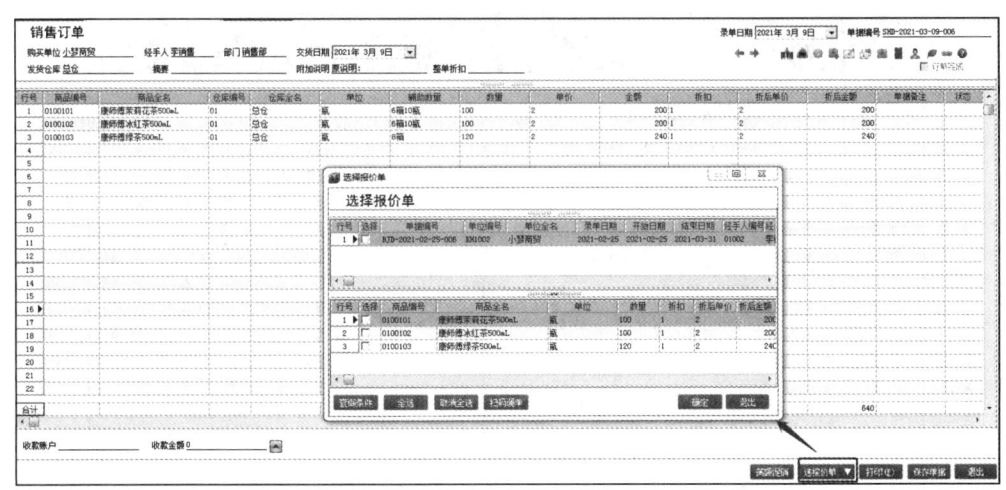

图 5-8

3. 在"销售订单"界面，单击"收款账户"后的放大镜按钮，在弹出的"多支付方式"对话框中选择建设银行，设置"收款金额"为 320 元，单击"确定"按钮，确认单据录入完成，单击"保存单据"按钮，如图 5-9 所示。

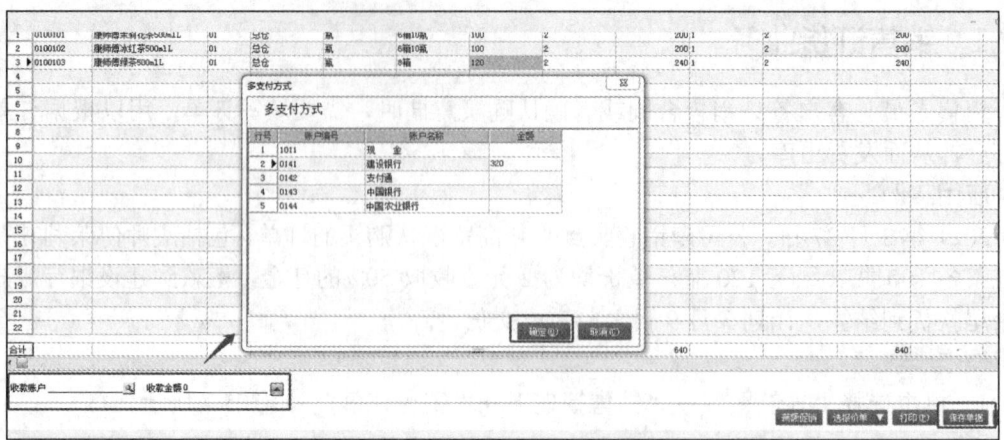

图 5-9

5.2.2 销售订货业务查询

1．销售订单查询

查询公司开了多少销售订单、订单金额多少、收了多少订金、与哪些单位发生的、是否已经执行、是否需要强制完成等，这些都需要通过销售订单查询来处理。

应用实例

2021 年 3 月 9 日，李销售想查询截止到 3 月份的订单数量及订单的完成情况。

操作步骤

（1）单击选择"数据查询"→"销售查询"→"销售订单统计"→"销售订单查询"，如图 5-10 所示。

图 5-10

（2）在弹出的"查询条件"对话框中输入查询条件，选择要查询的"交货时间"后单击"确定"按钮，如图 5-11 所示。

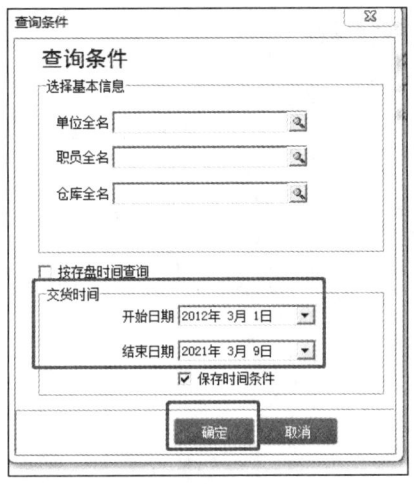

图 5-11

（3）"销售订单查询"界面会显示出对应条件的订单情况，如图 5-12 所示。

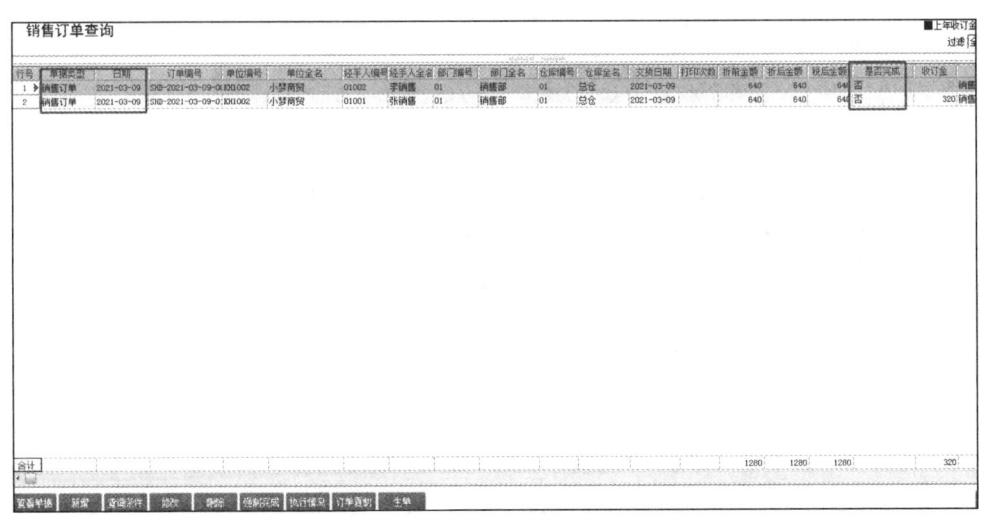

图 5-12

2．销售订单情况执行表

需要查询销售订单已经执行了多少、还有多少未执行、已经被执行了多少次，可以通过销售订单情况执行表查询。

▍应用实例

李销售想要查询小梦商贸在 2021 年 3 月的订单完成情况及收款情况。

▍操作步骤

（1）单击选择"数据查询"→"销售查询"→"销售订单统计"→"销售订单执行情况表"，如图 5-13 所示。

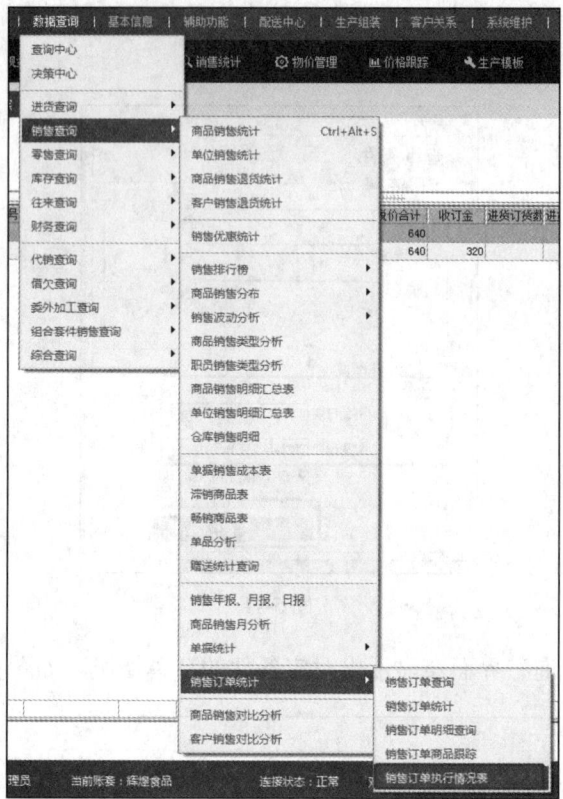

图 5-13

（2）在弹出的"条件选择"对话框中录入查询的"单位全名"为小梦商贸，选择好对应时间段，然后单击"确定"按钮，如图 5-14 所示。

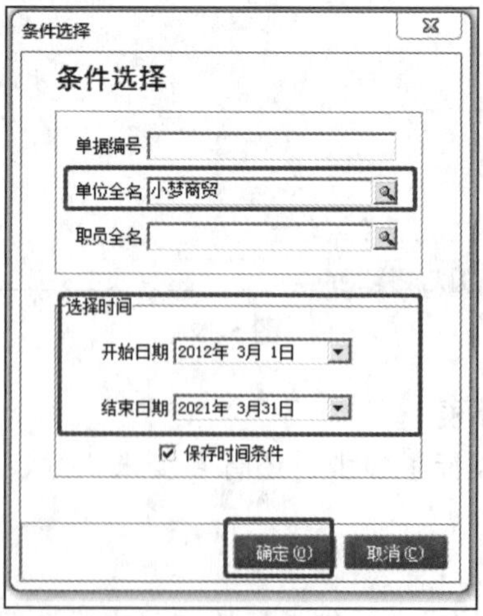

图 5-14

（3）在"销售订单执行情况表"中，可以看到小梦商贸有 2 笔销售订单，均未发货和收款，只有其中 1 笔订单收到了 320 元的订金，如图 5-15 所示。

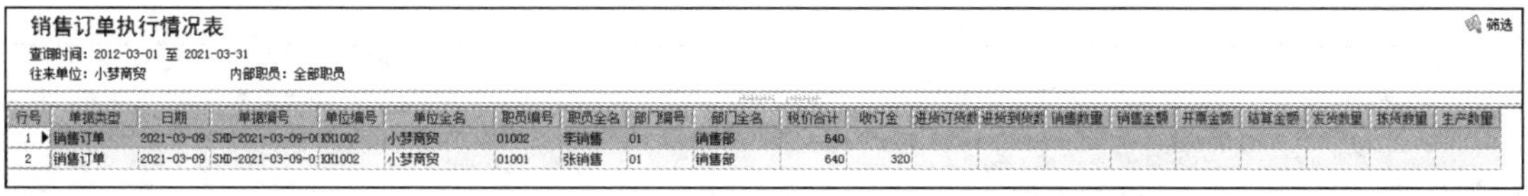

图 5-15

5.3 销售业务

销售单主要用于处理商品销售出库业务。如果在处理商品出库业务之前录入过销售订单、报价单，销售单可以直接调用相关的销售订单和报价单，避免重复录入，提高开单效率。在处理销售单出库、优惠、收款、收款期限等业务的同时，系统会自动统计对应的销售统计和销售分析等相关报表，从而掌握公司的销售情况、销售利润等。

5.3.1 销售业务

仓库将销售的货物出库，扣减对应的库存数量，挂对应的应收款，若为现款现货，则需要直接收款。

应用实例

2021 年 3 月 9 日，李销售处理之前小梦商贸的销售订单，发出康师傅茉莉花茶和冰红茶各 100 瓶、绿茶 120 瓶，单价均为 2 元。之前收取的 50%的订金，直接转为本次货款，剩余 50%货款，待对方收到货再付款。

操作步骤

1. 单击选择"导航图"→"销售管理"→"销售单"，如图 5-16 所示。

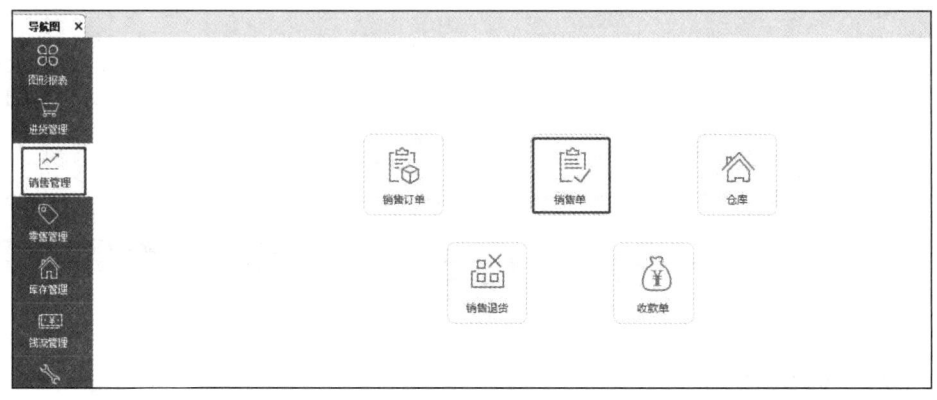

图 5-16

2. 在"销售单"界面，单击"销售订单"按钮，选择需要调用的销售订单，单击"确定"按钮，如图 5-17 所示。

注意 若没有找到"销售订单"按钮，可以单击按钮上的▼进行切换。在销售单上也可以直接调用报价单；如不调用，也可以直接手动开单。

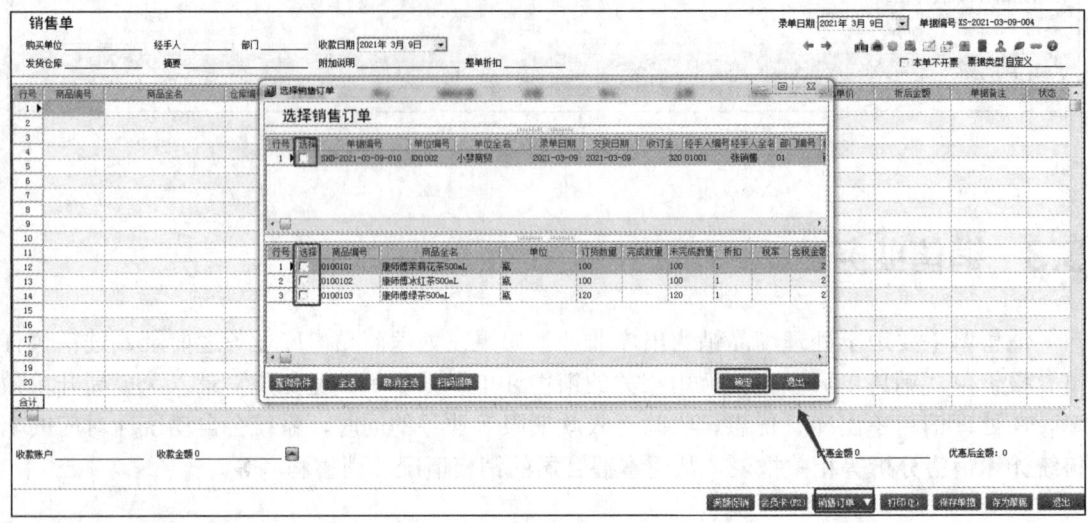

图 5-17

3. 调用销售订单后,检查确认单据明细及预付的订金金额,确认无误后,单击"保存单据"按钮,如图 5-18 所示,即可完成销售单录制。

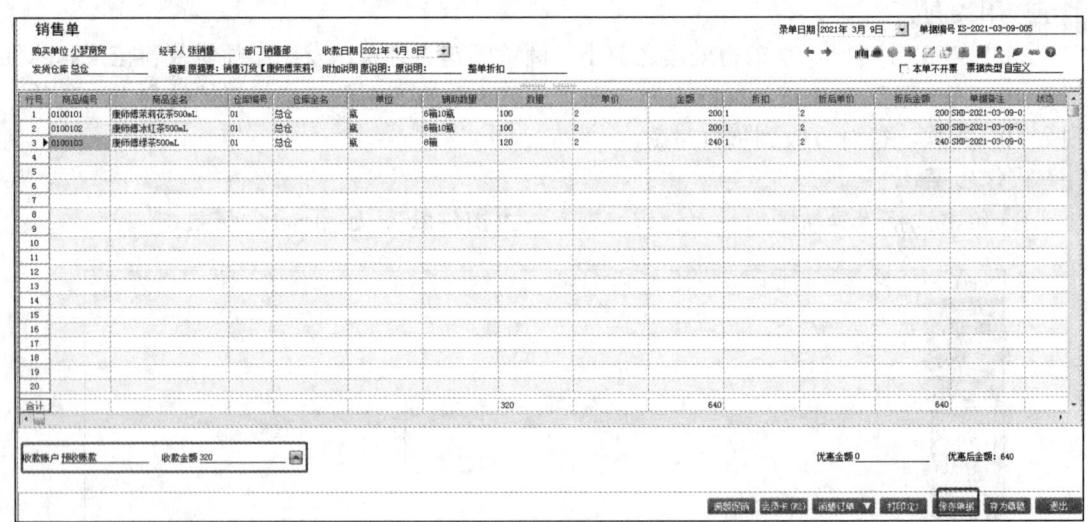

图 5-18

5.3.2 销售业务查询

1. 销售排行榜

在日常销售业务中,需要了解商品、客户、职员、部门等维度的销售排行情况,从而全面了解公司的销售状况和利润情况。

应用实例

李销售想了解 3 月份的商品销售排行情况及商品的盈利情况。

操作步骤

（1）单击选择"数据查询"→"销售查询"→"销售排行榜"→"商品销售排行榜"，如图 5-19 所示。

图 5-19

（2）在弹出的"查询条件"对话框里选择对应的"开始日期""结束日期"，然后单击"确定"按钮，如图 5-20 所示。

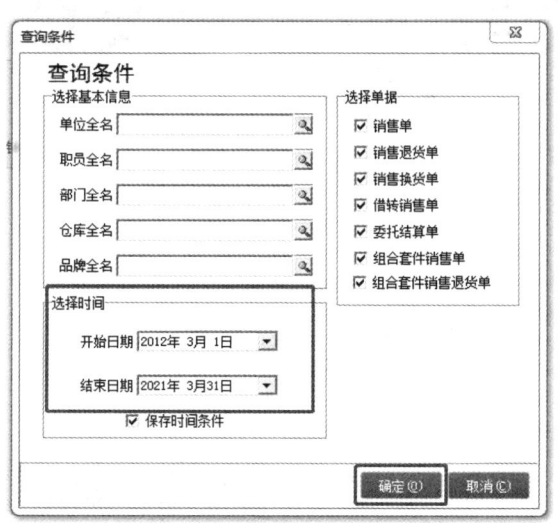

图 5-20

（3）在"商品销售排行榜"中，系统默认按照大类展示，可以查询到大类商品的销售数量、销售毛利；如果按照销售数量排序，可双击"销售数量"按从小到大或从大到小进行排序，如图 5-21 所示；如需查看明细商品的情况，可单击左下角"列表"→"全部列表"，即可查询图 5-22 所示的明细商品排行情况。

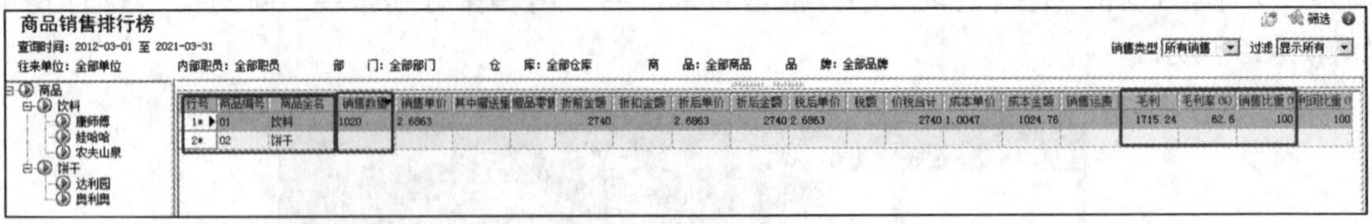

图 5-21

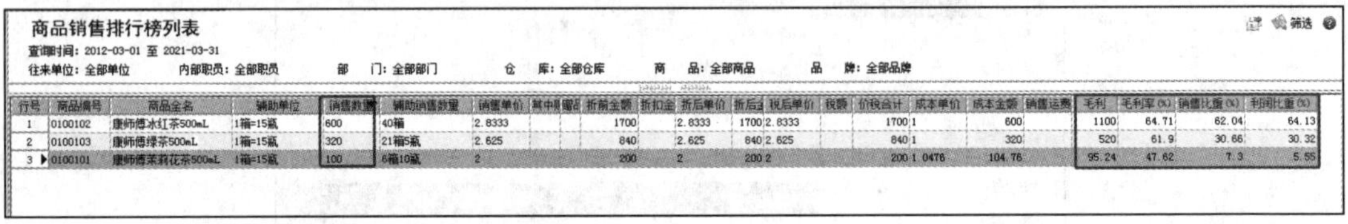

图 5-22

2. 单据销售成本表

企业日常的每一笔销售都涉及成本，如何知道每一笔的销售成本、销售利润具体是多少呢？

应用实例

张销售是公司的销售主管，想了解公司 3 月份每一笔销售业务的毛利情况。

操作步骤

（1）单击选择"数据查询"→"销售查询"→"单据销售成本表"，如图 5-23 所示。

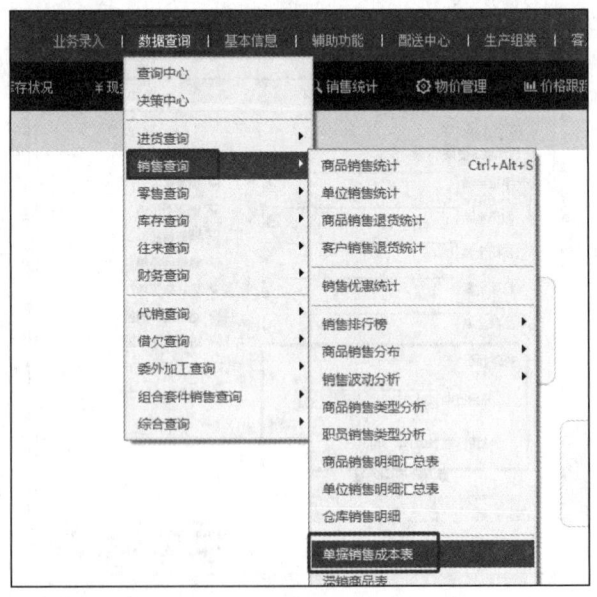

图 5-23

（2）在弹出的"查询条件"对话框里选择对应的"开始日期""结束日期"，然后单击"确定"按钮，如图 5-24 所示。

（3）在"单据销售成本表"中显示了 3 月份的销售单据及每单的毛利，如图 5-25 所示。

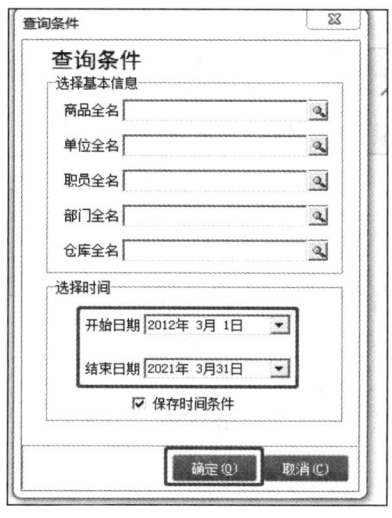

图 5-24

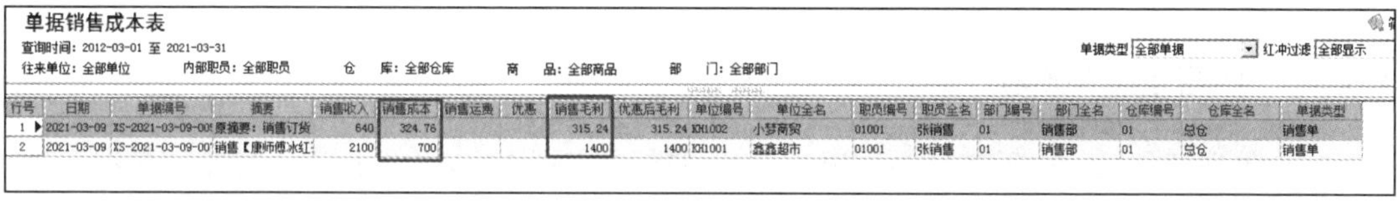

图 5-25

3．销售年报、月报、日报

用来对比销售情况，可以查询公司每月、每日、任意两个日期之间的回款、销售收入、销售成本、费用、毛利、毛利率对比表。

▎应用实例

张销售想了解公司 3 月份的销售情况。

▎操作步骤

（1）单击选择"数据查询"→"销售查询"→"销售年报、月报、日报"。

（2）在"销售报表"中选择"销售月报表"并输入对应的月份，然后单击"确定"按钮，如图 5-26 所示。弹出的"查询条件"对话框里默认为空，单击"确定"按钮，如图 5-27 所示。

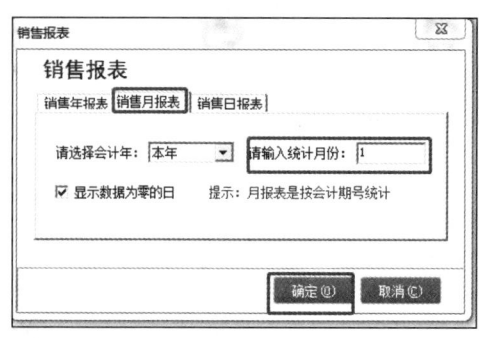

图 5-26

图 5-27

注意 如需查询销售年报表或者销售日报表，在图 5-26 所示的对话框中选择对应的选项卡。如果选择月报表，则按照会计月而不是自然月统计。

（3）在"销售商品统计月报"中，统计出 3 月份有销售的日期及相关数据，如图 5-28 所示。

行号	日期	回款	销售收入	销售成本	毛利	费用	付款	毛利率(%)
1	2021-03-09	320	2740	1024.76	1715.24			62.6
2	2021-03-10	350	350	104.76	245.24			70.07
3	2021-03-11		17.5	5.24	12.26			70.06

图 5-28

5.4 销售退货业务

5.4.1 销售退货业务

客户收到商品后，由于某种原因退货，公司需要掌握退货产生的库存、往来等情况变化。

应用实例

2021 年 3 月 10 日，李销售收到小梦商贸的退货商品康师傅茉莉花茶和冰红茶各 10 瓶，退货单价都为 2 元。

操作步骤

1. 单击选择"导航图"→"销售管理"→"销售退货单"。
2. 在"销售退货单"界面，单击"销售单"按钮，选择对应的小梦商贸的销售出库单上的退货商品信息康师傅茉莉花茶和冰红茶，单击"确定"按钮，如图 5-29 所示。

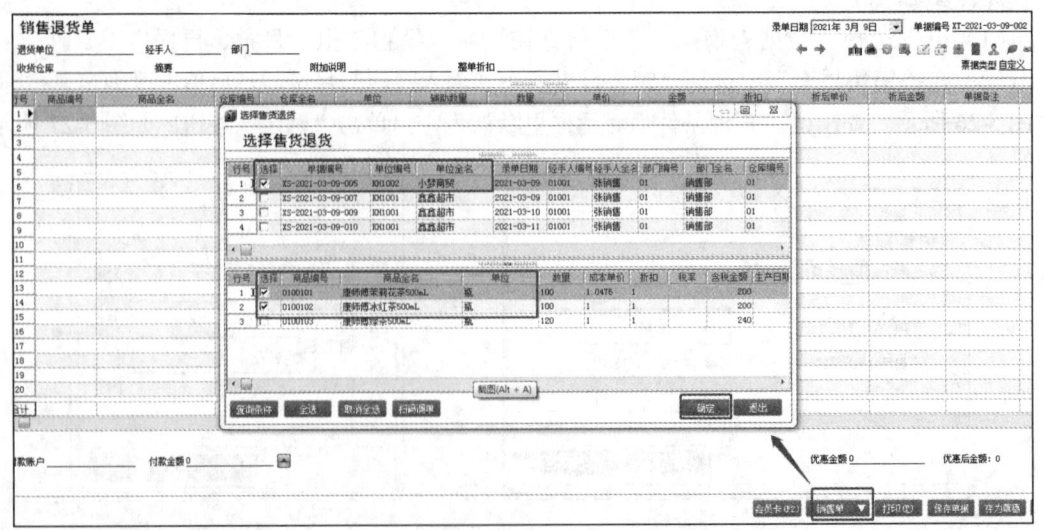

图 5-29

3. 在"销售退货单"界面选中"数量"字段，修改需要退货的数量为10，单击"保存单据"按钮，如图5-30所示。

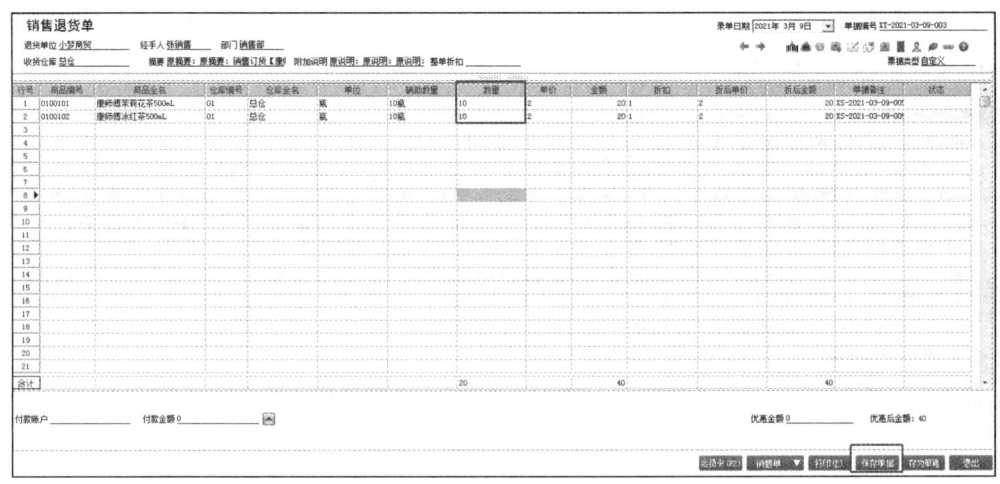

图 5-30

5.4.2 销售退货业务查询

商品销售退货统计

用来了解公司产品退货情况及退货率，优化在销产品结构。

应用实例

李销售想了解公司3月份的在售商品中退货率最高的商品，以便进行相应的调整。

操作步骤

1. 单击选择"数据查询"→"销售查询"→"商品销售退货统计"。

2. 在弹出的"查询条件"对话框里选择对应的"开始日期""结束日期"，然后单击"确定"按钮。

3. 在"商品销售退货统计列表"界面，单击"列表"→"全部列表"，显示出查询时间段内，销售出库商品的退货数量及退货率，如图5-31所示。

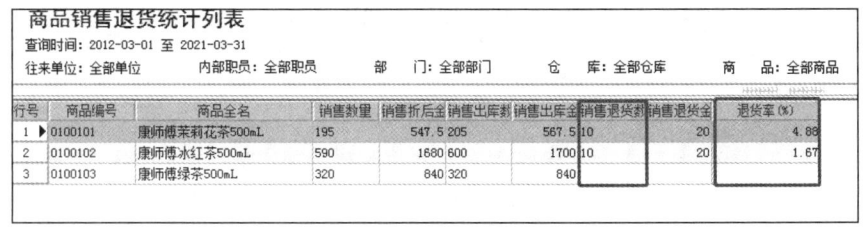

图 5-31

5.5 销售换货业务

企业日常经营中常会遇到销售换货问题，客户一方面需要将商品退回来，一方面需要重新选购商品,此时我们需要用销售换货单来处理。

应用实例

2021年3月10日,李销售收到小梦商贸的销售换货申请,申请将50瓶500mL康师傅茉莉花茶换成50瓶500mL康师傅冰红茶。

操作步骤

1. 单击选择"业务录入"→"销售换货单"。

2. 在"销售换货单"界面,单击右下角的"销售单"按钮,选择对应的小梦商贸的销售出库单上对应的退货商品信息"康师傅茉莉花茶500mL",单击"确定"按钮,如图5-32所示。

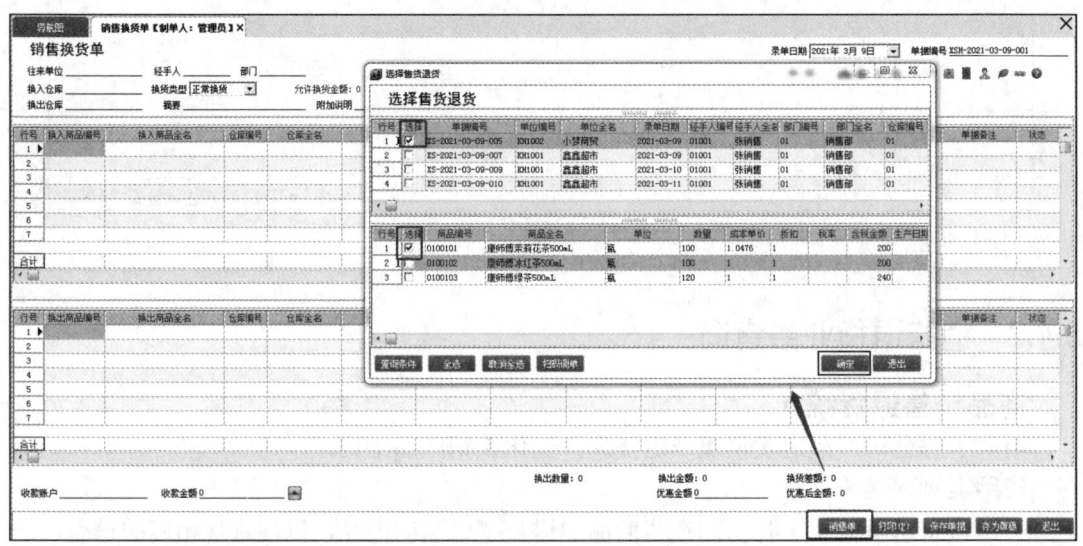

图 5-32

3. 在"销售换货单"界面,在上表体的"数量"字段修改需要退货的数量为50;在下表体中录入需要换出的"康师傅冰红茶500mL"50瓶,单击"保存单据"按钮,如图5-33所示。

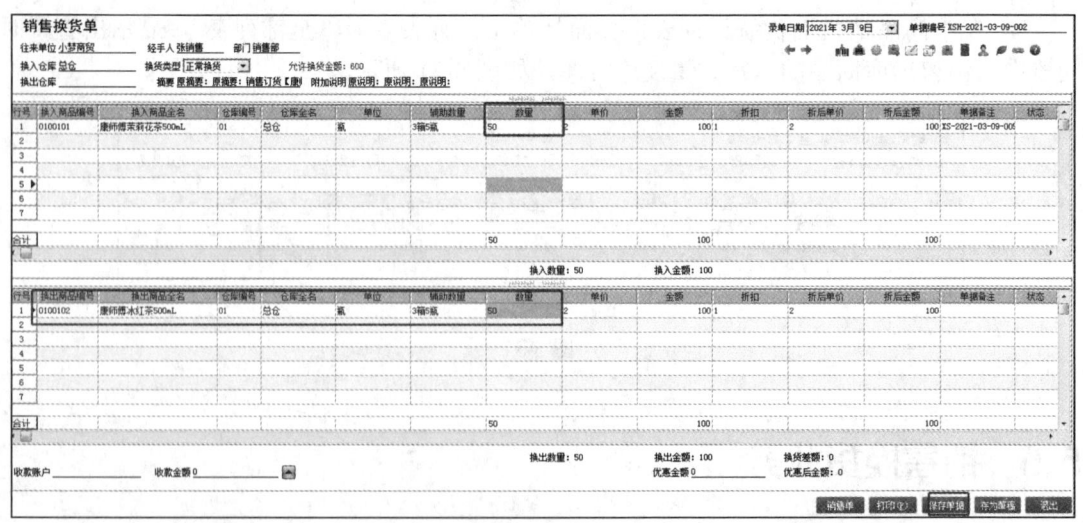

图 5-33

5.6 收款业务

收款单和付款单一样,在与往来单位的结算过程中可以选择按单结算、按金额结算和按商品结算 3 种方式。

收款单主要用于先货后款的业务,公司收到客户款项后,单独结算货款。

应用实例

2021 年 3 月 10 日,公司收到小梦商贸的 280 元建设银行转账,用以支付之前所欠货款,李销售通知公司财务货款已到账。

操作步骤

1. 单击选择"导航图"→"销售管理"→"收款单"。

2. 在"收款单"界面,"付款单位"选择小梦商贸,"经手人"选择钱财务,"科目全名"选择建设银行,录入"金额"280 元,选择结算的单据或者单击"自动分配"按钮进行结算,最后单击"保存单据"按钮,如图 5-34 所示。

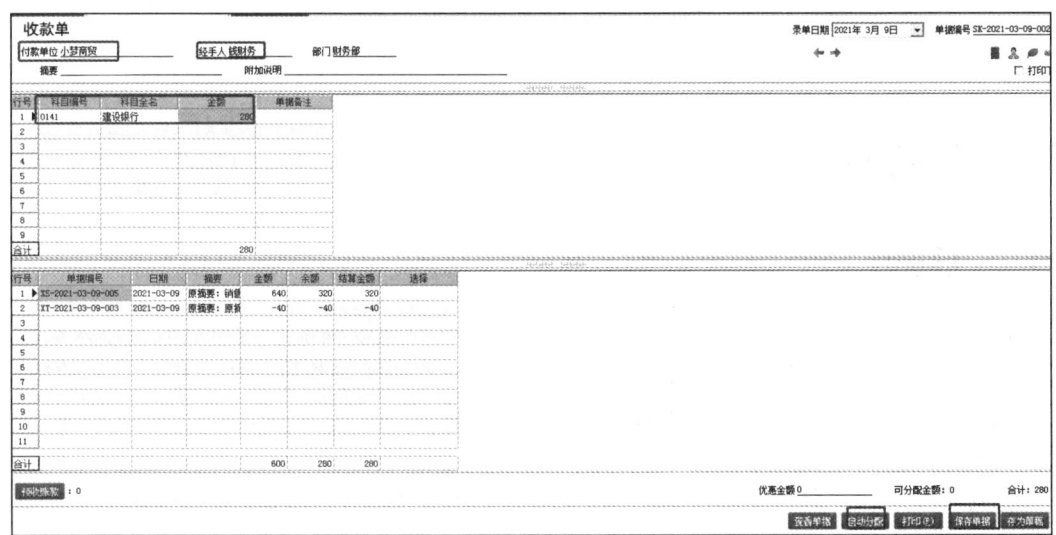

图 5-34

第 6 章 库存业务管理

本章以辉煌食品有限公司仓管员小王的日常工作为主线,举例介绍管家婆辉煌版的库存业务相关功能是如何使用的,涉及的功能如图 6-1 所示。

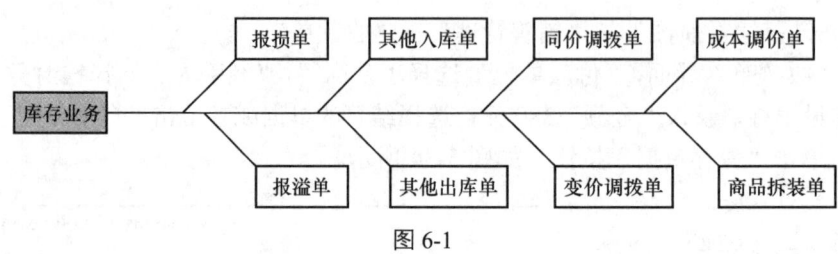

图 6-1

6.1 库存业务

6.1.1 报损单

在库存管理中,因为库存商品数量、品种较多,收发较频繁,容易造成工作人员管理失误,计量出错等,同时也会出现一些因自然损耗导致的实物数量与账面数量不符的情况。所以就要对存货进行清查,查明原因并调整账面数量。

▌ 应用实例

仓管员小王在对总仓库进行库存盘点时,发现有 9 盒奥利奥 mini 夹心小饼干和 3 盒奥利奥巧克棒 460.8g 的外包装损坏,需要对已损坏的商品执行报损处理并清理出库。

▌ 操作步骤

1. 单击选择"业务录入"→"库存业务"→"报损单"。
2. 表头:"经手人"选择王仓库,"部门"选择仓库部,"出库类型"选择商品报损,"发货仓库"选择总仓。
3. 表体:第一行"商品全名"选择奥利奥 mini 夹心小饼干,"数量"录入 9,"单据备注"录入包装损坏;第二行"商品全名"选择奥利奥巧克棒 460.8g,"数量"录入 3,"单据备注"录入包装损坏。
4. 单击"保存单据"按钮将单据保存过账,如图 6-2 所示。

| 注意 | 在报损单中,商品的单价默认为库存均价,不能修改。 |

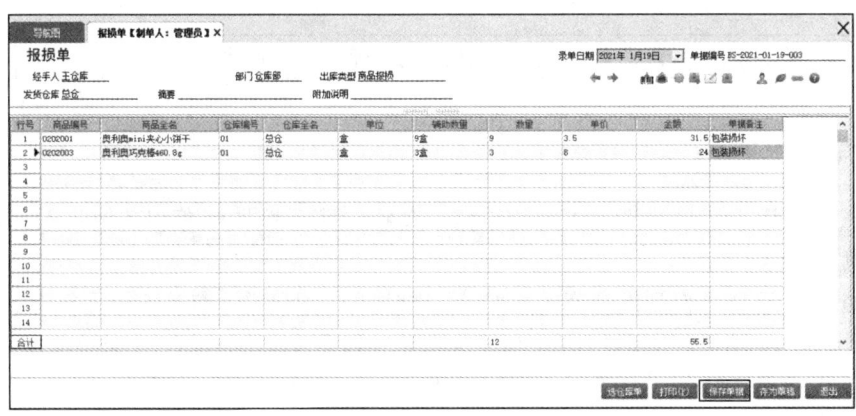

图 6-2

6.1.2 报溢单

账实不符的现象除了账面数量大于实际数量，也有实际数量大于账面数量的情况，这时就要进行报溢操作。

应用实例

仓管员小王在对总仓库进行库存盘点时，经与账面库存余量进行对比后，发现多出 5 瓶 NFC 果汁饮料 300mL 和 1 箱康师傅茉莉花茶 500mL，需要对未入账的商品执行报溢处理并入库。

操作步骤

1. 单击选择"业务录入"→"库存业务"→"报溢单"。

2. 表头："经手人"选择王仓库，"部门"选择仓库部，"入库类型"选择商品报溢收入，"收货仓库"选择总仓。

3. 表体：第一行"商品全名"选择 NFC 果汁饮料 300mL，"数量"录入 5，"单据备注"录入盘点报溢；第二行"商品全名"选择康师傅茉莉花茶 500mL，双击"单位"字段，选择箱为计量单位，"数量"录入 1，"单据备注"录入盘点报溢。

4. 单击"保存单据"按钮将单据保存过账，如图 6-3 所示。

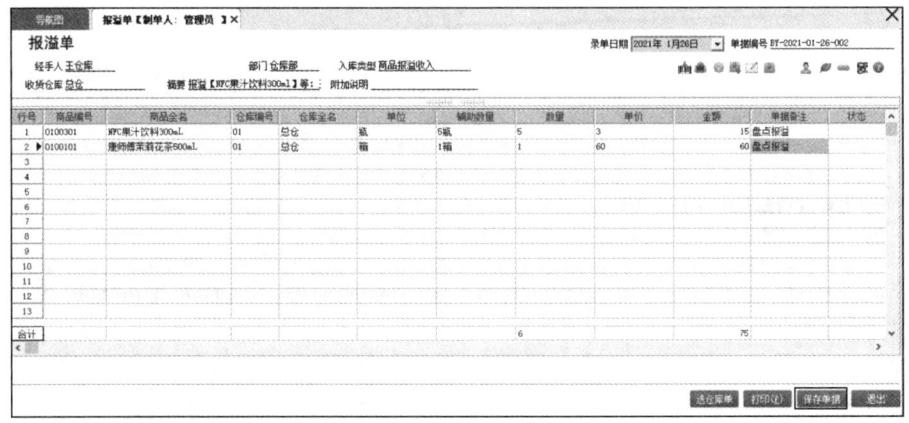

图 6-3

> **注意** 报溢单中,商品的单价默认为库存均价,不能修改。

6.1.3 其他入库单

其他入库单用于记录非正常入库的单据,单据过账后增加库存和其他收入。

应用实例

辉煌食品有限公司收到供应商娃哈哈厂家赠送的一批商品,包括5箱元气苏打水350mL(单价144元)、10箱柠檬味苏打水550mL(单价144元),商品已存入1号仓库。由于该笔业务不属于正常进货业务,仓管员小王对该批商品按其他入库业务处理。

操作步骤

1. 单击"业务录入"→"库存业务"→"其他入库单"。
2. 表头:"往来单位"选择娃哈哈厂家,"经手人"选择王仓库,"部门"选择仓库部,"入库类型"选择其他入库收入,"收货仓库"选择1号仓。
3. 表体:第一行"商品全名"选择元气苏打水350mL,双击"单位"字段,选择箱为计量单位,"数量"录入5,"单价"录入144,"单据备注"录入供应商赠送;第二行"商品全名"选择柠檬味苏打水550mL,双击"单位"字段,选择箱为计量单位,"单价"录入144,"数量"录入10,"单据备注"录入供应商赠送。
4. 单击"保存单据"按钮将单据保存过账,如图6-4所示。

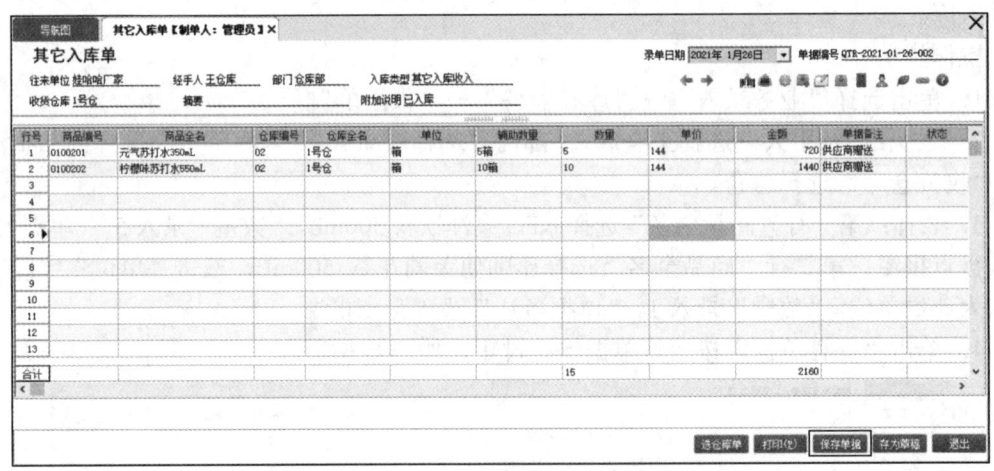

图 6-4

6.1.4 其他出库单

其他出库单用于记录非正常出库的单据,单据过账后减少库存和增加其他支出。

应用实例

辉煌食品有限公司捐赠了一批商品给小红花希望小学,包括20箱康师傅茉莉花茶500mL、20箱康师傅冰红茶500mL、30箱好吃点香脆腰果800g,该批商品已从总仓库中发出。由于该笔业务属于非正常销售业务,仓管员小王对该批商品按其他出库业务处理。

操作步骤

1. 单击"业务录入"→"库存业务"→"其他出库单"。

2. 表头:"收货单位"选择小红花希望小学,"经手人"选择王仓库,"部门"选择仓库部,"出库类型"选择其他出库费用,"发货仓库"选择总仓,"附加说明"录入捐赠希望小学。

3. 表体:第一行"商品全名"选择康师傅茉莉花茶 500mL,双击"单位"字段,选择箱为计量单位,"数量"录入 20;另外两个商品(康师傅冰红茶 500mL、好吃点香脆腰果 800g)也以相同方式录入相关数据。

4. 单击"保存单据"按钮将单据保存过账,如图 6-5 所示。

图 6-5

> **注意** 其他出库单中,商品的单价默认为库存均价,不能修改。

6.1.5 同价调拨单

商品同价调拨主要用于企业的库存商品在各仓库之间的调拨,调拨过程中商品的成本不发生改变。

应用实例

辉煌食品有限公司从总仓调拨了一批商品给 1 号仓,作为 1 号仓的储备库存,调拨途中没有发生额外的调拨费用。该批商品包括 5 箱 NFC 果汁饮料 300mL、3 箱元气苏打水 350mL。仓管员小王对该批商品按同价调拨的方式来处理。

操作步骤

1. 单击"业务录入"→"库存业务"→"同价调拨单"。

2. 表头:"发货仓库"选择总仓,"经手人"选择王仓库,"部门"选择仓库部,"收货仓库"选择 1 号仓。

3. 表体:第一行"商品全名"选择 NFC 果汁饮料 300mL,双击"单位"字段,选择箱为计量单位,"数量"录入 5;元气苏打水 350mL 也以相同方式录入相关数据。

4. 单击"保存单据"按钮将单据保存过账,如图 6-6 所示。

> **注意** 同价调拨单中,商品的单价默认为出库仓库的库存均价,不能修改。

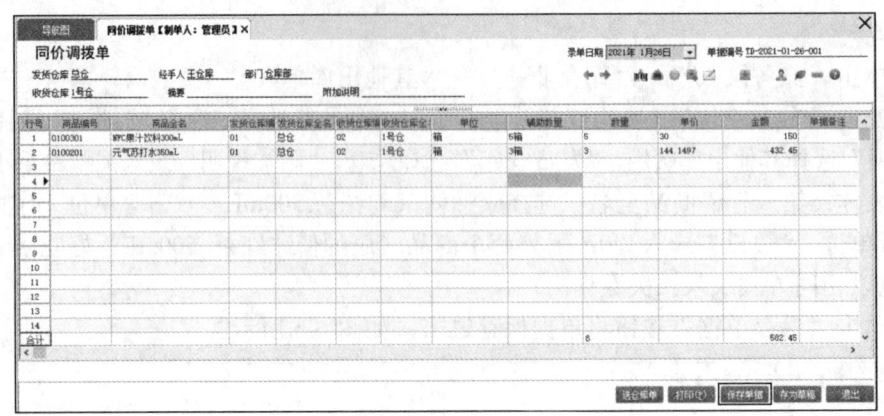

图 6-6

6.1.6 变价调拨单

商品变价调拨主要用于企业的库存商品在各仓库之间的调拨，调拨过程商品的成本会发生改变。

▋ 应用实例

由于业务需要，辉煌食品有限公司从总仓调拨了一批商品给 3 号仓，作为 3 号仓的储备库存，调拨途中产生了额外的调拨费用。该批商品包括 5 箱 NFC 果汁饮料 300mL（入库单价 35 元）、5 箱元气苏打水 350mL（入库单价 150 元）。仓管员小王按照变价调拨的方式来处理本次调拨业务。

▋ 操作步骤

1．单击"业务录入"→"库存业务"→"变价调拨单"。

2．表头："发货仓库"选择总仓，"经手人"选择王仓库，"部门"选择仓库部，"收货仓库"选择 3 号仓。

3．表体：第一行"商品全名"选择 NFC 果汁饮料 300mL，双击"单位"字段，选择箱为计量单位，"数量"录入 5，"单价"录入 35；元气苏打水 350mL 也以相同方式录入相关数据。

4．单击"保存单据"按钮将单据保存过账，如图 6-7 所示。

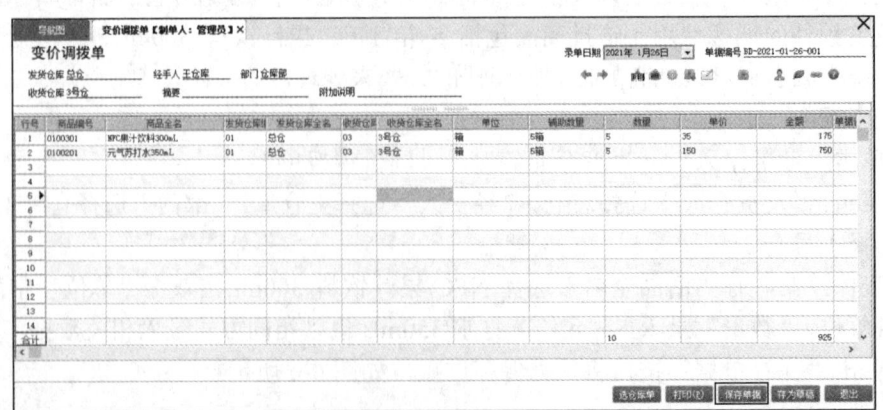

图 6-7

> **注意** 同价调拨单中产生的出入库差额将计入属于收入类的"变价调拨差价"科目下。

6.1.7 成本调价单

在实际业务中，库存商品的成本价格并不一定都遵循历史成本价格，可能会出现历史成本价录入错误、优惠性调价（节日或促销活动调价）、季节性商品调价、政策性商品调价等，在管家婆辉煌版中将使用商品调价单来完成调价。

应用实例

在保管总仓库中的 50 箱康师傅绿茶 500mL 时，额外产生了保管费用 500 元，公司老板张总决定直接把费用计入该商品的成本。由于发生了成本变化，仓管员小王通过成本调价单来对库存商品进行成本调价。

操作步骤

1. 单击"业务录入"→"库存业务"→"成本调价单"。
2. 表头："经手人"选择王仓库，"部门"选择仓库部，"发货仓库"选择总仓。
3. 表体：第一行"商品全名"选择康师傅绿茶 500mL，双击"单位"字段，选择箱为计量单位，"数量"录入 50，"调整后单价"录入 70，"调整后金额"录入 3500。
4. 单击"保存单据"按钮将单据保存过账，如图 6-8 所示。

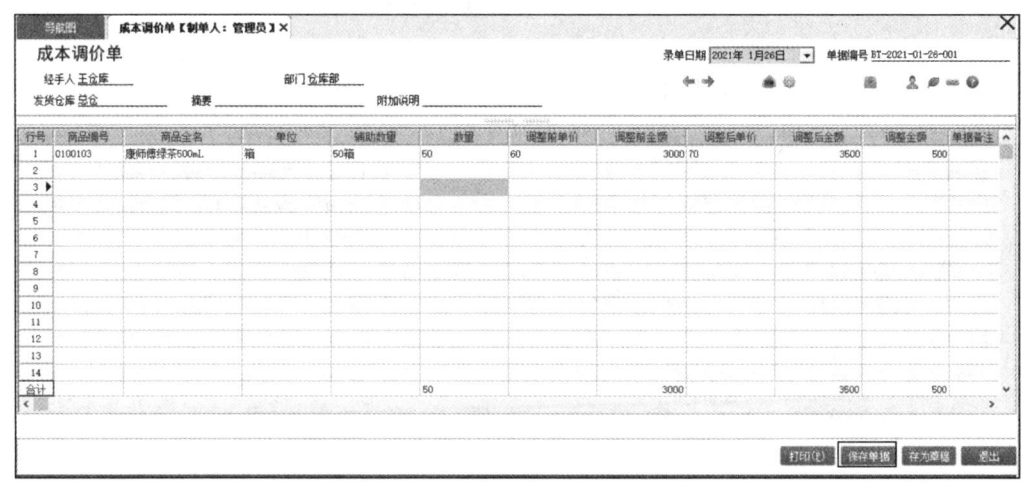

图 6-8

> **注意**
> （1）成本调价单用于对库存商品的成本进行调整。对于调整后库存成本的变化金额，系统自动放入属于收入类的"成本调价收入"科目下，可在"经营情况表"里查看。
> （2）商品调价单是按照各仓库来完成的，即一张调价单只对这一间仓库有效，该商品在其他仓库上仍按照原成本价。
> （3）商品调价调整的是商品的库存成本，不是商品的销售价或进价。

6.1.8 商品拆装单

在日常业务中，会遇到进货时是组件、配件，但销售时却成套销售的情况，此时在系统中可使用商品拆装单来处理；另外，也会遇到购进时是成批、成件或成箱的批量进货，但销售时却是单个卖出的情况，此时在系统中，可采用双单位来处理，也可使用商品拆装单来处理。

■ 应用实例

辉煌食品有限公司为回馈老客户，推出了优惠大礼包活动，1个优惠大礼包（包括3瓶康师傅冰红茶500mL、2瓶NFC果汁饮料300mL、2盒奥利奥巧克棒460.8g）需包装费5元，包装费计入优惠大礼包的成本。经仓管员小王统计，总仓库共入库10个优惠大礼包，使用商品拆装单记录这一拆装过程。

■ 操作步骤

1. 单击"业务录入"→"库存业务"→"商品拆装单"。
2. 表头："发货仓库"选择总仓，"经手人"选择王仓库，"部门"选择仓库部，"入货仓库"选择总仓。
3. 上表体：第一行"出库商品全名"选择康师傅冰红茶500mL，"数量"录入30；第二行"出库商品全名"选择NFC果汁饮料300mL，"数量"录入20；第三行"出库商品全名"选择奥利奥巧克棒460.8g，"数量"录入20。
4. 下表体：第一行"入库商品全名"选择优惠大礼包，"数量"录入10，"单价"录入39。
5. 单击"保存单据"按钮将单据保存过账，如图6-9所示。

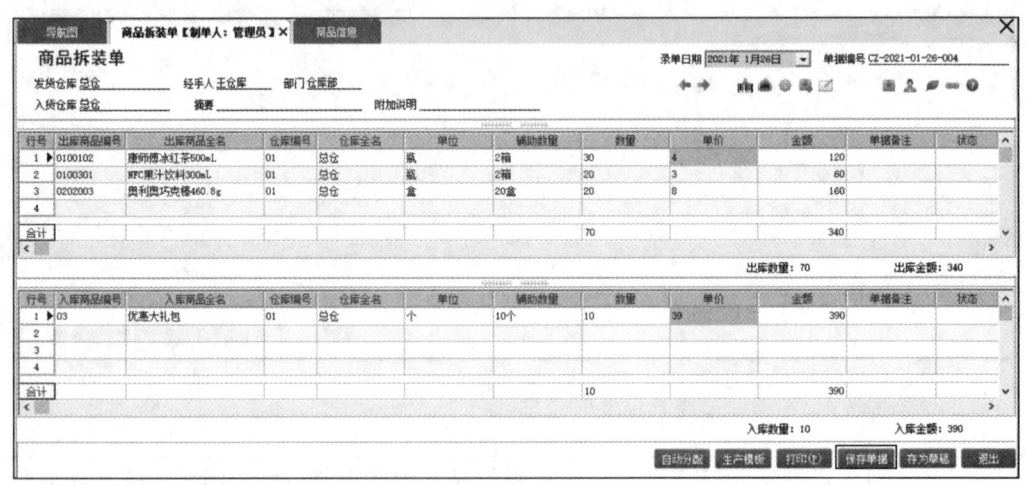

图 6-9

> **注意**
> - 商品拆装单的入库金额可以与出库金额一样，也可以不一样。不一样时产生的价差记入收入类的"商品拆装差价"科目。
> - 如果组装生成的产品需要零成本入库，则只需选择该商品，然后按F4键或单击鼠标右键选择赠品进行标记。

6.2 库存查询

6.2.1 库存状况

库存状况表用于查询各个商品在各个仓库中的库存信息,包括库存数量、成本均价和库存金额等,也可查询商品批次详情。

应用实例

月末,仓管员小王对总仓库的康师傅茉莉花茶 500mL 进行库存余量核对,并且检查出入库明细情况是否正确。

操作步骤

1. 单击选择"数据查询"→"库存查询"→"库存状况"。
2. 选择"仓库全名"选择为总仓,如图 6-10 所示。

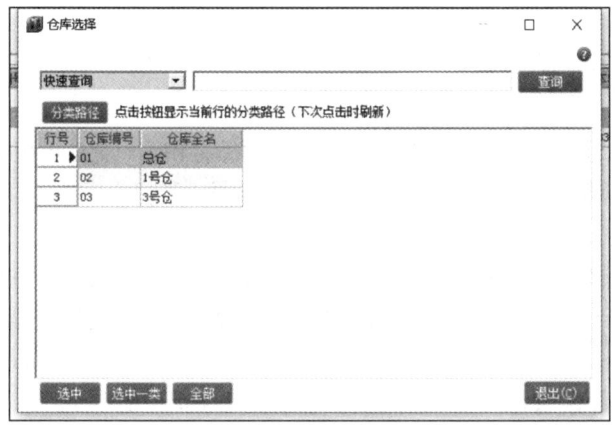

图 6-10

3. 依次双击"饮料"→"康师傅",可看到图 6-11 所示的界面。

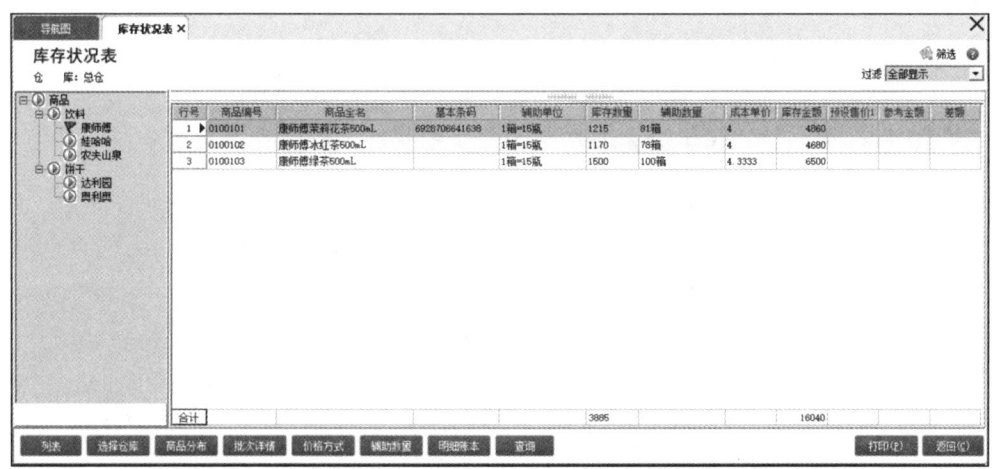

图 6-11

4．查询结果显示，康师傅茉莉花茶 500mL 库存余量为 1215 瓶，数量基本正确。单击"明细账本"按钮查看出入库明细，如图 6-12 所示。

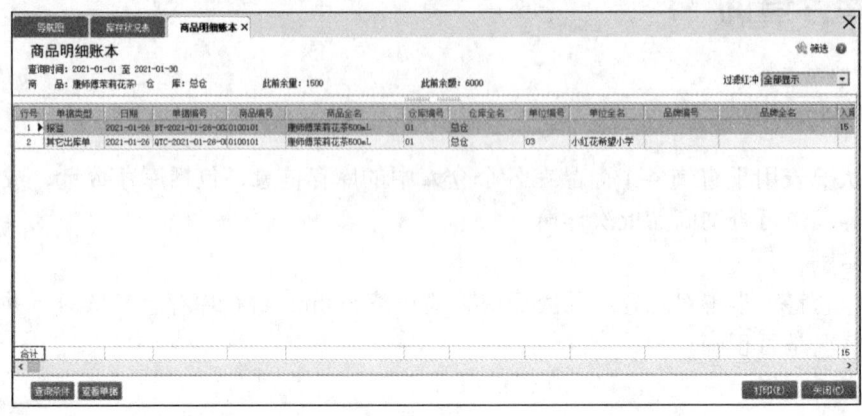

图 6-12

5．根据明细账本核对康师傅茉莉花茶 500mL 出入库明细。

6.2.2 虚拟库存查询

在日常工作中，账面库存余量并不一定与实际可用库存相等。企业可根据自身情况，将账面实际库存余量加/减进货和销售订单及业务草稿中的商品数量，计算出虚拟库存数量以供参考。

应用实例

由于近期销售情况较好，销售部门向仓管员小王确认库存余量情况，为反映实际可用库存，小王需在账面实际库存余量的基础上加上进货订单中的商品数量，同时减去销售订单中的商品数量。

操作步骤

1．单击选择"数据查询"→"库存查询"→"虚拟库存查询"，单击左下角"公式设置"按钮。

2．设置虚拟库存公式为"库存数量 + 进货订货 − 销售订货"，如图 6-13 所示，单击"确定"按钮。

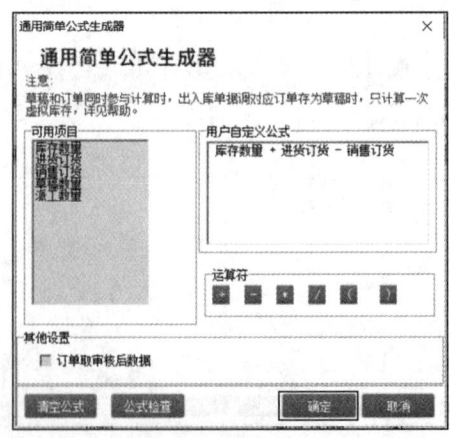

图 6-13

3. 单击右键刷新数据，查询出虚拟库存数据，如图 6-14 所示。

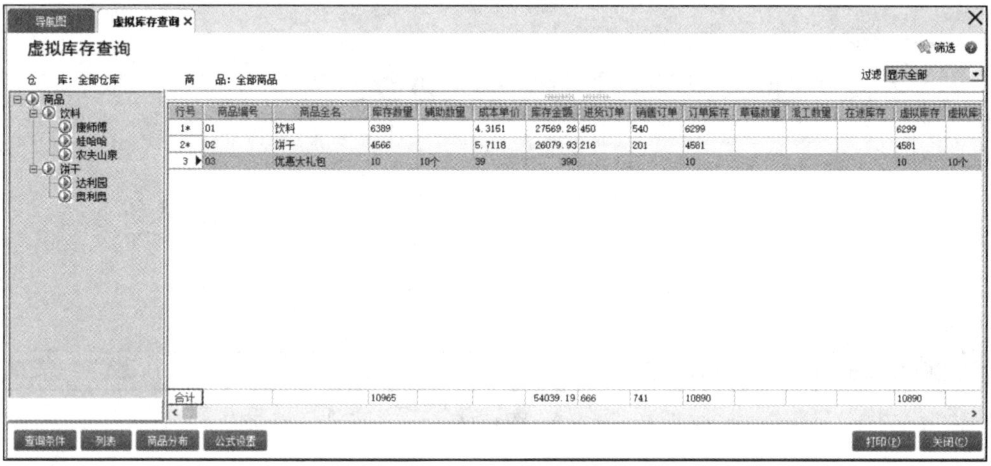

图 6-14

6.2.3 单品/单位查询

此项查询通过商品或往来单位查询相关业务的单据信息。

应用实例

为核对康师傅茉莉花茶 500mL 的业务出入库情况，仓管员小王对康师傅茉莉花茶 500mL 执行单品查询。

操作步骤

1. 单击选择"数据查询"→"库存查询"→"单品/单位查询"。
2. 选择查询商品为康师傅茉莉花茶 500mL，如图 6-15 所示。

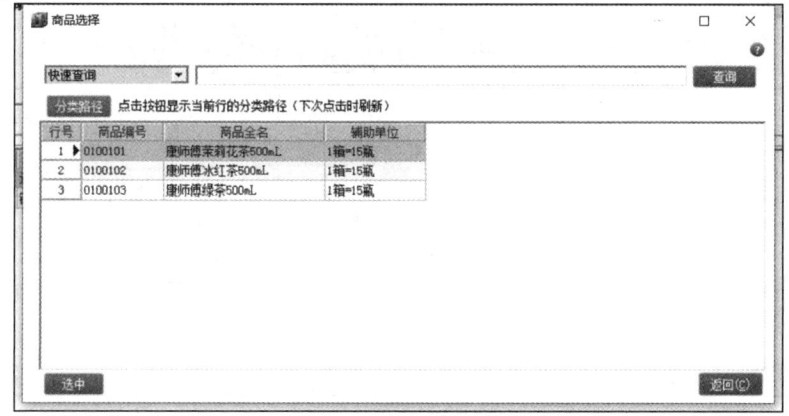

图 6-15

3. 单击"查询"按钮查询出康师傅茉莉花茶 500mL 的业务单据，如图 6-16 所示。

| 说明 | 单位查询的操作方式与单品查询的基本一致，只增加了查看笔数的录入。|

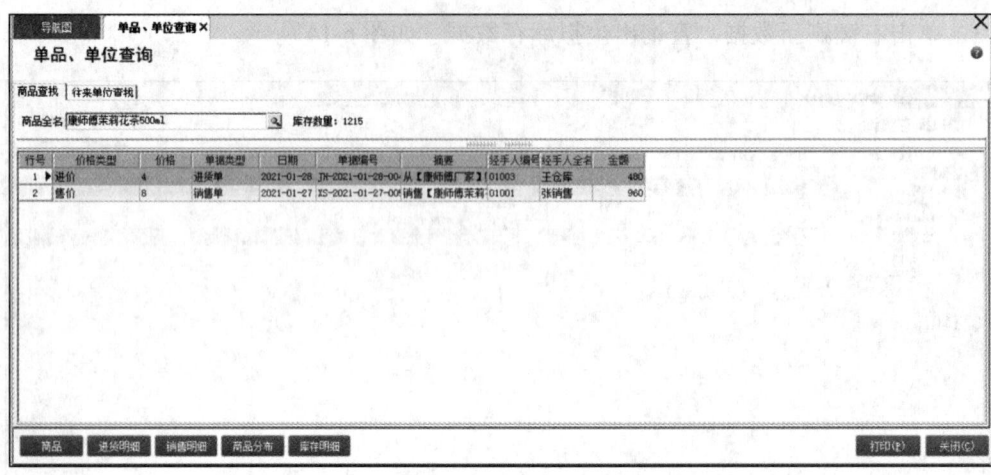

图 6-16

6.2.4 库存状况分布

库存状况分布是指商品在各仓库的数量和金额的分布情况。

应用实例

公司现需核对元气苏打水 350mL 在各个仓库的分布情况，仓管员小王针对元气苏打水 350mL 的库存分布情况进行查询。

操作步骤

1. 单击选择"数据查询"→"库存查询"→"库存状况分布"。
2. 依次选择双击"饮料"→"娃哈哈"，进入商品分类子层，如图 6-17 所示。

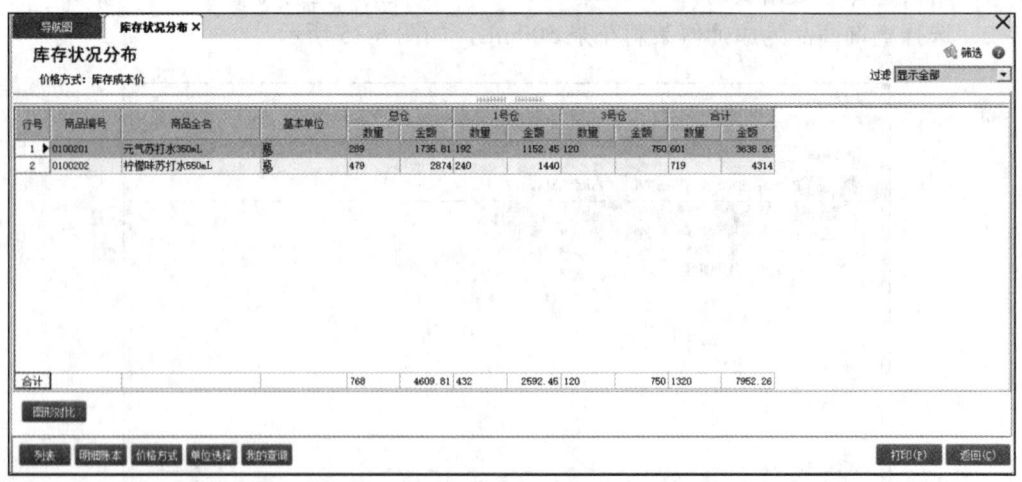

图 6-17

注意 金额计算是根据所使用的价格方式进行的，可以通过"价格方式"功能进行切换。价格方式分为库存成本价、预设售价1、预设售价2、预设售价3、零售价、最近折后进价 6 种。

6.2.5 商品出入库明细汇总表

商品出入库明细汇总表用于查询商品的出入库记录及库存日记账。

应用实例

仓管员小王每日都会对当日出入库的商品依次进行核对确认,以保证商品账面出入库明细与商品实际出入库情况一致。这里以总仓库为例进行示范。

操作步骤

1．单击选择"数据查询"→"库存查询"→"商品出入库明细汇总表"。

2．在"查询条件"中选择"仓库全名"为总仓,选择查询日期为当日,单击"确认"按钮,如图6-18所示。

3．查询结果如图6-19所示。

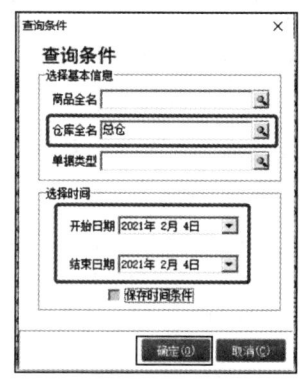

图 6-18

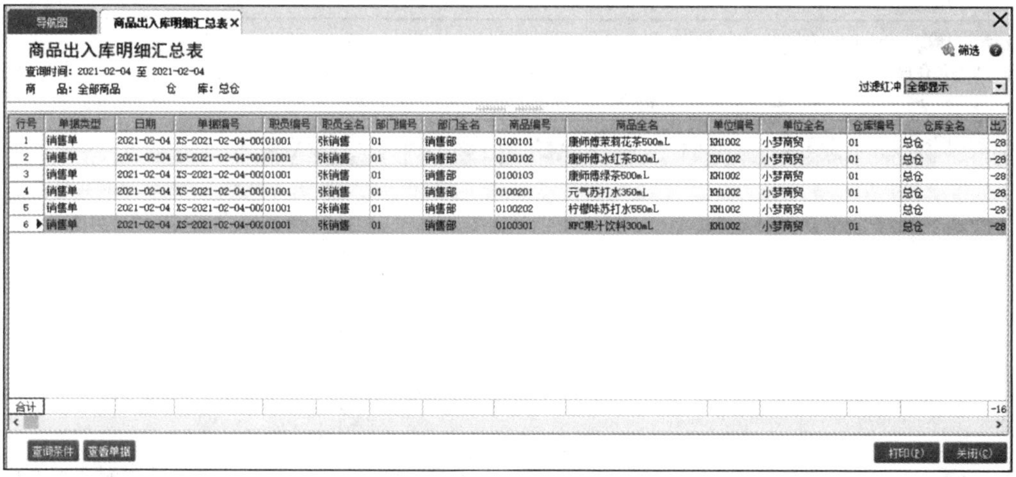

图 6-19

> **注意** 可选择商品、仓库及单据类型进行查询,其中,单据类型可查询所有单据类型的出入库情况,也可选择部分单据进行查询。

6.2.6 仓库库存查询

仓库库存查询可按商品分析各个仓库的库存数量、库存零售额、在途数量、在途金额等数据,也可以分析各家门店的库存数据情况。

应用实例

仓管员小王需要查询总仓库中奥利奥巧克棒460.8g的库存数量、库存零售额、在途数量、在途金额等数据,查询时间为截至当天。

操作步骤

1. 单击选择"数据查询"→"库存查询"→"仓库库存查询"。
2. 在查询条件中选择"商品全名"为奥利奥巧克棒460.8g,选择"仓库全名"为总仓,选择"截止日期"为当日,单击"确定"按钮,如图6-20所示。

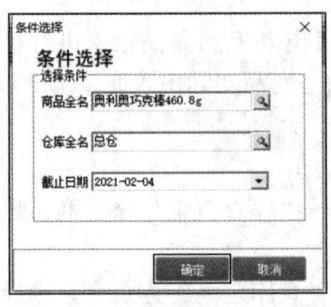

图 6-20

3. 查询结果如图6-21所示。

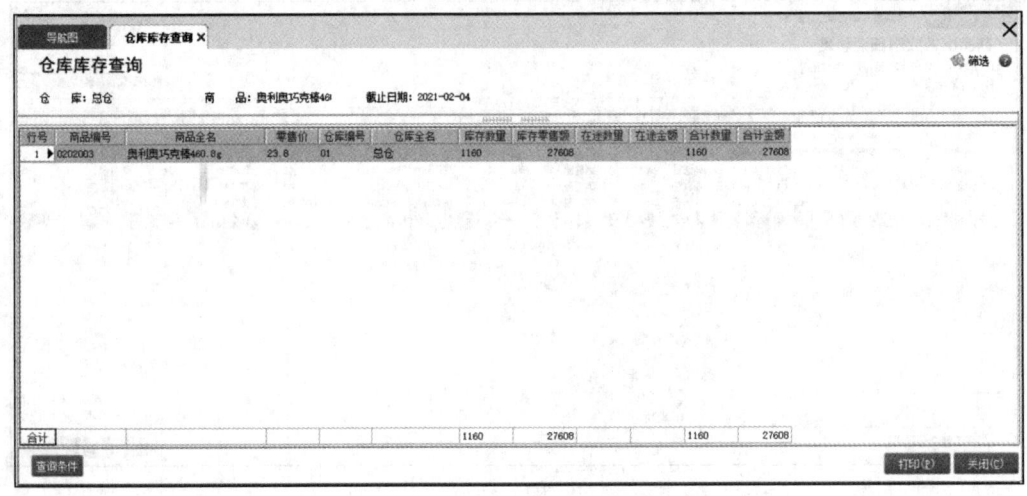

图 6-21

注意 在途数量指在配送途中,尚未验收入库的商品。

6.2.7 库存周转率

库存周转率报表主要用于统计各仓库的销售出库、期初库存、期末库存数据,并计算库存周转率。

应用实例

月末,仓管员小王要对本月总仓库、1号仓库、3号仓库的库存周转率进行统计。

操作步骤

1. 单击选择"数据查询"→"库存查询"→"库存周转率",弹出图6-22所示的窗口。
2. 分别在"查询条件"的"仓库全名"处选择总仓、1号仓和3号仓,单击"确定"按钮。

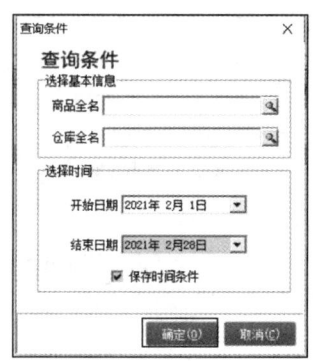

图 6-22

3．查询结果如图 6-23 所示。

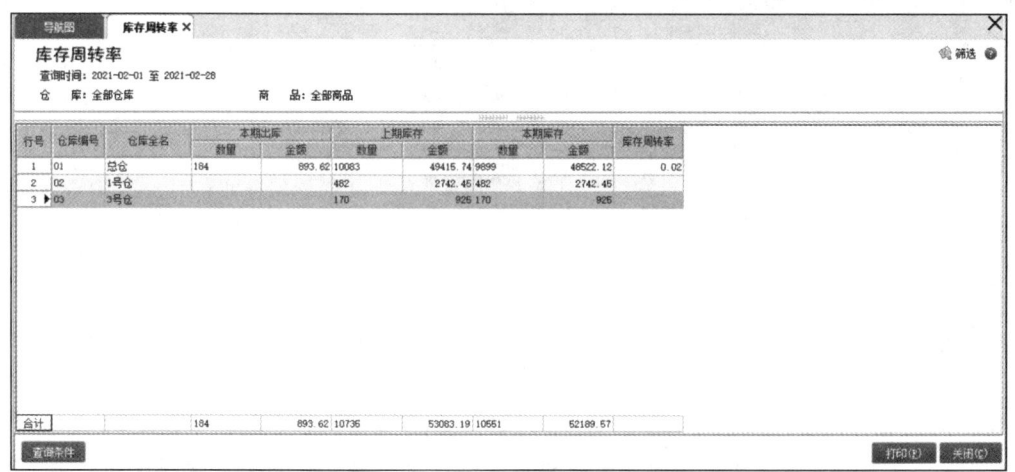

图 6-23

注意 　　库存周转率=本期出库金额÷[(上期库存金额＋本期库存金额)÷2]。

6.2.8　库存积压统计

库存积压统计可从各种角度（库存上限、库存下限、月平均销量、上月销量）统计分析已有库存的积压情况，为经营者对库存的下一步处理提供决策依据。

应用实例

仓管员小王以本月平均销量为库存基数，查询总仓库中各商品的库存积压情况。这里以总仓库为例进行示范。

操作步骤

1．单击选择"数据查询"→"库存查询"→"库存积压统计"。

2．在"条件选择"中选择"仓库全名"为总仓，选择"截止日期"为当月末，选择"积压基数"为月平均销量，单击"确定"按钮，如图 6-24 所示。

3．查询结果如图 6-25 所示。

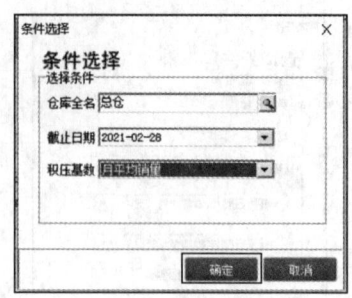

图 6-24

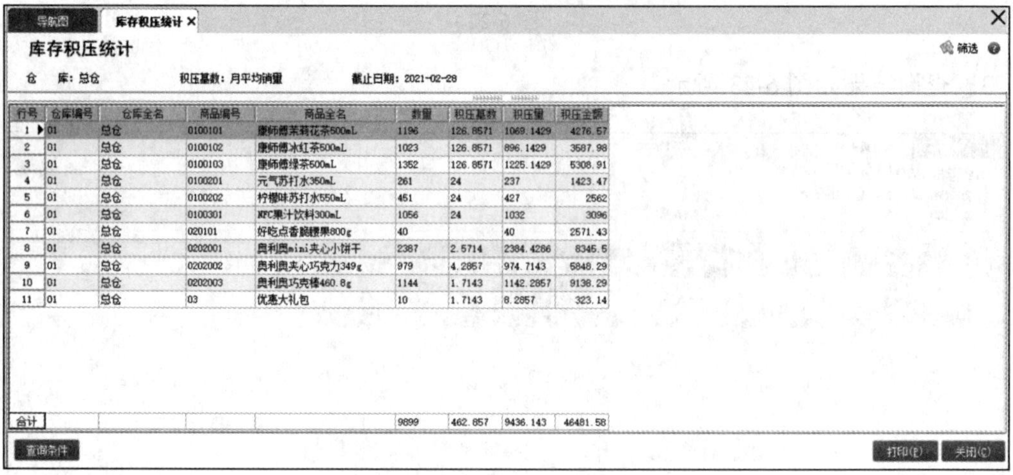

行号	仓库编号	仓库全名	商品编号	商品全名	数量	积压基数	积压量	积压金额
1	01	总仓	0100101	康师傅茉莉花茶500mL	1196	126.8571	1069.1429	4276.57
2	01	总仓	0100102	康师傅冰红茶500mL	1023	126.8571	896.1429	3587.98
3	01	总仓	0100103	康师傅绿茶500mL	1352	126.8571	1225.1429	5308.91
4	01	总仓	0100201	元气苏打水350mL	261	24	237	1423.47
5	01	总仓	0100202	柠檬味苏打水550mL	451	24	427	2562
6	01	总仓	0100301	NFC果汁饮料300mL	1056	24	1032	3096
7	01	总仓	020101	好吃点香脆腰果800g	40		40	2571.43
8	01	总仓	0202001	奥利奥mini夹心小饼干	2387	2.5714	2384.4286	8345.5
9	01	总仓	0202002	奥利奥夹心巧克力349g	979	4.2857	974.7143	5848.29
10	01	总仓	0202003	奥利奥巧克棒460.8g	1144	1.7143	1142.2857	9138.29
11	01	总仓	03	优惠大礼包	10	1.7143	8.2857	323.14
合计					9899	462.857	9436.143	46481.58

图 6-25

注意　库存上限、下限与仓库选择对应，如不选择则是针对全部仓库设置的上下限；月平均销量是指，系统中从每一个会计月开始日期到截止日期内的针对仓库的销售量按每 30 天为一个月计算出来的值；上月销量是指截止日期所在月的仓库实际上的月销售量。积压量=库存数量−积压基数，积压金额=积压量×库存均价。

6.2.9 库龄分析表

库龄分析表主要用于统计截止日期内，商品从入库起在仓库放置的时间。与应收账款的账龄一样，存货的库存账龄越长，说明周转越慢，占用的资金也就越多。

应用实例

月末，仓管员小王对总仓库的库存情况进行查询，查看各商品的库龄分布情况。

操作步骤

1. 选择单击“数据查询”→“库存查询”→“库龄分析表”。

2. 在查询条件中选择“仓库全名”为总仓，选择查询“截止日期”为当月末，单击“确定”按钮，如图 6-26 所示。

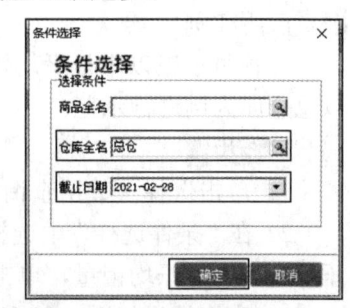

图 6-26

3. 查询结果如图 6-27 所示。

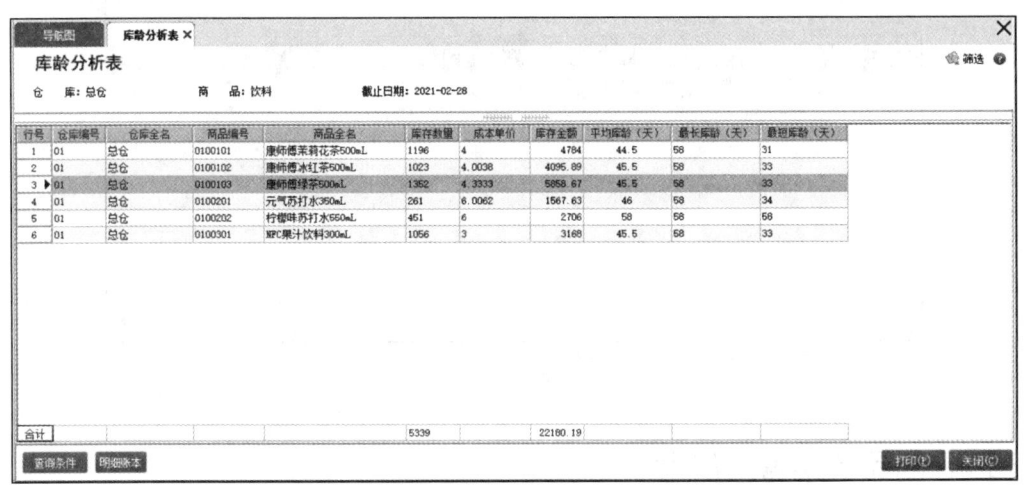

图 6-27

注意 如最早时间入库商品数量出库完成，库龄则根据下一批次入库时间进行计算。

6.2.10 商品批次跟踪

在使用批次管理的情况下，可以通过批次跟踪来了解一段时间里某一商品的进销批次情况和库存情况。

应用实例

辉煌食品有限公司最近采购了一批卫龙辣条 50g，该商品按批次管理，批号为 20210205001。月末，仓管员小王对该批次的卫龙辣条核对出入库情况。

操作步骤

1. 单击选择"数据查询"→"库存查询"→"商品批次跟踪"。

2. 在查询条件中选择"商品全名"为卫龙辣条 50g，"批号"录入 20210205001，单击"确定"按钮，如图 6-28 所示。

图 6-28

3. 查询结果如图 6-29 所示。

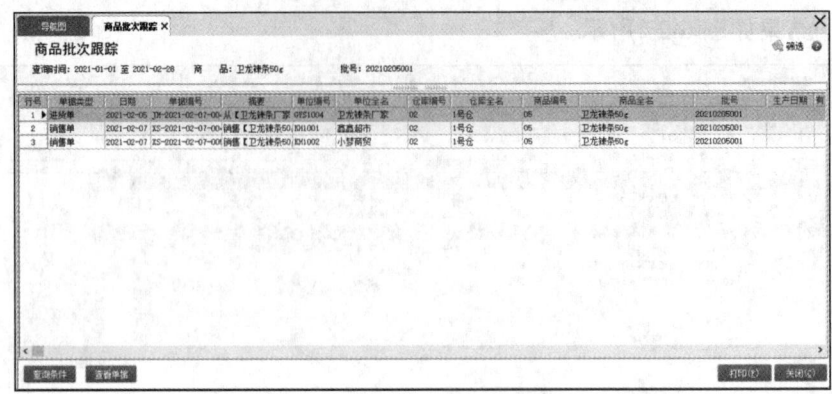

图 6-29

6.2.11 商品自动盘盈盘亏

实际工作中，库存盘点的工作量相当大，通过报损单、报溢单进行会比较烦琐，此时可使用库存自动盘盈盘亏模块。

自动盘点分总量盘点和分量盘点两种模式。

总量盘点模式：任何人都可以进行修改处理。

分量盘点模式：操作员只能对自己的盘点数据进行修改处理，直到分量盘点结束转为总量盘点；分量盘点多用于多人分批、分次进行的场合。

■ 应用实例

月末，仓管员小王采取总量盘点的方式对总仓库进行库存盘点，清查现有实际库存，与账面库存核对。

■ 操作步骤

1. 单击选择"数据查询"→"库存查询"→"商品自动盘盈盘亏"。

2. 在查询条件中选择"仓库全名"为总仓，选择查询"截止日期"为当月末，选择"盘点模式"为总量盘点，单击"确定"按钮，如图 6-30 所示。

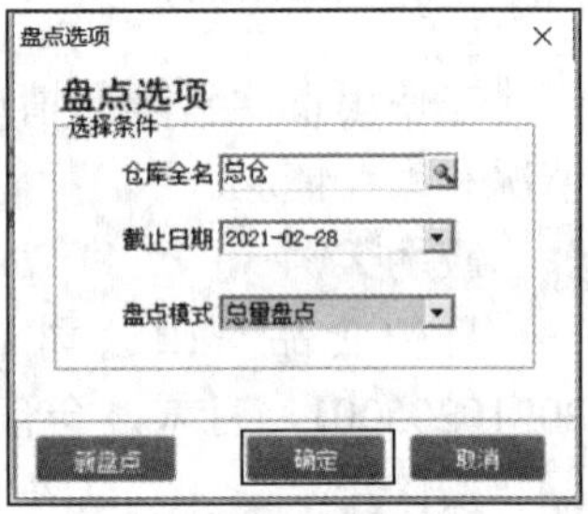

图 6-30

3. 单击"未盘点表"按钮，录入各库存商品的实际数量，如图 6-31 和图 6-32 所示。

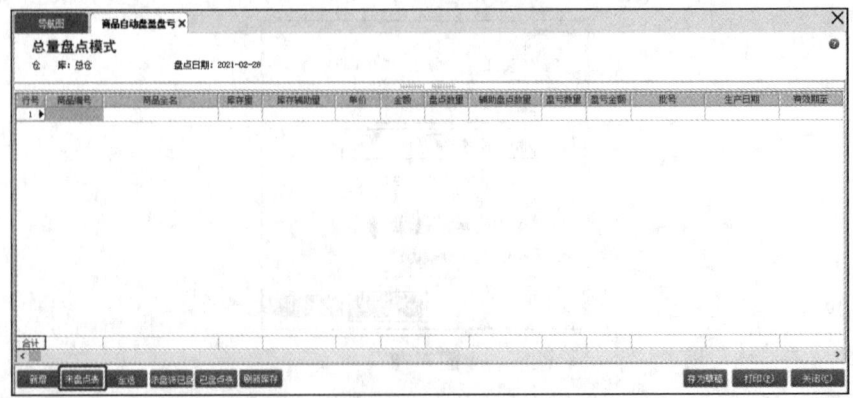

图 6-31

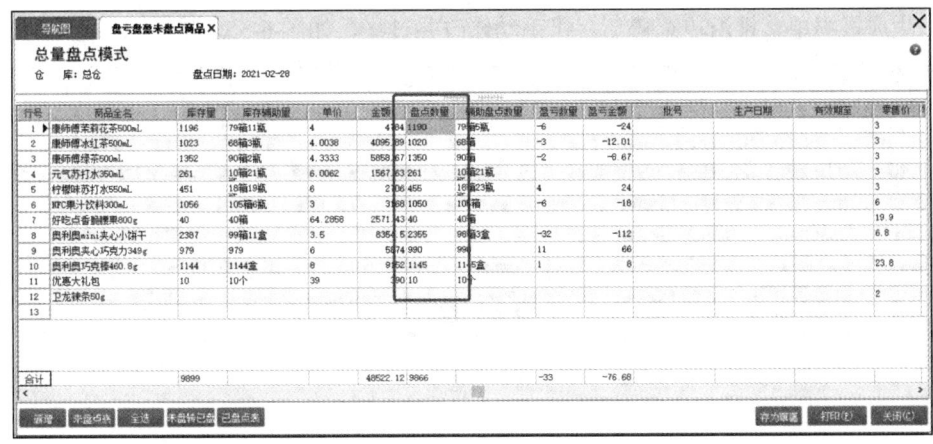

图 6-32

4．双击勾选已完成盘点并录入盘点数量的库存商品，单击"未盘转已盘"按钮，将其转入已盘点表，如图 6-33 所示。

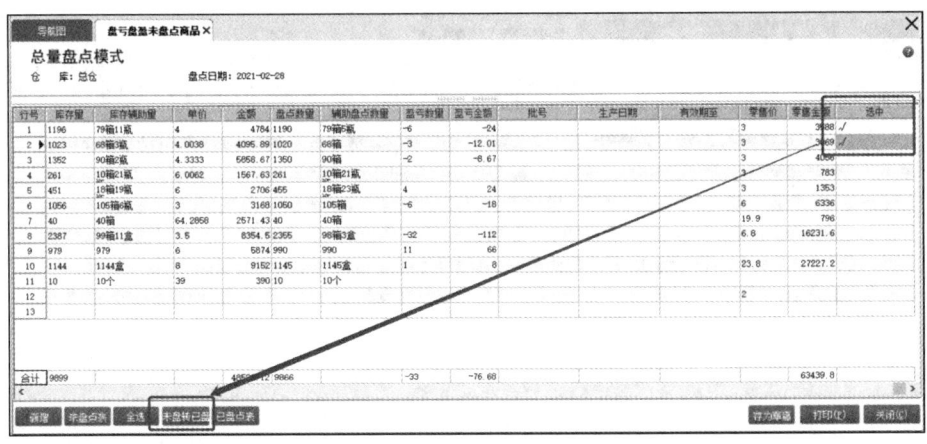

图 6-33

5．单击"存为草稿"按钮，系统自动按照库存余量与实际盘点数量的差额生成报损单、报溢单草稿，如图 6-34 所示。

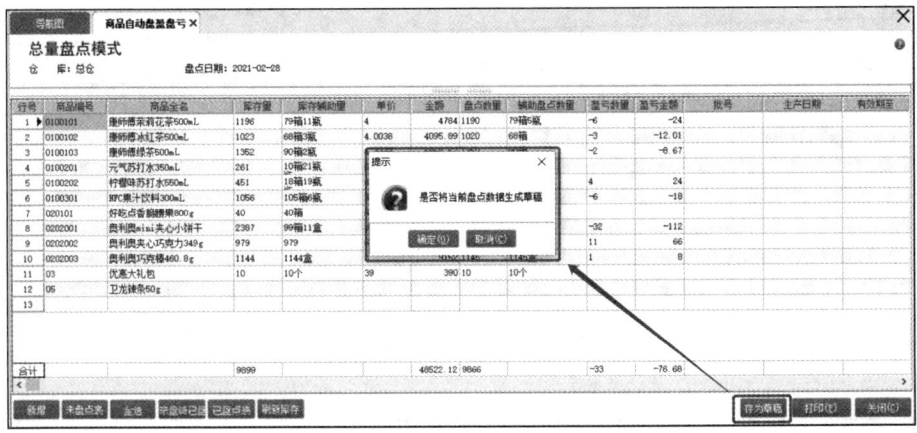

图 6-34

6. 生成报损单、报溢单草稿后，可手动修改并过账，如图 6-35、图 6-36 和图 6-37 所示。

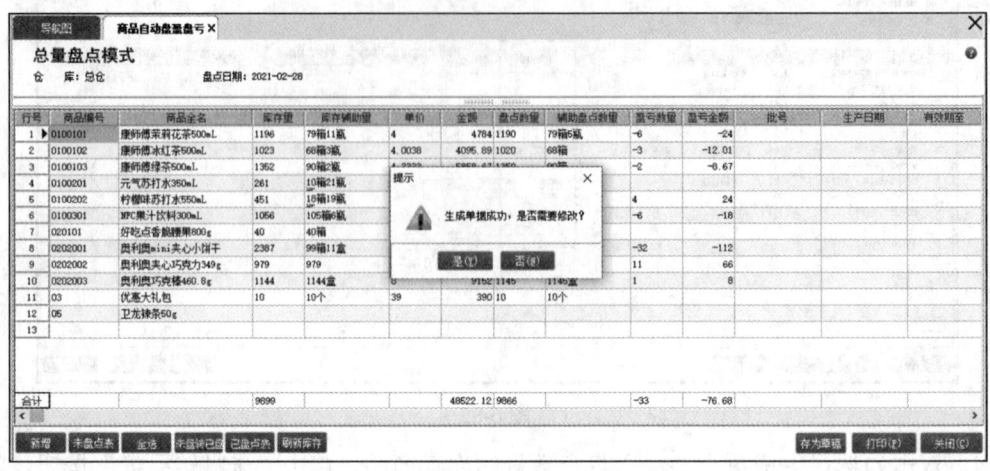

图 6-35

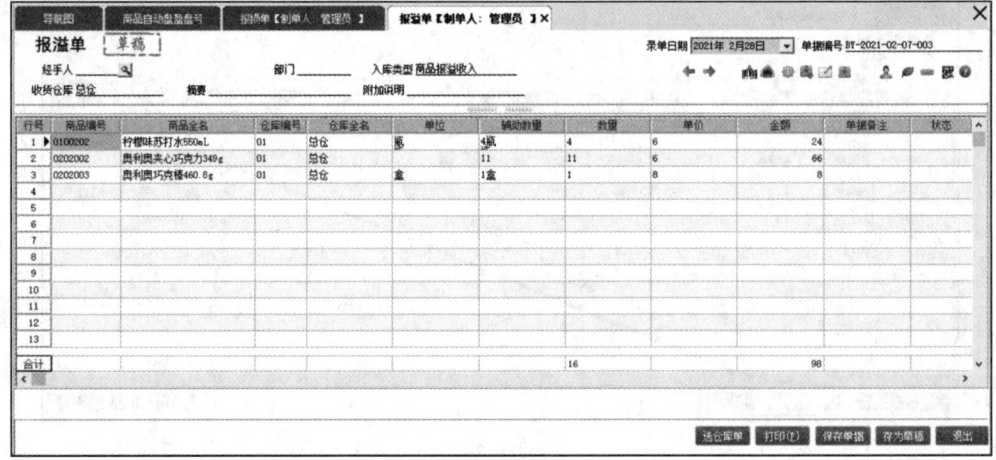

图 6-36

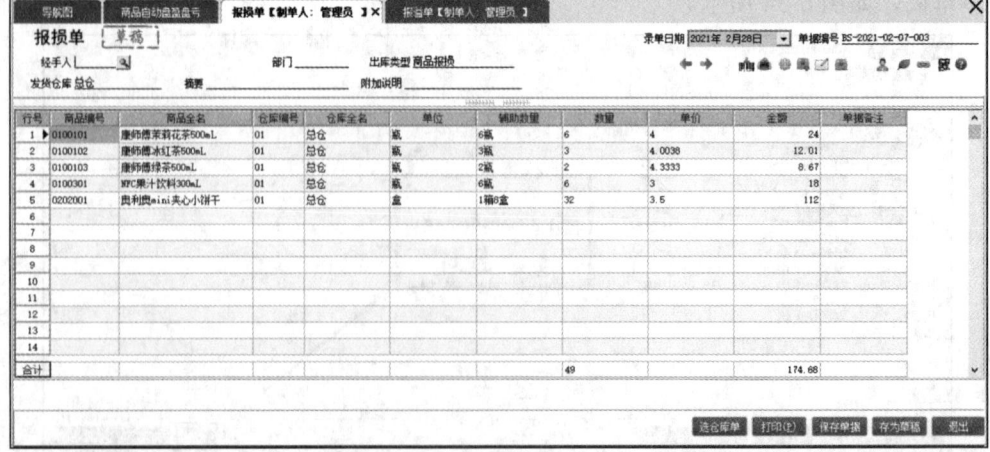

图 6-37

注意 查询条件中的"截止日期"只对移动加权平均算法的库存商品生效,意义在于获得当时的库存,方便进行比较。对于非移动加权商品,进行倒推计算后,批次信息可能存在偏差。

6.2.12 盘盈盘亏数据查询

盘点后,可通过盘盈盘亏数据查询跟踪历史盘点数据,由此方便查看分量盘点情况和总量盘点情况。

应用实例

仓管员小王在 2 月 28 日对总仓库进行了一次总量盘点,完成盘点后已将盘点数据保存。现需要查询该次盘点数据用于核对。

操作步骤

1. 单击选择"数据查询"→"库存查询"→"盘盈盘亏数据查询"。
2. 在筛选条件中选择仓库为总仓,选择查询日期为 2021 年 2 月 28 日,如图 6-38 所示。

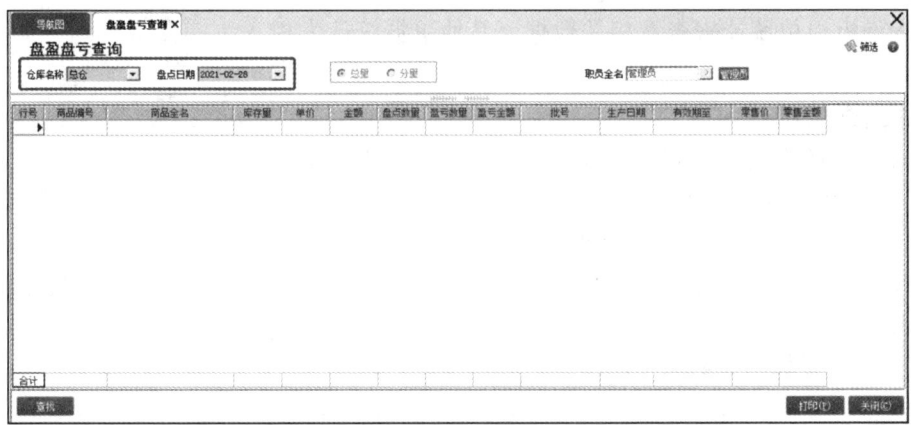

图 6-38

3. 单击左下角"查找"按钮,查询结果如图 6-39 所示。

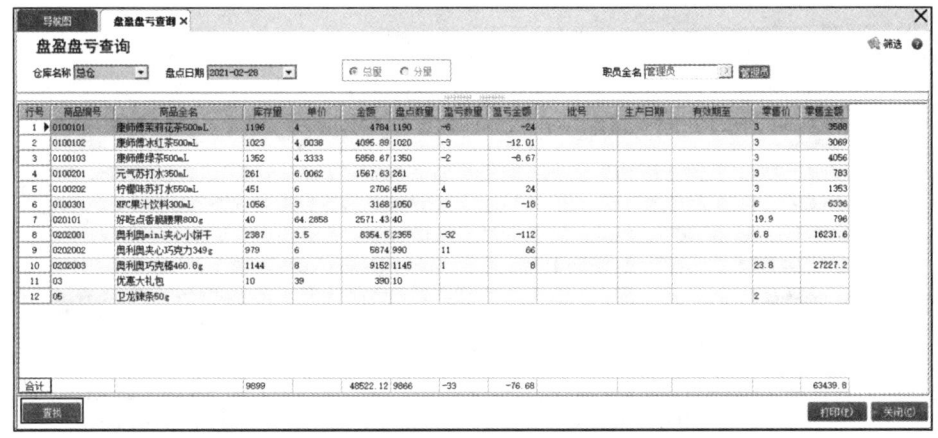

图 6-39

> **注意**　如没有成本查看权限，则单价、金额等显示为"***"。

6.2.13　单据统计

报损单统计以报损单为数据来源，反映商品的报损情况；
报溢单统计以报溢单为数据来源，反映商品的报溢情况；
其他入库单统计以其他入库单为数据来源，反映商品的其他入库情况；
其他出库单统计以其他出库单为数据来源，反映商品的其他出库情况；
同价调拨单统计以同价调拨单为数据来源，反映商品的同价调拨情况；
变价调拨单统计以变价调拨单为数据来源，反映商品的变价调拨情况；
成本调价单统计以成本调价单为数据来源，反映商品的成本调价情况；
商品拆装单统计以商品拆装单为数据来源，反映商品的商品拆装情况。

应用实例

为复核 2 月份对总仓库库存执行的报损处理，仓管员小王通过查询报损单统计来查看相关数据（其他单据统计为相同操作方式）。

操作步骤

1. 单击选择"数据查询"→"库存查询"→"报损单统计"。
2. 在"查询条件"中选择"仓库全名"为总仓，选择"职员全名"为王仓库，选择"开始日期"及"结束日期"分别为 2021 年 2 月 1 日、2021 年 2 月 28 日，单击"确定"按钮，如图 6-40 所示。

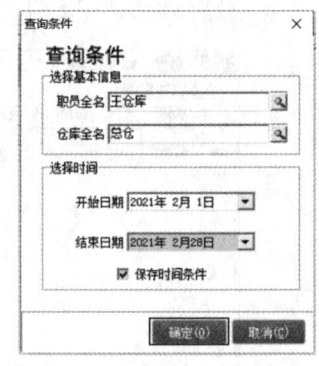

图 6-40

3. 查询结果如图 6-41 所示。

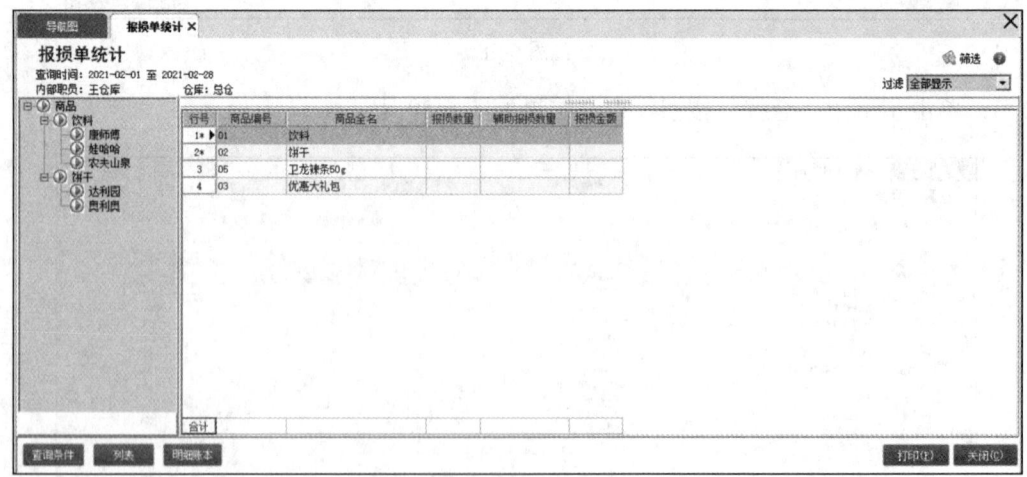

图 6-41

> **注意**　可通过单击"明细账本"按钮查询每笔具体业务，查看单据详情。

第7章 其他业务管理

7.1 代销业务

管家婆辉煌版中,代销业务分为委托代销和受托代销,同时可进行代销库存、代销客户、代销商品管理和代销结算等查询。

7.1.1 委托代销业务

委托代销指企业将自己的商品委托其他单位销售,包括买断式代销和收取手续费代销。买断式代销,代销单位可自行定价;收取手续费代销,代销单位必须按照供应商确定的价格销售,销售后按照一定的比率提取手续费。

管家婆辉煌版的委托代销是指买断式的委托代销,即受托方自行决定商品的售价,受托方的利润来自差价。如果是受托方收取手续费方式的委托代销,可以通过收款单、会计凭证经销核算。

委托代销业务处理包括:委托代销发货、委托代销退货、委托代销调价和委托代销结算。

1. 委托代销发货

应用实例

辉煌食品有限公司与鑫鑫超市达成代销协议,鑫鑫超市代销辉煌食品有限公司的 200 瓶元气苏打水 350mL,代销价格为 4 元/瓶,货物已由仓库发出。

操作步骤

单击选择"业务录入"→"代销业务"→"委托发货单",进入委托发货单界面,"收货单位"选择鑫鑫超市,"发货仓库"选择总仓,在表体中录入商品 200 瓶元气苏打水 350mL,"单价"为 4,单击"保存单据"按钮,如图 7-1 所示。

> **注意** 委托发货单过账后,"库存商品"减少,"委托商品款"增加;退货,则反之。

2. 委托代销退货

应用实例

鑫鑫超市收到委托商品后发现其中有 1 箱出现破损,需要退回辉煌食品有限公司处理。

操作步骤

(1)单击选择"业务录入"→"代销业务"→"委托退货单",进入"委托退货单"界面,单击右下角"委托发货单"按钮,选择之前和鑫鑫超市开具的委托发货单,单击"确定"按钮,如图 7-2 所示。

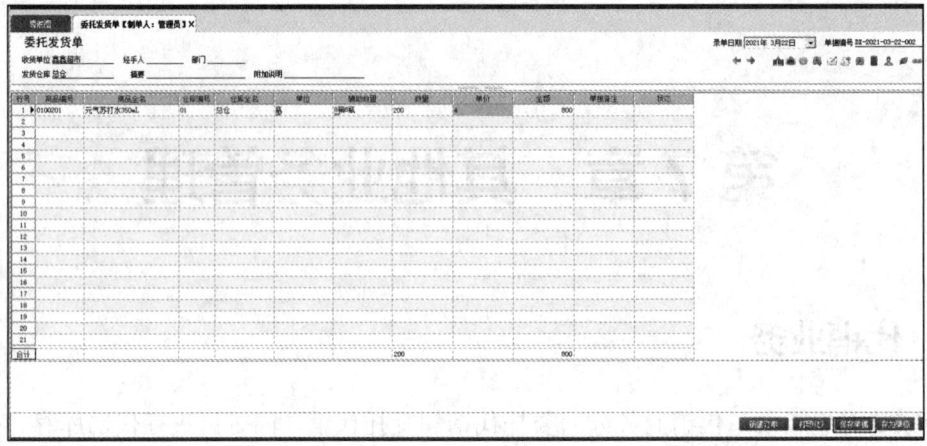

图 7-1

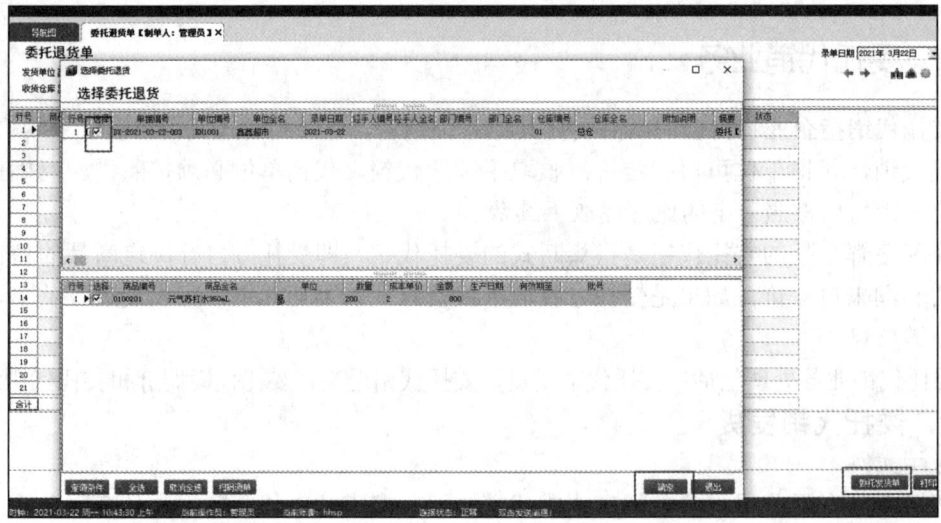

图 7-2

（2）调单之后，将"辅助数量"修改至"1 箱"，单击"保存单据"按钮，如图 7-3 所示。

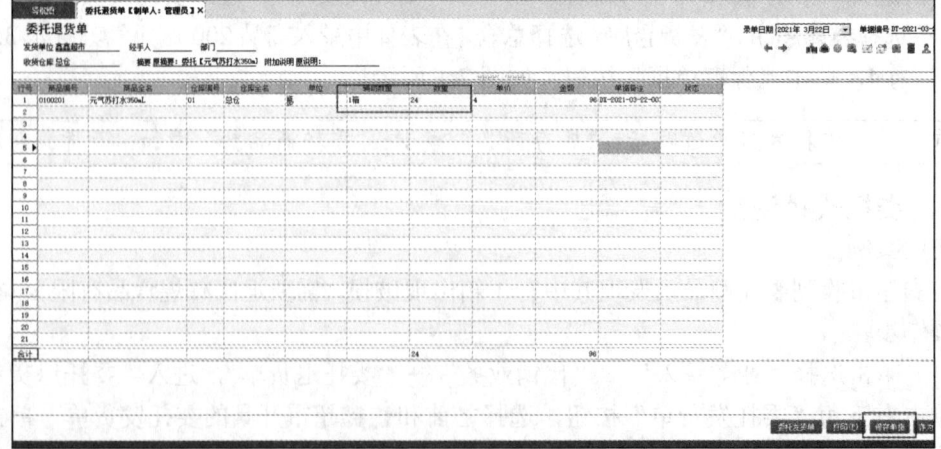

图 7-3

注意　选择商品时，商品选择框中显示的商品数量是委托业务中未结算的商品数量，而不是库存状况中的数量。如果单据录入的数量超过业务的实际发生量，系统将不允许过账。

3．委托代销调价

应用实例

由于市场原因，辉煌食品有限公司通知鑫鑫超市将委托代销的"元气苏打水 350mL"代销价格调整至 5 元/瓶。

操作步骤

单击选择"业务录入"→"代销业务"→"委托代销调价"，进入"委托调价单"界面，选择代销单位，录入代销商品及数量，并在"单价"处录入 1，录入完成后，单击"保存单据"按钮，如图 7-4 所示。

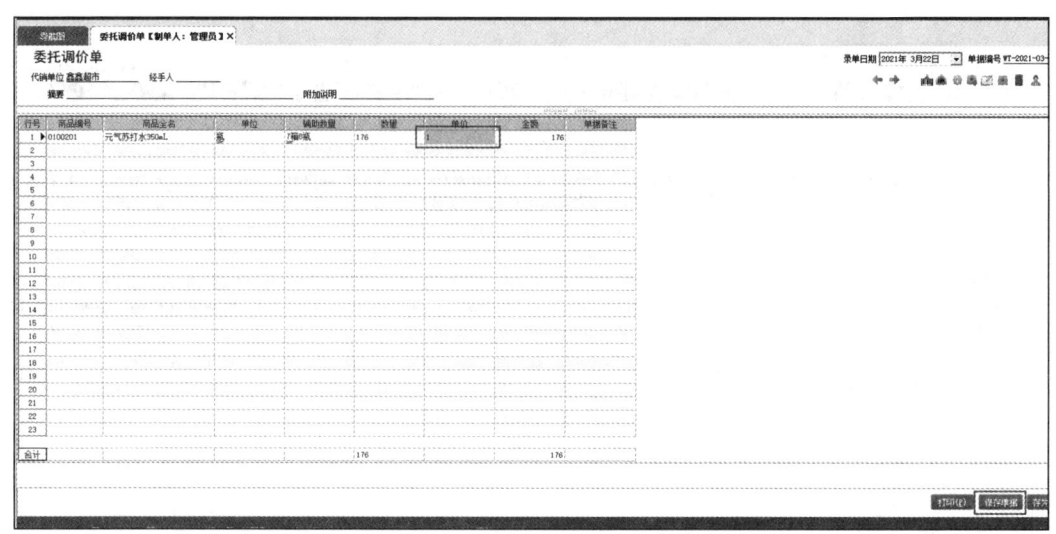

图 7-4

注意　委托代销商品调整的单价不是指调整后的价格，而是指调整的变化额。选择商品时，商品选择框中显示的商品数量是委托业务中未结算的商品数量，而不是库存中的数量。如果委托库存数量为 0，则不允许调价，只要有数量，就允许调价。

4．委托代销结算

委托代销结算是按照商品结算，根据受托方开出的商品代销清单结算，而不是按委托发货单结算，由此可准确掌握客户手中的商品数量。

应用实例

鑫鑫超市需要提交当前的销售清单给辉煌食品有限公司，鑫鑫超市销售了 100 瓶元气苏打水 350mL，货款会在代销商品全部售完后结清。

操作步骤

（1）单击选择"业务录入"→"代销业务"→"委托结算单"，进入"委托结算单"界面，单击右下角"委托发货单"按钮,选择对应的委托发货单,单击"确定"按钮,如图 7-5 所示。

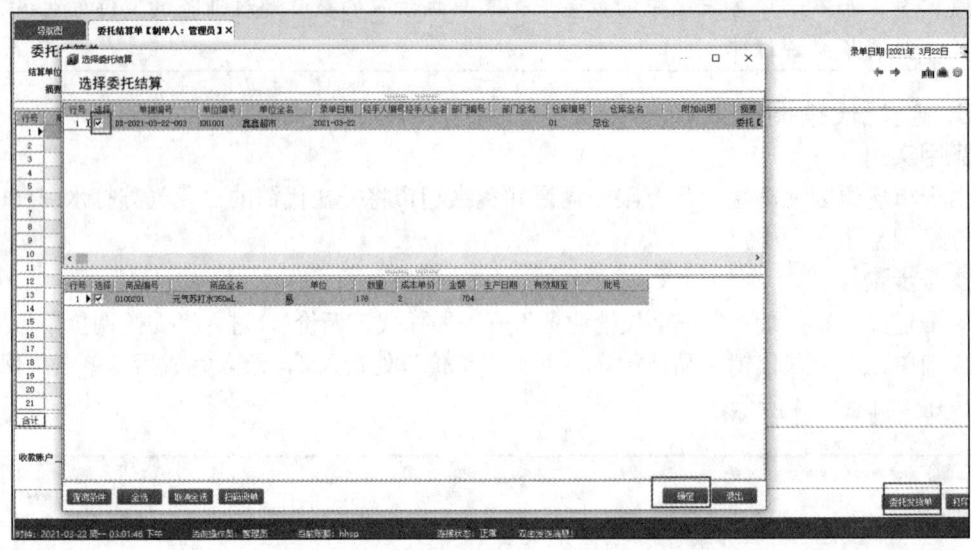

图 7-5

(2)确认选定的单据,修改单价至 5 元,单击"保存单据"按钮,完成结算业务,如图 7-6 所示。

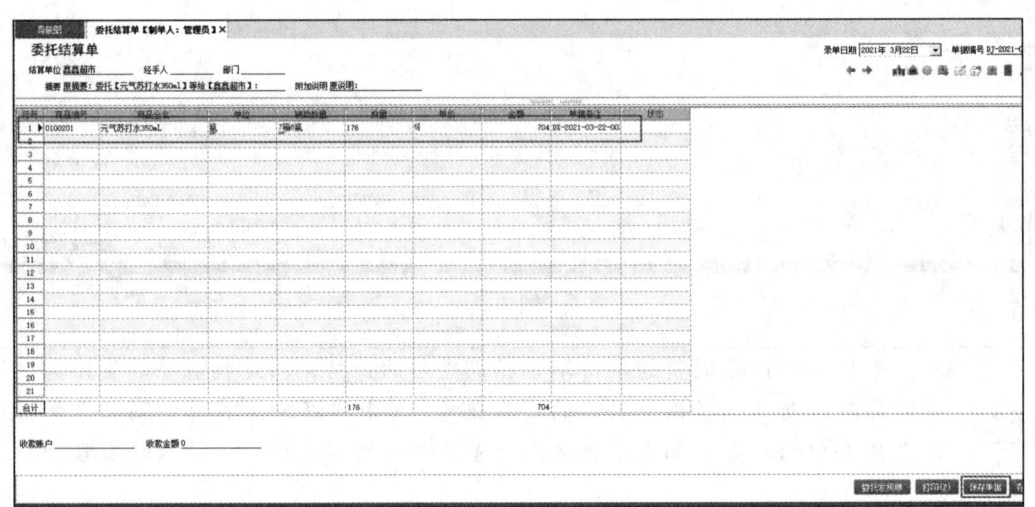

图 7-6

5. 委托代销查询

委托代销查询用于掌握委托给某客户代销的未结算商品的数量、金额,以及成本。

▌应用实例

仓管员小王现在想了解公司委托销售商品的库存状况。

▌操作步骤

单击选择"数据查询"→"代销查询"→"委托库存查询",进入"委托库存查询"界面,查询委托代销商品的库存数量,以及金额和成本,如图 7-7 所示。

图 7-7

6．委托结算查询

委托结算查询用于掌握委托单位在某段时间内的委托代销发货、委托结算、发货成本，以及上期结余数量、上期结余金额、期末结余数量和结余金额等信息。

应用实例

公司现在想要了解鑫鑫超市代销商品的结算情况、退货数量，以及结算金额等信息。

操作步骤

单击选择"数据查询"→"代销查询"→"委托结算查询"，进入"委托结算查询"界面，查询发货数量、退货数量、结算数量以及金额等信息，如图 7-8 所示。

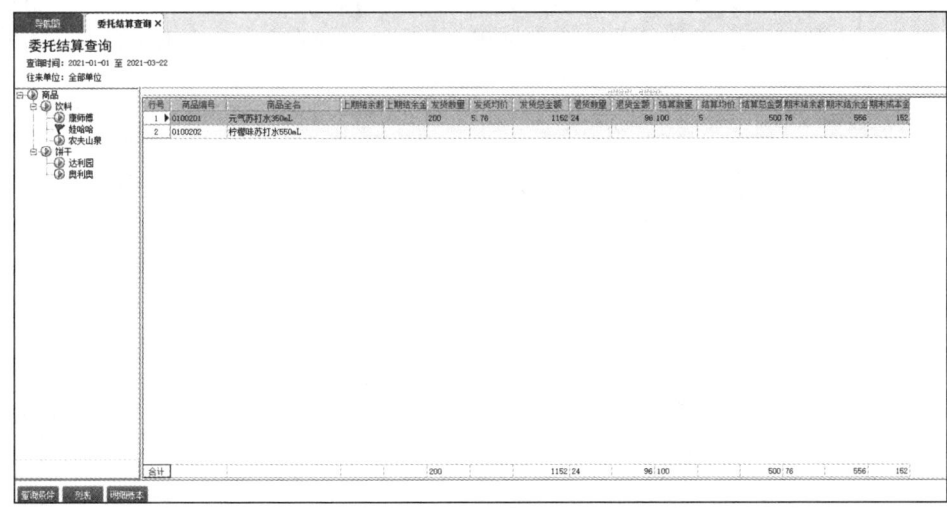

图 7-8

7.1.2 受托代销业务

受托代销,即企业接受其他单位的委托为其销售商品。和委托代销一样,受托代销包括买断式代销和收取手续费代销。买断式代销,企业可以自己确定销售价格;收取手续费代销,企业必须按照对方单位确定的价格销售,销售后按照一定比率收取手续费。

管家婆辉煌版的受托代销主要用来处理买断式代销业务,包括受托发货、受托退货、受托调价、受托结算业务处理。而受托退货单、结算单也可以调用相应的受托收货单。

受托代销业务和委托代销业务处理和查询的操作步骤基本一致,如果需要处理受托代销业务可以直接参考"委托代销业务"的处理,在此不再赘述。

7.2 借欠业务

商品借进、借出业务原本不属于会计事项范畴,不能用于会计记账,只能用于库管人员管理。管家婆辉煌版提供了借进、借出、借进还出、借出还回、借进转进货和借出转销售等业务处理方式。

7.2.1 商品借进

1. 借进单

当某商品缺货,而用户又要马上销售时,企业通常会向其他商家借进该商品进行销售。借进商品可使用借进单处理。

▋ 应用实例

由于客户急需,而辉煌食品有限公司库存不足,需向小梦商贸借进 5 箱奥利奥 mini 夹心小饼干,每箱单价为 163 元。

▋ 操作步骤

(1)单击选择"业务录入"→"借欠业务"→"借进单",进入"借进单"界面,"发货单位"录入小梦商贸,商品录入 5 箱奥利奥 mini 夹心小饼干,单击右下角"保存单据"按钮,如图 7-9 所示。

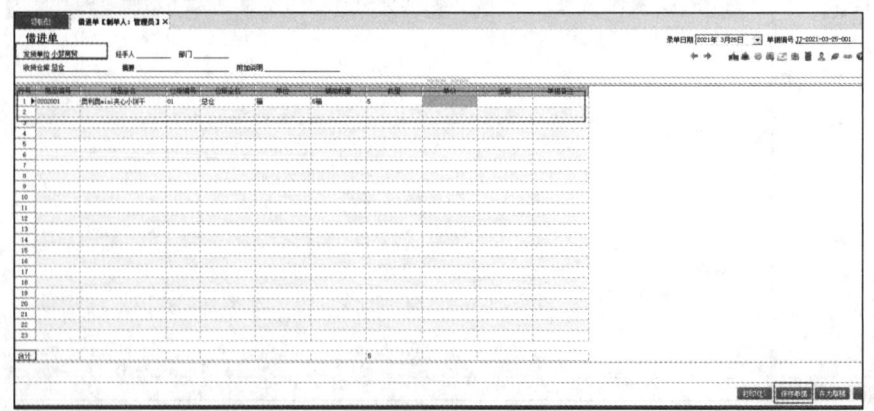

图 7-9

（2）单击"确定"按钮后，系统会弹出成本价录入窗口，在窗口中录入成本价为 163 元，单击"确定"按钮即可，如图 7-10 所示。

2．借进还出业务

当企业采购补货后，再将商品还给原商家，此时可使用借进还出单处理。借进还出过账后，库存数量、金额相应减少；同时"借入商品""库存商品"科目金额减少。

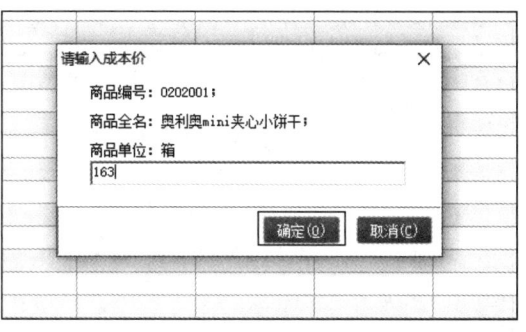

图 7-10

▎应用实例

辉煌食品有限公司之前向小梦商贸借用商品 5 箱奥利奥 mini 夹心小饼干，销售业务处理完成后，还剩余 1 箱，现要将剩余的 1 箱退还给小梦商贸。

▎操作步骤

（1）单击选择"业务录入"→"借欠业务"→"借进还出"，进入"借进还出单"界面。

（2）单击右下角"借进单"按钮调用借进单，调用完成后，将"数量"修改为 1，单击"保存单据"按钮即可，如图 7-11 所示。

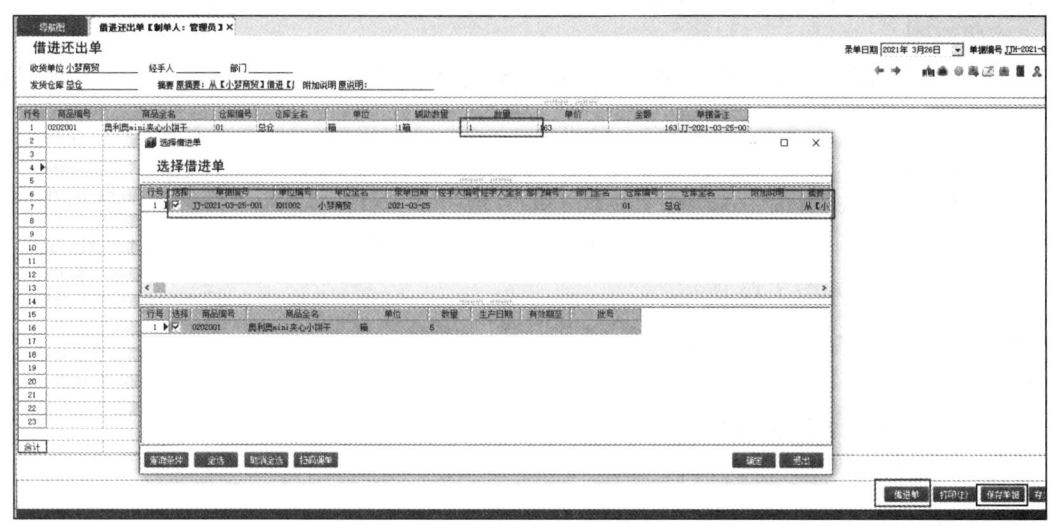

图 7-11

3．借进转进货业务

当企业将借进的商品直接转为进货时，需支付原商家款项的业务，可使用借进转进货单处理。

▎应用实例

辉煌食品有限公司与小梦商贸协商后决定，将已经销售出的 4 箱奥利奥 mini 夹心小饼干作为采购处理，单价为 163 元。

▎操作步骤

（1）单击选择"业务录入"→"借欠业务"→"借进转进货单"，进入"借进转进货"界面。

（2）单击右下角"借进单"按钮，调用之前向小梦商贸所开具的借进单，调用完成后，将"数量"修改为 4，单击右下角"保存单据"按钮即可，如图 7-12 所示。

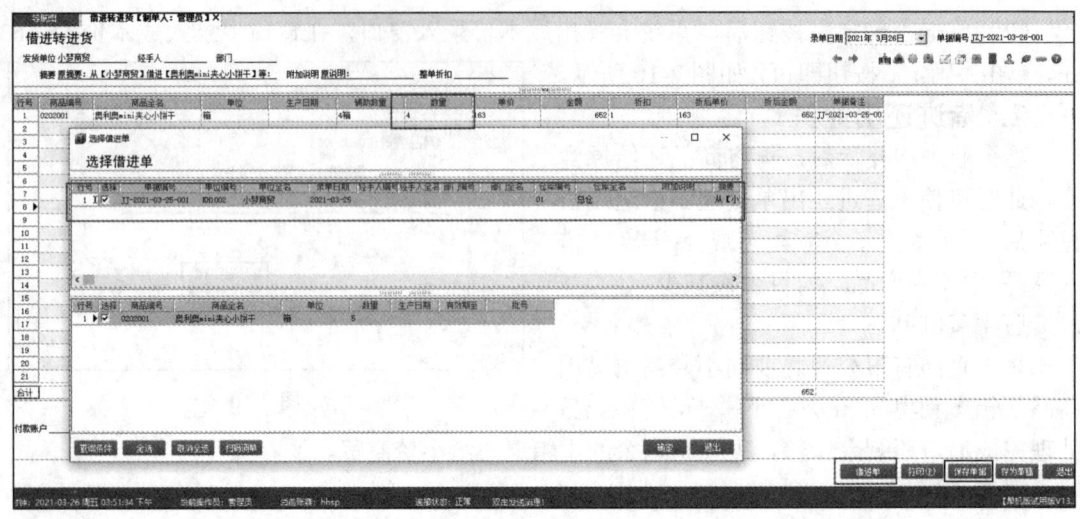

图 7-12

4. 借进单统计

通过借进单统计可以查询某段时间内借进商品的数量及金额。

应用实例

辉煌食品有限公司现需要一张报表统计当前公司有哪些商品是借进的以及借进商品的数量与金额。

操作步骤

单击选择"数据查询"→"借欠查询"→"借进单统计",进入"借进单统计"界面。查看到在商品"饼干"的分类下,奥利奥 mini 夹心小饼干共借入了 5 箱,合计 120 个,借入总金额 815 元,如图 7-13 所示。

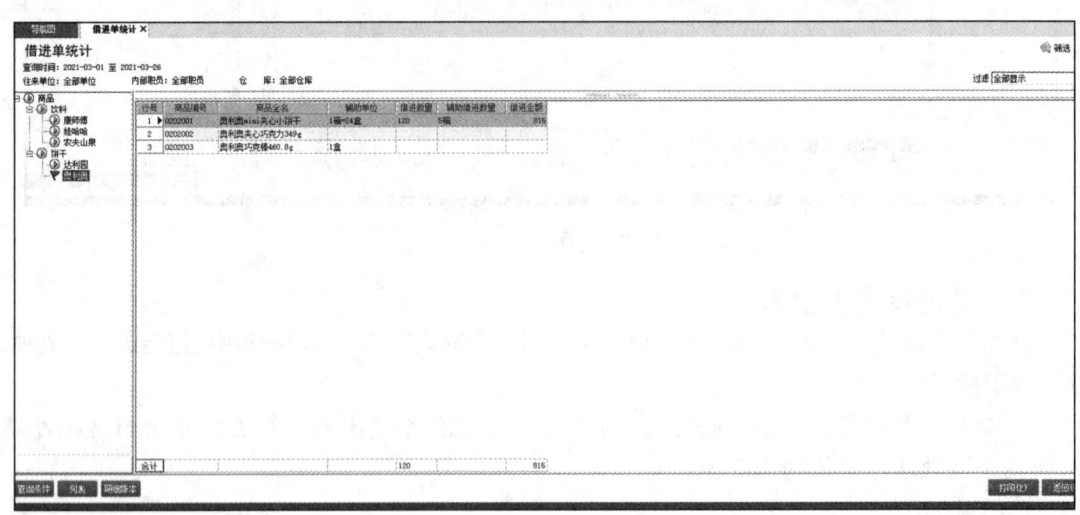

图 7-13

5. 借进还出单统计

通过借进还出单统计可以查询某段时间内借进商品的偿还数量和金额。

■ 应用实例

公司现在要查询对应的借入商品中有多少商品偿还了、偿还金额有多少。

■ 操作步骤

单击选择"数据查询"→"借欠查询"→"借进还出单统计",进入"借进还出单统计"界面。查看到在商品"饼干"的分类下,奥利奥 mini 夹心小饼干借入后归还了 1 箱,合计 24 个,还出的总金额为 163 元,如图 7-14 所示。

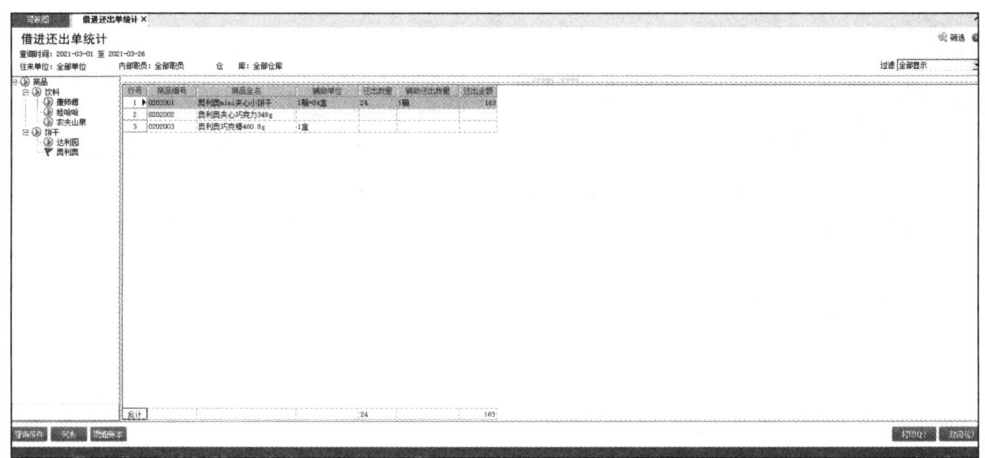

图 7-14

6. 借进转进货单统计

通过借进转进货单统计可以查询某段时间内借进商品转为进货商品的数量和金额。

■ 应用实例

公司现在需要统计借进商品转为进货业务的数量和总金额。

■ 操作步骤

单击选择"数据查询"→"借欠查询"→"借进转进货单统计",进入"借进转进货单统计"界面。查看到在商品"饼干"的分类下,奥利奥 mini 夹心小饼干共转为进货 4 箱,合计 96 个,进货的总金额为 652 元,如图 7-15 所示。

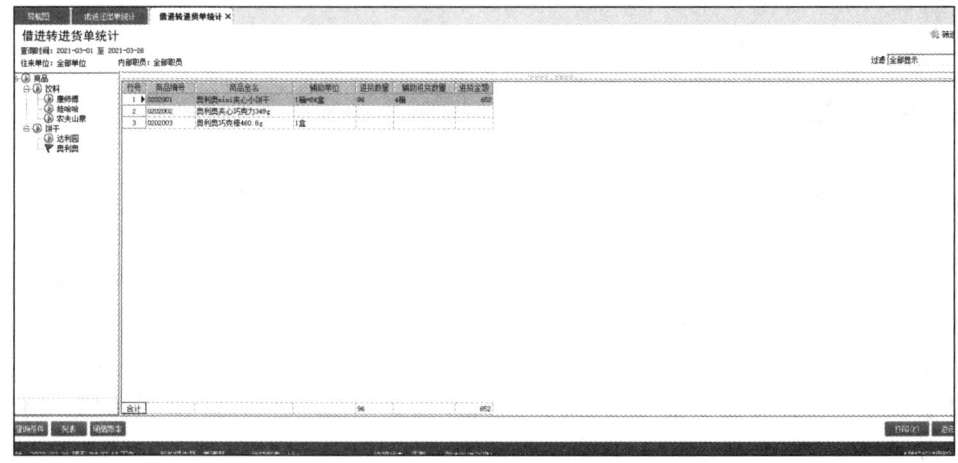

图 7-15

7. 借欠商品汇总表

借欠商品汇总表用以查询商品在一段时间内借欠业务中的汇总数据，包括借进数量、借进还出数量、借进转进货数量、借进未还数量、借出数量、借出还回数量、借出转销售数量和借出未还数量。

▌ **应用实例**

公司现在要查询借进商品的具体情况，共借进了多少、还回了多少、还有多少借进商品没有处理。

▌ **操作步骤**

单击选择"数据查询"→"借欠查询"→"借欠商品汇总表"，打开"借欠商品汇总表"界面。通过该界面可以看到奥利奥mini夹心小饼干总借进数量为120个，借进还出数量为24个，借转进货数量为96个，未还数量为0，如图7-16所示。

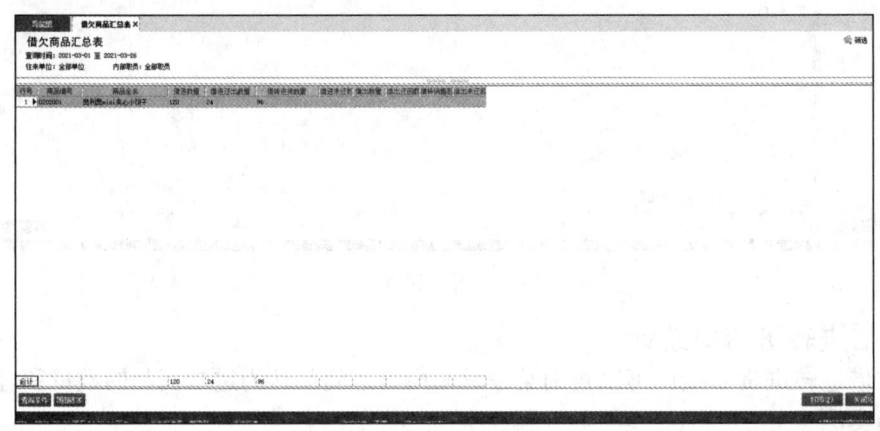

图 7-16

7.2.2 商品借出

商品借出业务处理分为借出商品业务处理、借出还回业务处理、借出转销售业务处理和借出商品查询。各项业务处理方法和相应的借进业务处理相同，这里不再赘述。

7.3 组合套件销售

组合套件销售管理，主要针对家具、家居类产品的组合销售业务。

组合套件销售的特点如下。

1. 一个组合套件有固定的组成成员（商品）及比例，但销售时，可以按固定的组合销售，也可以根据客户的购买意愿，去掉部分的组成成员。

2. 组合套件，按套件销售，但后台按具体组成成分出库。比如一套现代简约风格餐桌，其套件组成分为1张餐桌和6张餐椅，其中餐椅等为商品，销售时按套装出售，但后台减库存时直接减餐椅的库存，而无须组装。

3. 不管理套装的库存，只管理其组成成分（商品）的库存。

7.3.1 组合套件商品设置

组合套件在使用时需要预先设置组合套件名称、组成成员、价格等信息，销售时可以直接调取模板。

应用实例

辉煌食品有限公司决定推出"康师傅三件套"优惠套装回馈消费者，现需小管设置组合套件商品。

操作步骤

1. 适用组合套件商品，需要先在"基本信息"→"商品信息"中建立套件商品。新建商品时，商品属性选择为"套件商品"，如图 7-17 所示。

2. 单击选择"基本信息"→"套件商品设置"，进入"套件商品设置"界面，单击左下角"新增"按钮，创建套件商品全名"康师傅三件套"，下表体选择套件组成商品，即康师傅的 3 种商品，单击"确定"按钮即可，如图 7-18 所示。

图 7-17

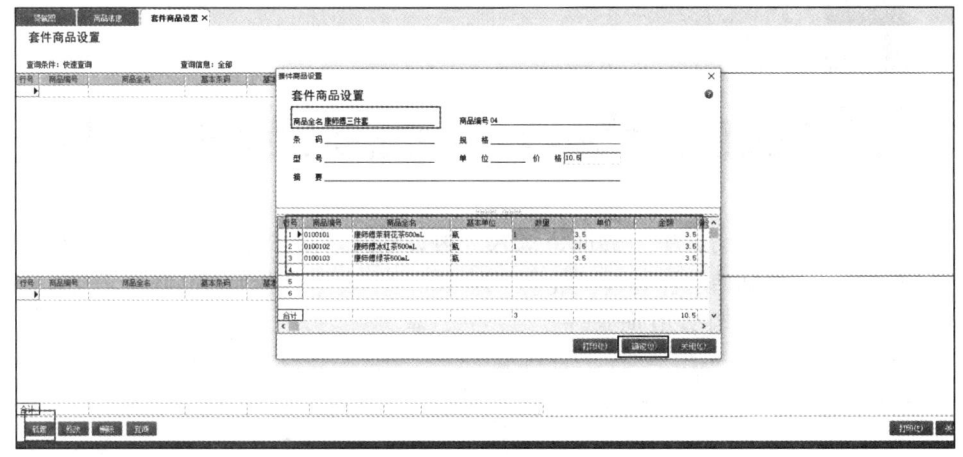

图 7-18

7.3.2 组合套件销售

管家婆辉煌版提供了"组合套件销售订单"和"组合套件销售单"，表体相同，上表体显示组合套装商品，下表体显示组合对应的组成明细数据。下表体明细数据只可查看，不可编辑。

组合套件商品可直接修改金额，修改金额后会自动重算套件明细金额。如需修改套件明细数量，可在上表体中选中商品双击数量字段。

"组合套件销售订单"和"组合套件销售单"的使用方法可以参考"销售订单"与"销售单",这里仅以"组合套件销售单"举例。

应用实例

辉煌食品有限公司出售 100 个"康师傅三件套"优惠礼包给"鑫鑫超市",本次销售业务通过"组合套件销售单"处理。

操作步骤

1. 单击选择"业务录入"→"组合套件销售"→"组合套件销售单",如图 7-19 所示。

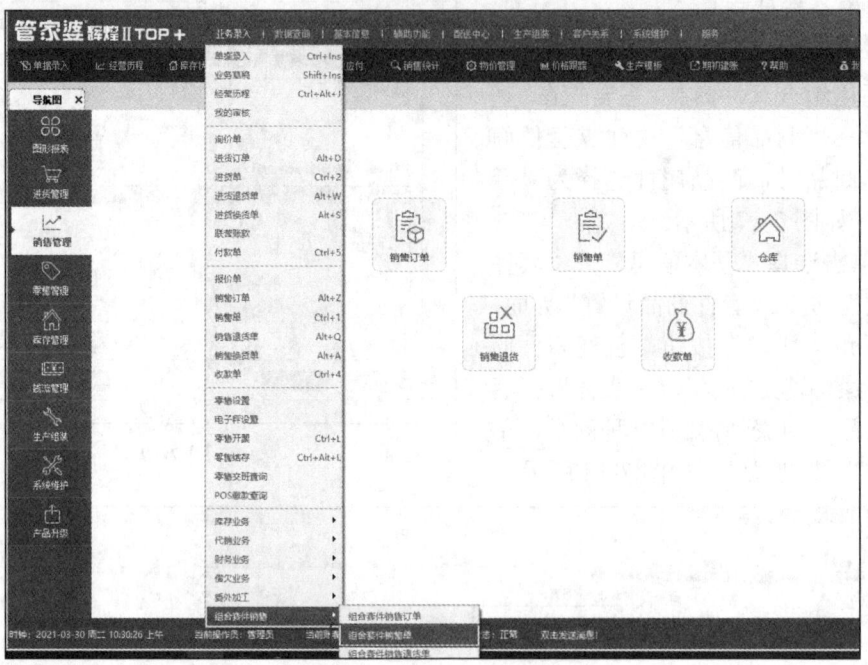

图 7-19

2. 打开"组合套件销售单"界面,录入"购买单位""发货仓库"等信息,在上表体中选择组合套件商品"康师傅三件套","数量"为 100,下表体中显示商品明细,录入完毕,单击"保存单据"按钮,如图 7-20 所示。

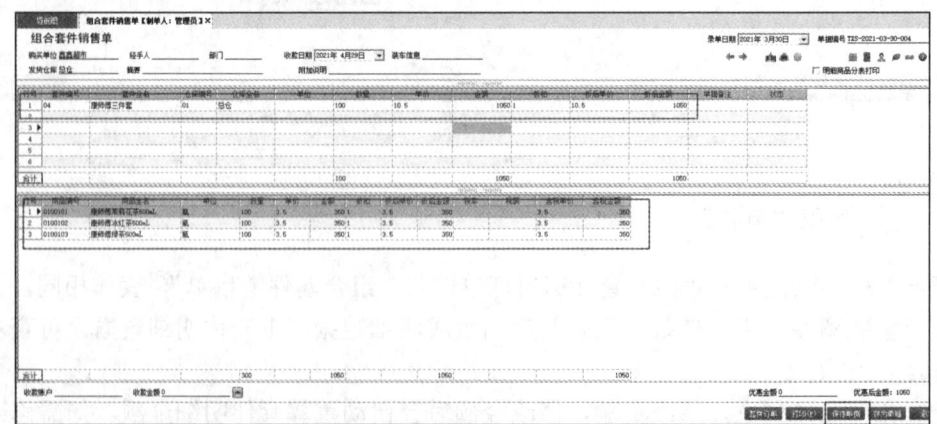

图 7-20

7.3.3 组合套件销售查询

1. 组合套件销售统计

组合套件销售统计可以帮助企业了解组合套件商品的销售情况，如销售数量、销售金额、税额和税价合计等。

应用实例

辉煌食品有限公司想要查询新近推出的"康师傅三件套"的销量及金额。

操作步骤

（1）单击选择"数据查询"→"组合套件销售查询"→"组合套件商品销售统计"，如图 7-21 所示。

图 7-21

（2）打开"组合套件商品销售统计"界面，系统显示出所选条件内组合商品的销售种类、数量以及金额等信息，如图 7-22 所示。

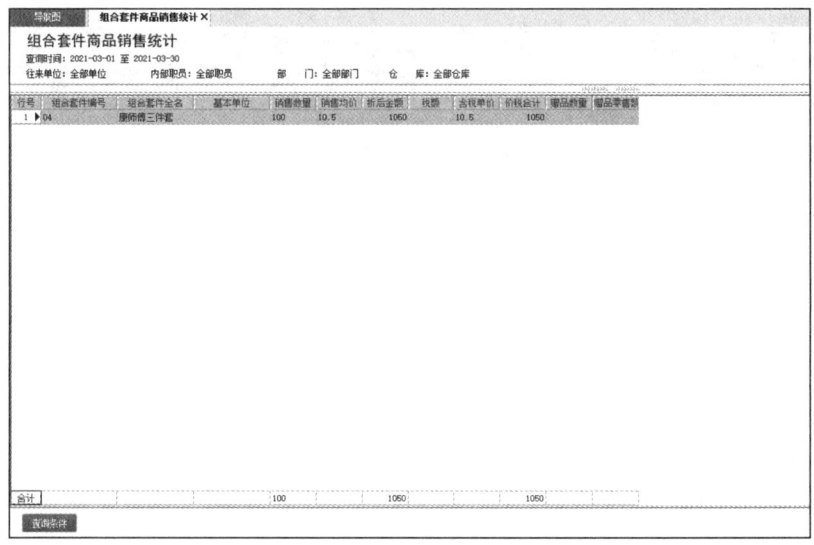

图 7-22

2. 套件可配套库存查询

针对组合套件，根据其组成的商品配置，通过查询当前库存中各配件的库存，计算能组成完整套装的最低库存数量。

应用实例

张总让王仓库查询一下当前总仓库中的康师傅产品可以组合出多少套"康师傅三件套"优惠礼包。

操作步骤

（1）单击选择"数据查询"→"组合套件销售查询"→"组合套件可配套库存查询"，如图 7-23 所示。

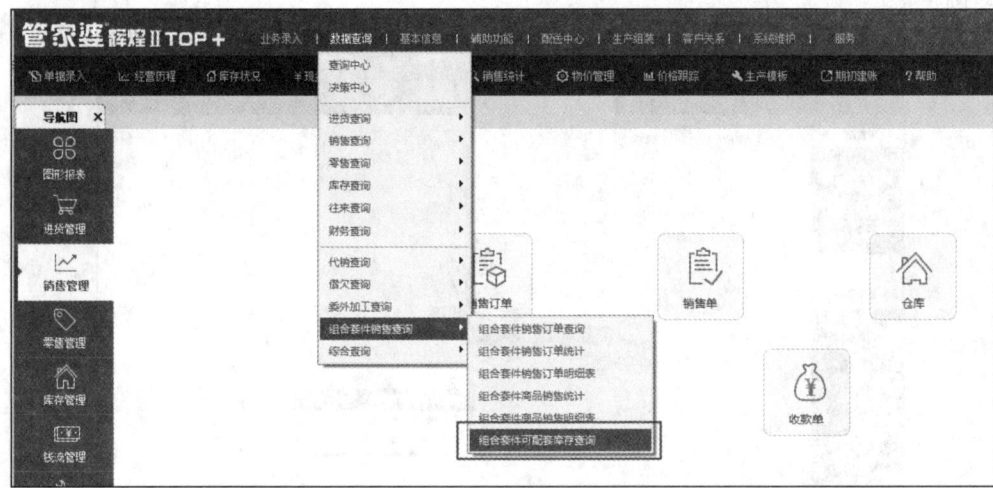

图 7-23

（2）打开"组合套件可配套库存查询"界面，选择仓库为"全部仓库"，系统上表体显示可配套数量，下表体显示各个配件的库存数量。如图 7-24 所示。

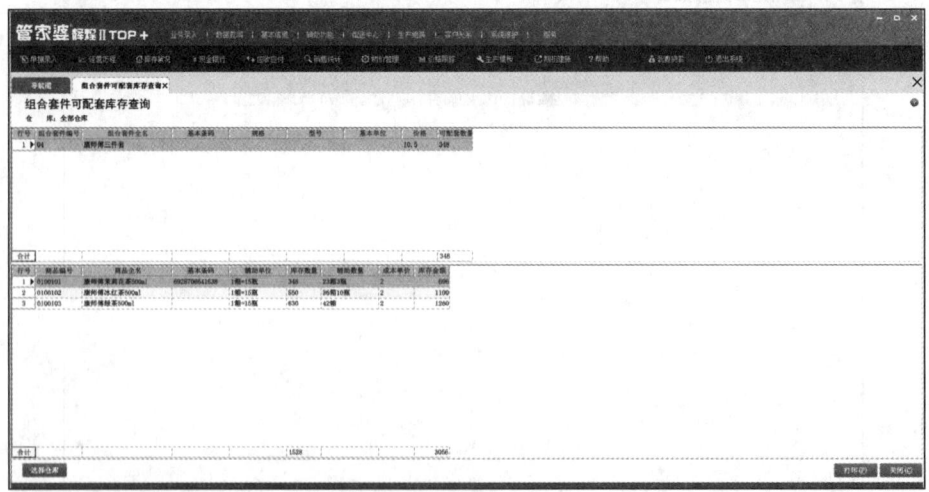

图 7-24

7.4 财务管理

7.4.1 财务单据

1. 一般费用单/现金费用单

在管家婆辉煌版中，费用可以用"一般费用单"和"现金费用单"来处理。一般费用单与现金费用单的区别在于，一般费用单需录入收费单位（可从往来单位中选择），如果不录入一般费用单中的收款账户和金额，则将此笔费用挂在往来账上；现金费用单只需录入费用项目，即表示用现金支付此笔费用。

反映一笔费用的往来，选用一般费用单；若直接用现金支付，与往来单位无关，则用现金费用单处理即可。

应用实例

仓管员小王将供应商娃哈哈厂家运达的货物入库后，对方告知货物运费为 150 元，仓管员小王使用一般费用单来记录此笔费用。

操作步骤

（1）单击选择"业务录入"→"财务业务"→"一般费用单"。

（2）打开"一般费用单"界面，表头"收费单位"选择娃哈哈厂家，"经手人"选择王仓库；表体"费用类型全名"选择运费，"金额"录入 150，如图 7-25 所示。

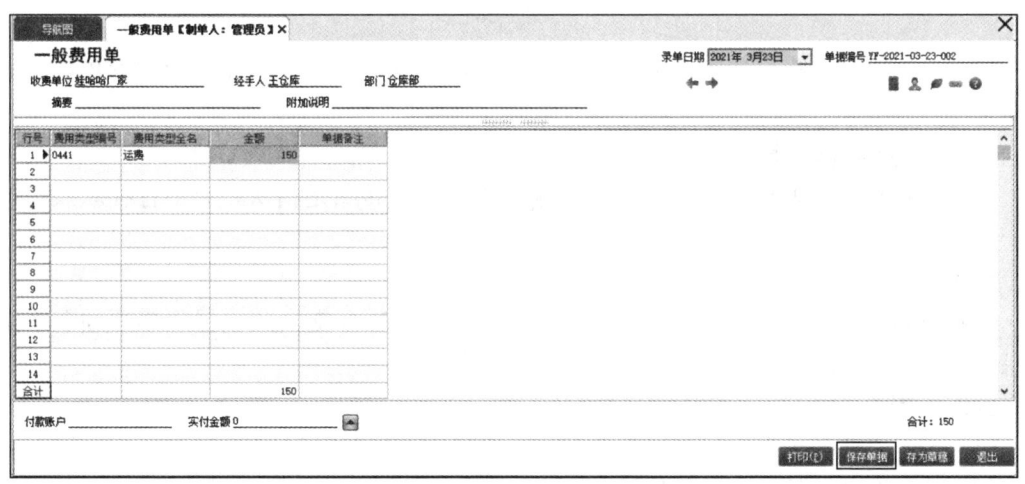

图 7-25

（3）由于款项暂未支付，因此表尾"付款账户"和"实付金额"暂不录入，直接单击"保存单据"按钮过账。

2. 其他收入单

其他收入单主要用于处理一些常规销售收入以外的收入，如维修服务收入、利息收入和调账收入等。

应用实例

由于辉煌食品有限公司与供应商卫龙辣条厂家长期合作,卫龙辣条厂家近期向辉煌食品有限公司发放合作共赢奖励现金 500 元,李销售使用其他收入单记录此笔收入。

操作步骤

(1)单击"业务录入"→"财务业务"→"其他收入单"。

(2)打开"其他收入"界面,表头"付款单位"选择卫龙辣条厂家,"经手人"选择李销售,"摘要"录入厂家合作共赢奖励;表体"收入类型全名"选择营业外收入,"金额"录入 500,如图 7-26 所示。

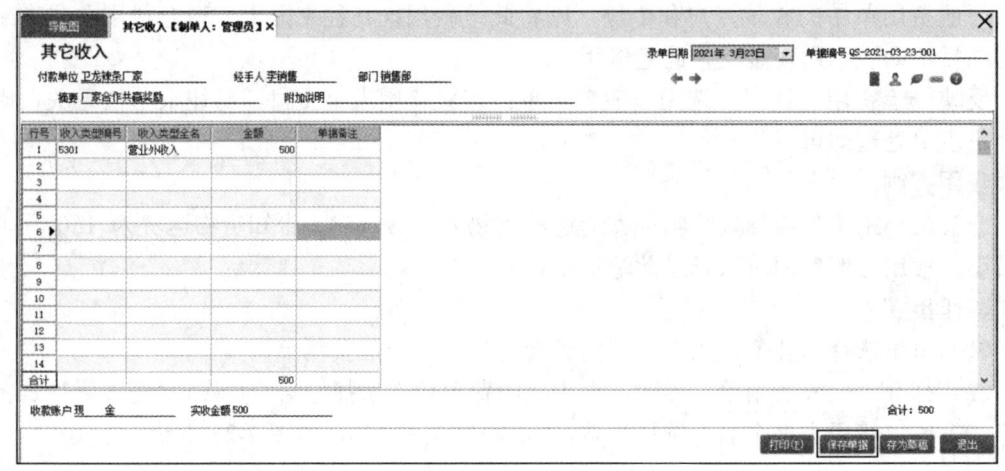

图 7-26

(3)表尾"收款账户"选择现金,"实收金额"录入 500,直接单击"保存单据"按钮过账。

3. 提现存现转账

提现即从银行提取现金,存现即将现金存入银行,转账是指从一个银行存款账户转入另一个银行存款账户。

应用实例

钱财务从建设银行提现 1500 元,用于公司日常小额开支,此笔提现事项须在系统中记录。

操作步骤

(1)单击"业务录入"→"财务业务"→"提现存现转账"。

(2)打开"提现存现转账"界面,表头"经手人"选择钱财务,"摘要"录入提现备用;表体"账户全名"选择现金,"金额"录入 1500,如图 7-27 所示。

(3)表尾"付款账户"选择建设银行,"实付金额"录入 1500,直接单击"保存单据"按钮过账。

> **注意** 若是存现业务,收款账户选择相应的银行账户,付款账户选择现金;若是转账业务,收款账户选择转入的银行账户,付款账户选择转出的银行账户;收支必须平衡,单据才能保存。

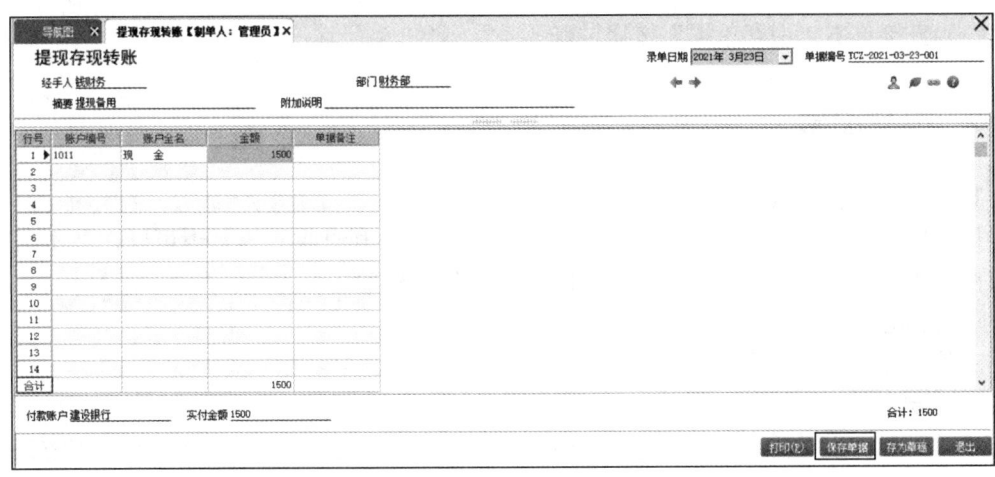

图 7-27

4．业务凭证

业务凭证主要用来处理一些管家婆辉煌版没有提供的业务，这需要具备会计基础知识，由于管家婆辉煌版的业务单据基本能满足企业的日常管理，故不推荐大量使用会计凭证。会计凭证同一般财务软件里的记账凭证相似，都需要录入借贷方科目及借贷方发生额，且借贷发生额必须相等，否则不予过账。

应用实例

辉煌食品有限公司从银行借入长期借款 50000 元，款项已存入公司的中国银行账户，钱财务通过业务凭证在业务模块记录此笔事项。

操作步骤

（1）单击"业务录入"→"财务业务"→"业务凭证"。

（2）打开"业务凭证"界面，表头"经手人"选择钱财务；表体第一行"业务项目全名"选择"资产类-全部银行存款合计-中国银行"，借方"金额"录入 50000；表体第二行"业务项目全名"选择"负债类-长期借款"，贷方"金额"录入 50000，如图 7-28 所示。

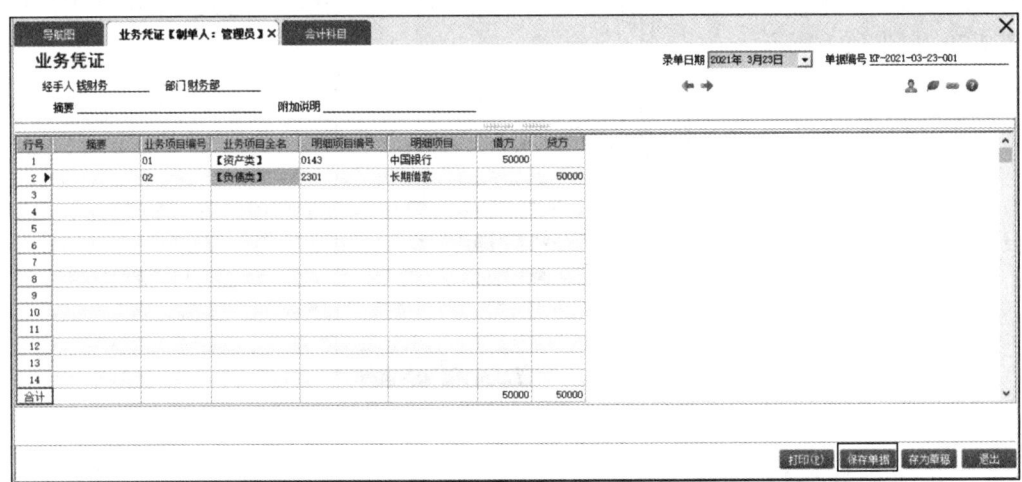

图 7-28

(3)直接单击"保存单据"按钮过账。

7.4.2 财务报表

1. 其他收入统计

其他收入指销售收入外的其他收入,如调账收入、利息收入等,也可以在基本信息里添加收入类型,用于统计其他收入项目的发生额与累积额。

■ 应用实例

钱财务查询本月其他收入情况,确认明细是否正确。

■ 操作步骤

(1)单击"数据查询"→"财务查询"→"其他收入统计",进入"其他收入统计"统计,界面如图7-29所示。

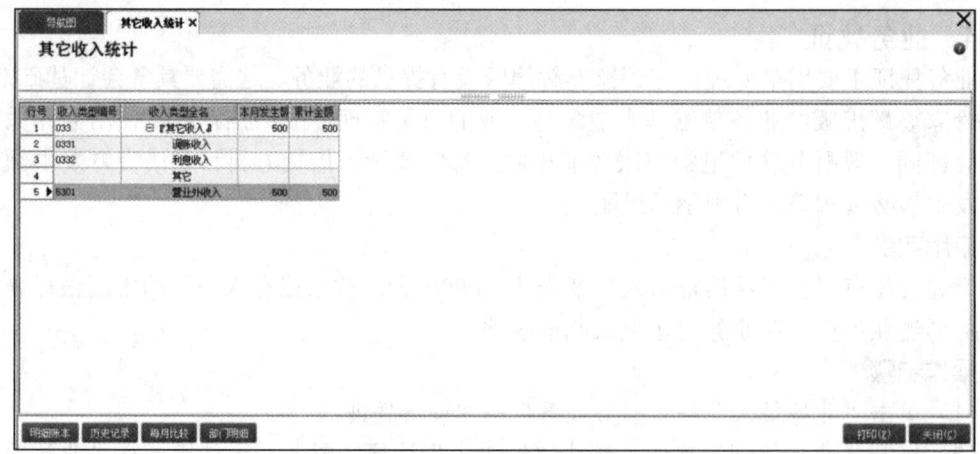

图 7-29

(2)选择需查询明细的其他收入项目,如选择"营业外收入",单击"明细账本"按钮,进入"查询条件"界面,查询时间选择本月,单击"确定"按钮即可看到"明细账本"界面,如图7-30和图7-31所示。

图 7-30

2. 费用合计统计

通过费用合计统计查询每个费用项目的本月发生额、累计发生额,以及明细账。

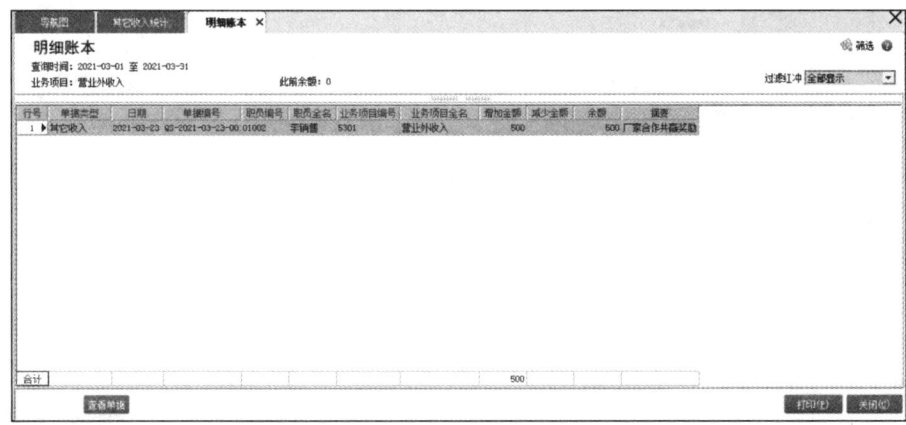

图 7-31

应用实例

钱财务查询公司本月运费的发生额并了解明细情况。

操作步骤

（1）单击"数据查询"→"财务查询"→"费用合计统计"，进入"费用合计统计"界面，如图 7-32 所示。

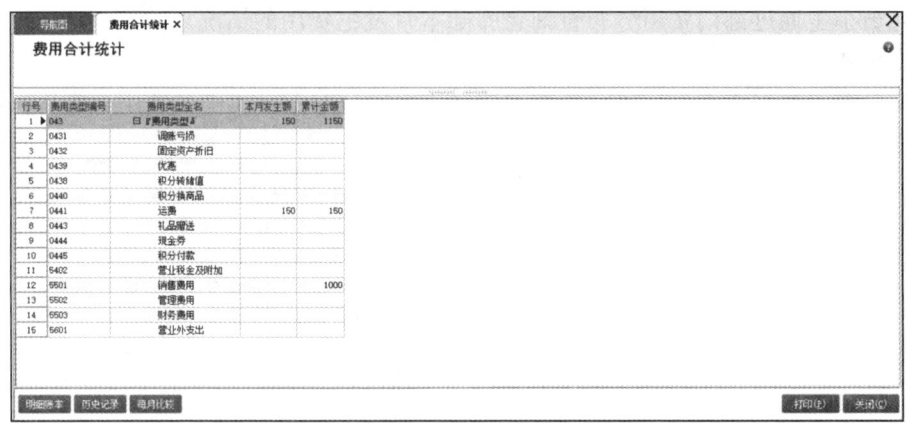

图 7-32

（2）选择"费用类型"为运费，单击"明细账本"按钮，进入"查询条件"界面，查询时间选择本月，单击"确定"按钮即可看到"明细账本"界面，如图 7-33 和图 7-34 所示。

图 7-33

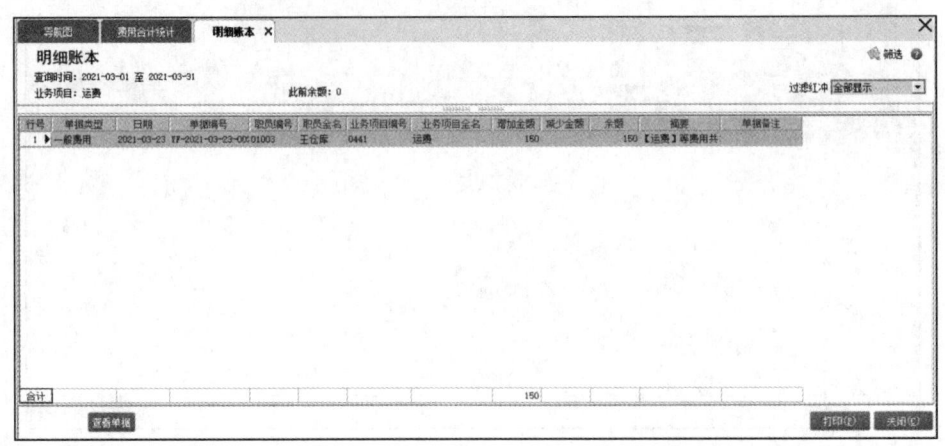

图 7-34

> **注意**　可通过"每月比较"查询出某一科目每一会计月的发生额，进行纵向对比。

3．费用分布

通过费用分布可以统计出各费用项目在各部门/职员/地区/单位的分布情况。

▊ 应用实例

仓管员小王通过部门费用分布查询仓库部本月发生费用的情况。

▊ 操作步骤

（1）单击"数据查询"→"财务查询"→"费用分布"→"部门费用分布"，选择查询的时间段为当月，单击"确定"按钮，如图 7-35 所示。

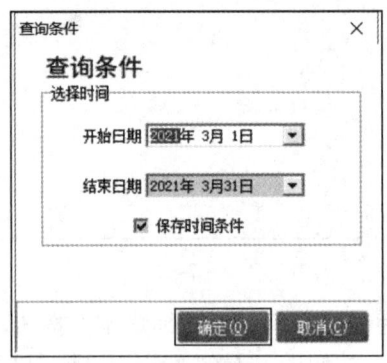

图 7-35

（2）查询结果如图 7-36 所示。

4．业务经营情况表（利润表）

管家婆辉煌版的经营情况表类似会计上的损益表（利润表），但管家婆系统业务经营情况表上的各收入费用项目名称除了损益表中的固定栏目和归类外，还显示所有收入费用项目，包括系统自带的和用户添加的项目，从而使企业经营损益情况一目了然。

▊ 应用实例

钱财务查询经营情况表，核对辉煌食品有限公司本月的利润情况。

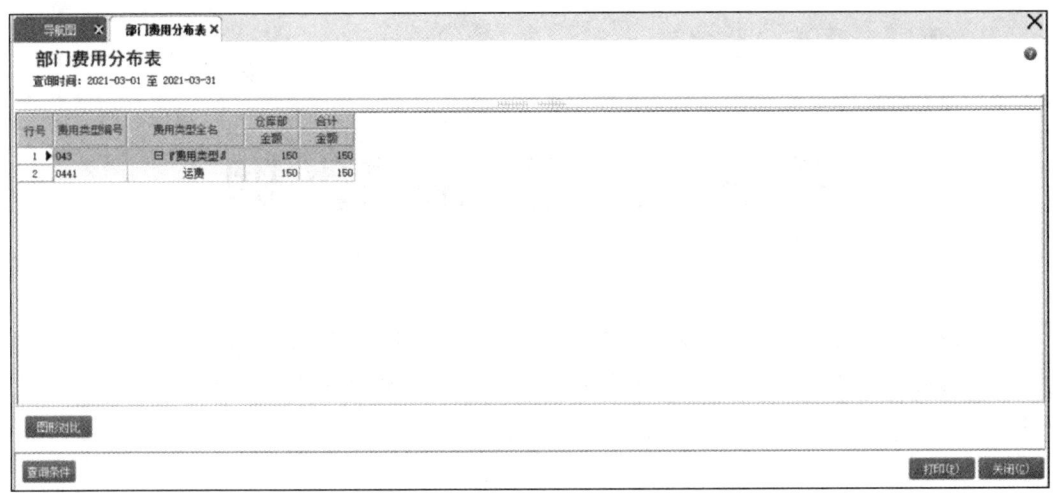

图 7-36

操作步骤

单击选择"数据查询"→"财务查询"→"业务经营情况表",进入"业务经营情况表"界面,界面如图 7-37 所示。

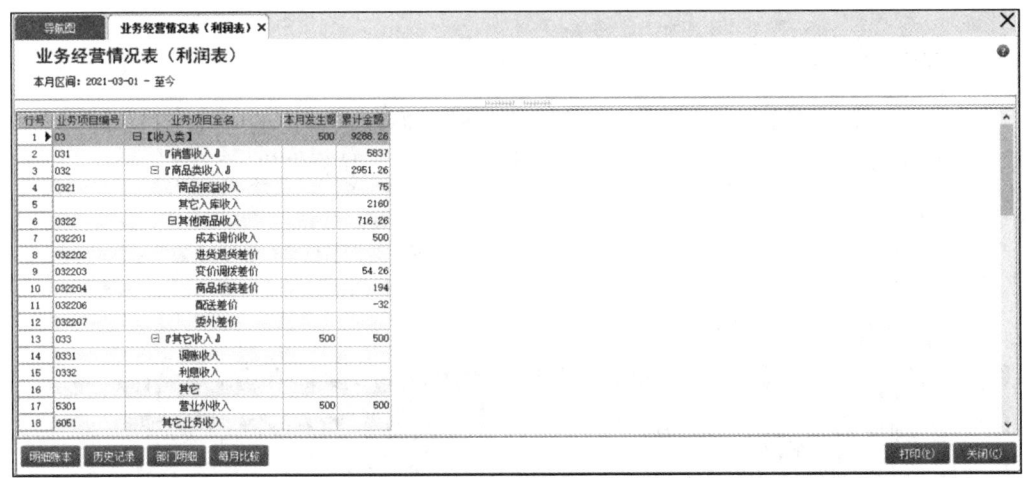

图 7-37

第 8 章 往来管理

管家婆辉煌版提供了往来管理功能，包括单位应收应付、职员应收应付、部门应收应付、地区应收应付等信息的查询，还包括往来分析、往来对账查询、账龄分析和往来业务统计。

8.1 应收应付

应收应付查询主要用于查询企业应收应付款的相关情况，包括单位应收应付、职员应收应付、部门应收应付、地区应收应付等信息。

8.1.1 单位应收应付

为了防止坏账，加快资金周转，企业需要实时把握往来单位的应收应付情况，比如哪些单位欠公司多少钱、公司欠哪些单位多少钱、是什么类型的欠款。

▌应用实例

辉煌食品有限公司现在需要查询与各个单位的应收应付情况。

▌操作步骤

1. 单击选择"数据查询"→"往来查询"→"单位应收应付"，如图 8-1 所示。

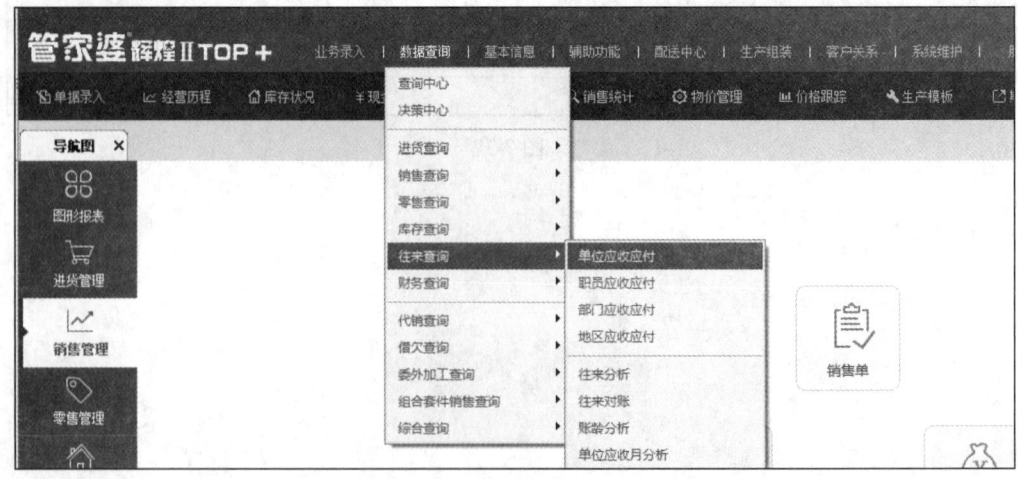

图 8-1

2. 选择默认查询条件即可展示出所有往来单位的应收应付信息，如图 8-2 所示。

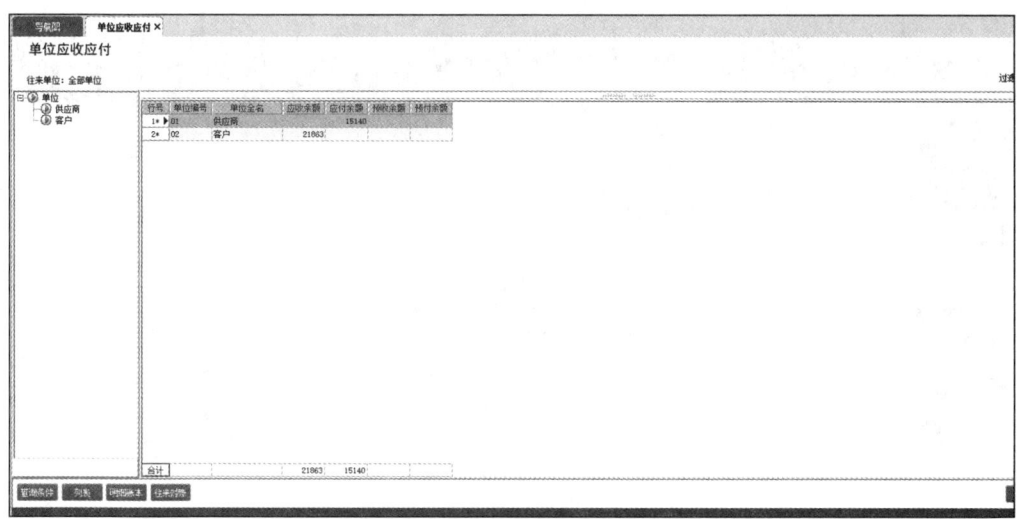

图 8-2

8.1.2 职员/部门/地区应收应付

职员应收应付主要用来查询职员在选择时间段内应收应付的发生额及预收预付的发生额。

单击"应收应付详情"按钮，可以查询职员应收应付的详细情况，该报表是根据职员应收应付查询出的，展示某一职员的应收应付发生额由哪些单位的构成。

部门/地区应收应付与职员应收应付类似，只是查询角度不同，在此不再赘述。

8.2 往来分析

往来分析用于查询和分析指定时间段内各往来单位的进货金额、销售金额、回款情况和应收应付金额。

应用实例

辉煌食品有限公司想要查看与所有往来单位之间往来账的情况及应收应付是否越限。

操作步骤

1. 单击选择"数据查询"→"往来查询"→"往来分析"，如图 8-3 所示。

2. 选择默认查询条件后，进入"往来分析"界面，可以查看往来单位的进货销售合计、应收应付余额，以及哪些单位应收应付超过限额，如图 8-4 所示。

说明 限额分析：查询出应收应付在指定范围内的往来单位，便于企业及时收付款。
修改限额：为选中的往来单位设置应收应付款的上下限。设置了应收应付上限后，采购销售时会出现超限提示，往来分析表中也会体现出是否已经超限。
如果往来单位的应收应付超过设置的限额，在"应收越限"或"应付越限"单元格中显示"√"，表示已经超过设置的限额。

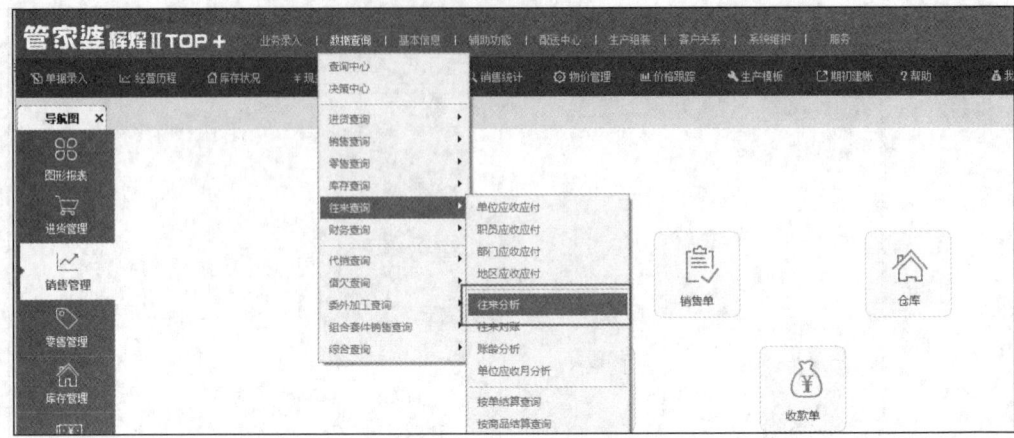

图 8-3

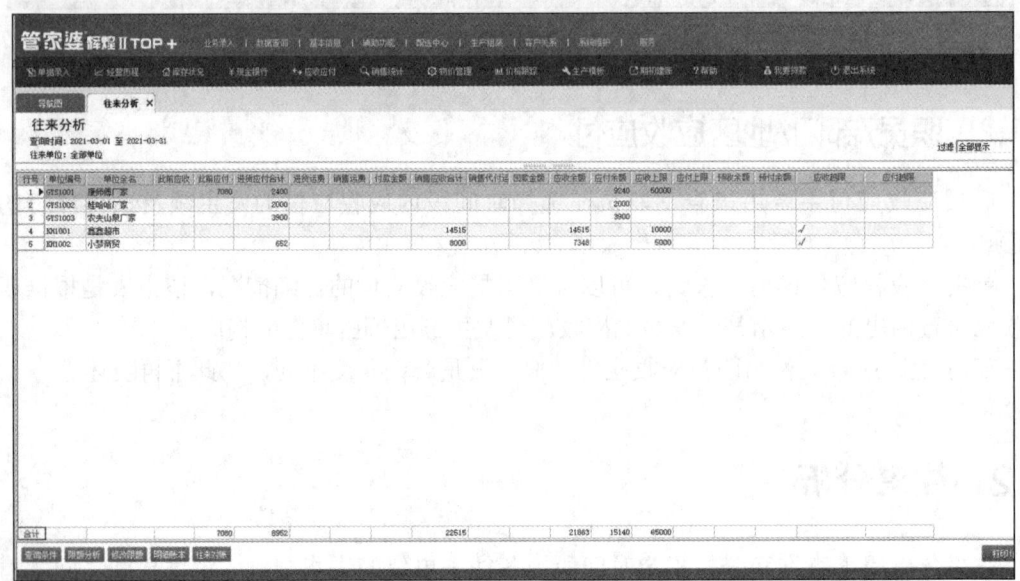

图 8-4

8.3 往来对账

往来对账主要用于查询企业与往来单位的所有物流与钱流的往来情况,将每笔业务所产生的应收应付显示出来与往来单位核对。

应用实例

辉煌食品有限公司需要和鑫鑫超市核对本月的往来账,查看本月的往来明细。

操作步骤

1. 单击选择"数据查询"→"往来查询"→"往来对账",如图 8-5 所示。

2. 在"查询条件"中将"单位全名"选择为鑫鑫超市,进入"往来对账"界面,查看与鑫鑫超市往来的明细账目并对账,如图 8-6 所示。

第 8 章 往来管理

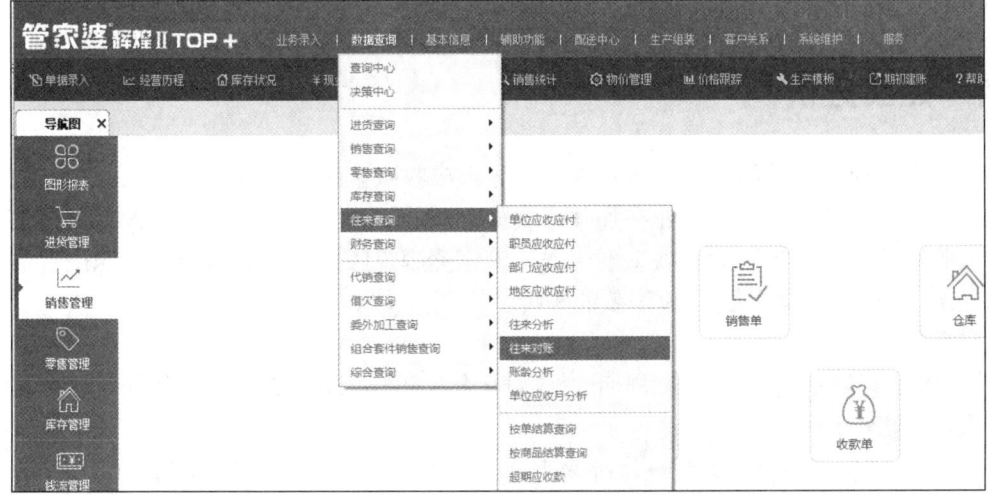

图 8-5

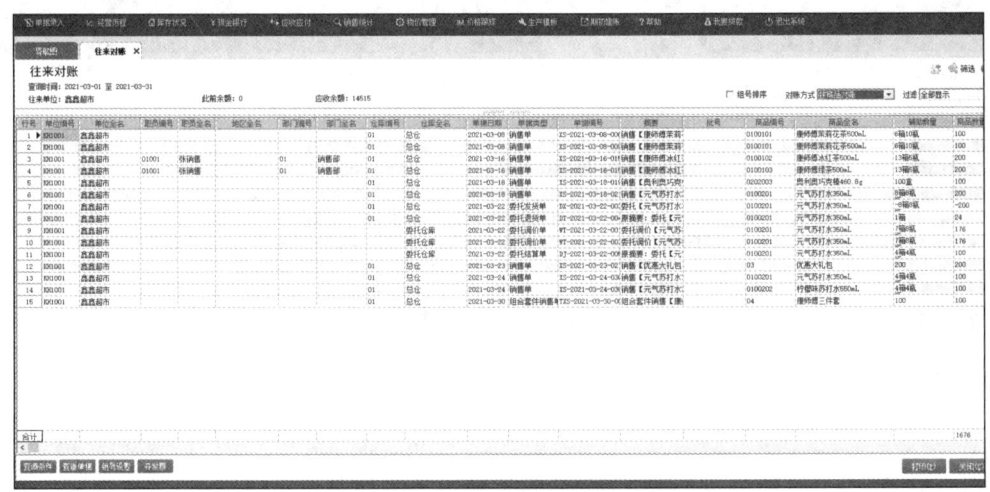

图 8-6

说明

- 对账方式：往来对账支持按商品对账和按单据对账两种方式。不同的对账方式，表体中的字段显示会有所不同。在单据对账方式下，不能进行分组功能及开票数据的录入。
- 分组功能：在往来对账报表中，可以对业务单据进行分组，即将需要的单据编成一组，可以统计组内余额，以达到方便对账的功能。单击"组号设置"按钮后，可以对选中的单据设置组号，也可以修改所选单据全组的组号。分组后，勾选报表表头的"组号排序"功能，不同组的单据将按不同的颜色显示出来，以便于区分。同时，会显示组内余额。
- 开票管理：为了保证开票数据的统一，往来对账中的开票管理，取"辅助功能"→"发票管理"中的数据，所有开票数据均来自发票管理，往来对账中可以单击"开发票"按钮进入发票管理页面，往来对账中已开票金额、未开票金额根据发票开票情况来显示。

8.4 账龄分析

如果企业缺乏有效的销售信用管理，会导致应收账款过多或回款期过长，企业的资金周转效率会受到严重影响。企业在加强应收款管理的过程中，对客户应收账款的评估和分析是应收账款管理和控制的一项重要工作。管家婆辉煌版的账龄分析可以按照配置的账龄区间显示一个或多个客户的应收账款的账龄。

▍应用实例

辉煌食品有限公司为防止回款周期过长，对几个往来客户进行账龄查询，以便及时催款回款。

▍操作步骤

1．单击选择"数据查询"→"往来查询"→"账龄分析"，如图 8-7 所示。

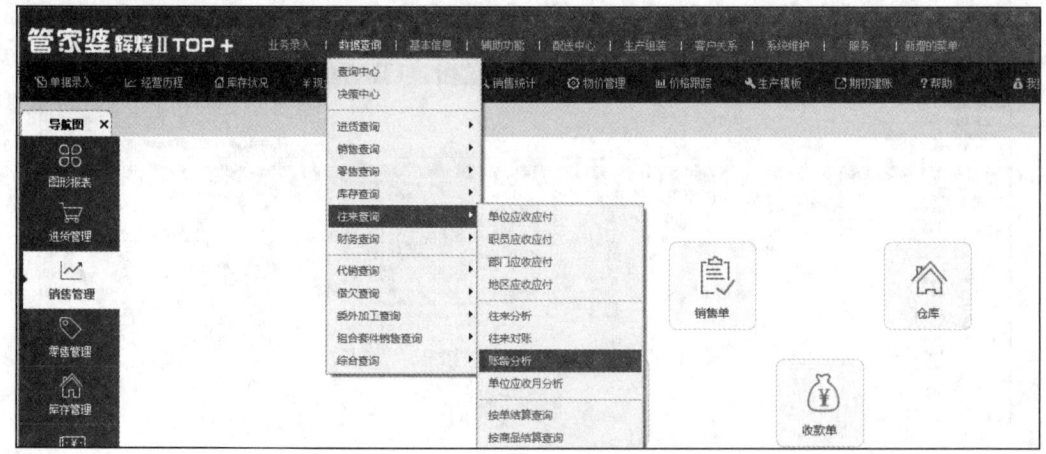

图 8-7

2．系统弹出"账龄分析"对话框，"往来单位"选择客户类单位，"分析类型"选择应收账款，单击"确定"按钮，如图 8-8 所示。

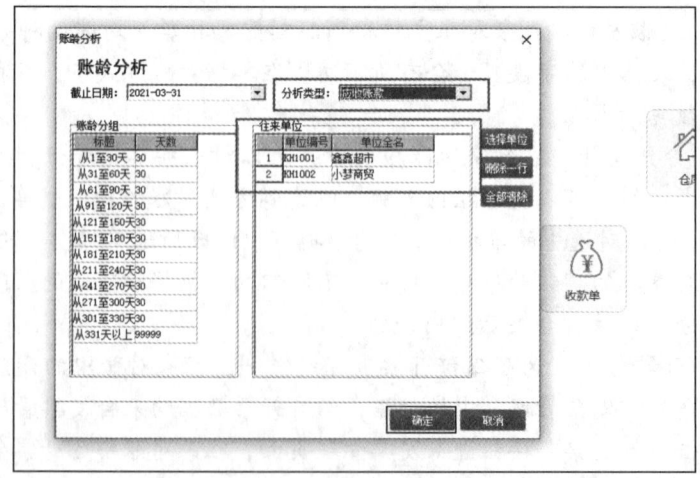

图 8-8

3. 系统显示对应的"账龄分析"查询结果，如图 8-9 所示。

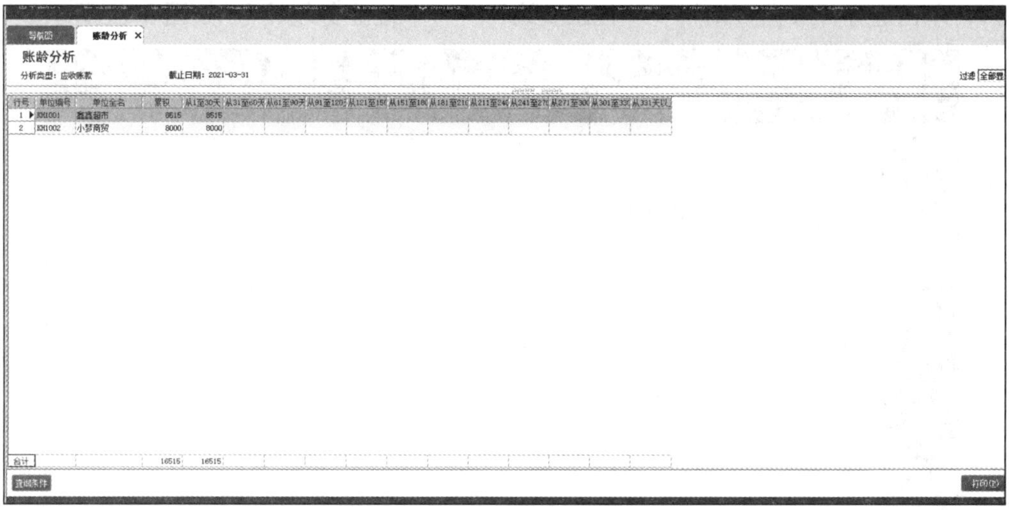

图 8-9

说明
- 账龄分组：对应收款期进行设置时间段，用鼠标单击天数栏，即可修改。
- 分析类型：包括应收账款、应付账款和应收应付。应收账款分析，即分析往来单位欠我方的款项在各时间段内的情况；应付账款分析，即分析我方欠往来单位的款项在各时间段内的情况；应收应付分析，即分析往来单位与我方之间最终在时间段内的应收应付情况。

注意
应收账款分析与销售单上的收款期限无关，是根据应收账款产生的日期来统计的，统计数据包括未到收款日的款项。如果系统配置的是按金额结算，则不能使用账龄分析，账龄分析必须使用按单据结算。

8.5 往来业务统计

往来业务统计是一组综合性的查询报表，指企业以单位、职员、部门或地区的方式对往来业务进行整体统计和分析，包括进货情况、销售情况、回款情况、收入情况、费用情况，以及利润等信息。

8.5.1 单位业务统计

单位业务统计是按往来单位的方式，统计各单位的综合业务，包括进货金额、销售金额、成本金额、利润额、其他收入、费用合计、回款合计和本期创利等信息。

应用实例

辉煌食品有限公司对本月往来业务进行整体分析统计，查看对应客户的销售金额、成本，以及创利各是多少。

操作步骤

1. 单击选择"数据查询"→"往来查询"→"单位业务统计",如图 8-10 所示。

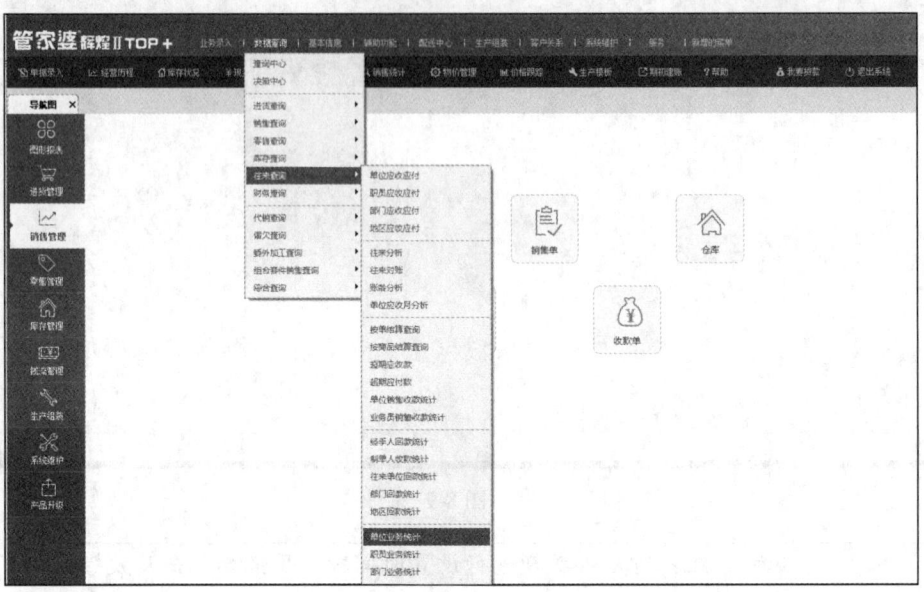

图 8-10

2. 进入"单位业务统计"界面后,选择往来单位中的客户,即可查看对应报表,如图 8-11 所示。

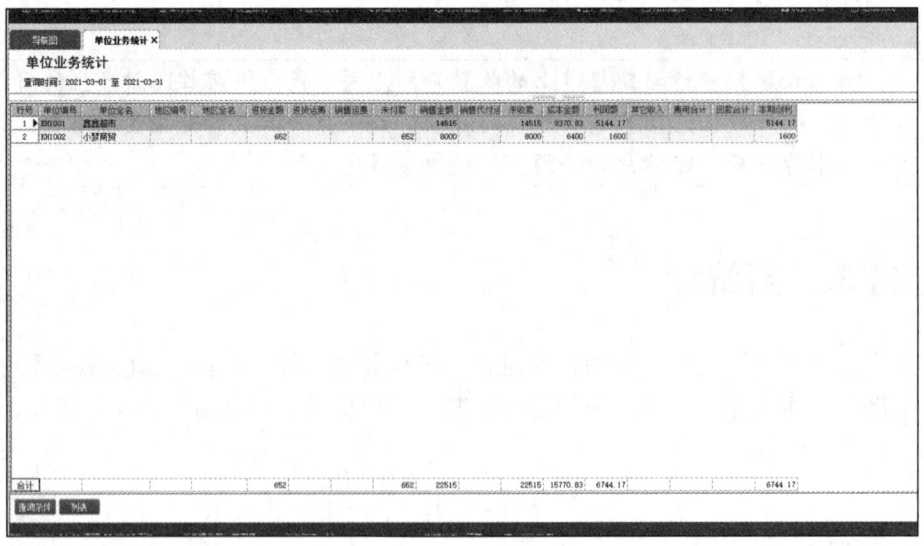

图 8-11

8.5.2 职员/部门/地区业务统计

职员/部门/地区业务统计是分别以职员/部门/地区为统计依据,统计内容与单位业务类似,具体方法可以参考"单位业务统计"小节。

第 9 章 辅助功能

管家婆辉煌版提供了独立的价格管理、生产模板、账外库存管理、提成管理、发票管理和物流配货管理等，使企业能够依据自身的管理需要更加灵活地开展业务。

9.1 价格管理业务

9.1.1 物价管理

物价管理用于修改、查询、维护各商品不同单位的预设售价和自定义价格，也可以用于查询商品的成本、最近进价、毛利和数量。

应用实例

辉煌食品有限公司因为业务调整的需要，决定将康师傅系列饮品每瓶的零售价格上涨0.5 元，由系统管理员小管实施本次调价行为。

操作步骤

1. 进入软件主界面，单击选择"辅助功能"→"物价管理"，如图 9-1 所示。

图 9-1

2. 系统弹出"商品选择"对话框,选择康师傅,单击"选中"按钮,如图 9-2 所示。

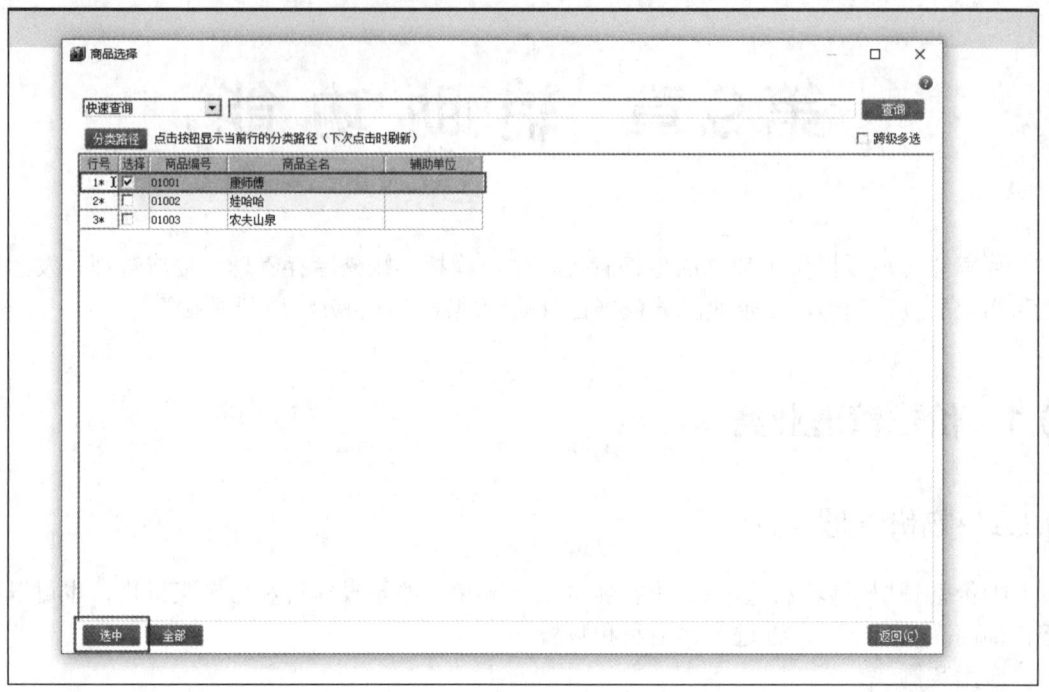

图 9-2

3. 进入"物价管理"界面,系统会显示所选康师傅品牌的饮料,由于公司只调整瓶装饮料的零售价,所以小管单击右上角的"过滤"按钮,选择"只显示基本单位",如图 9-3 所示。

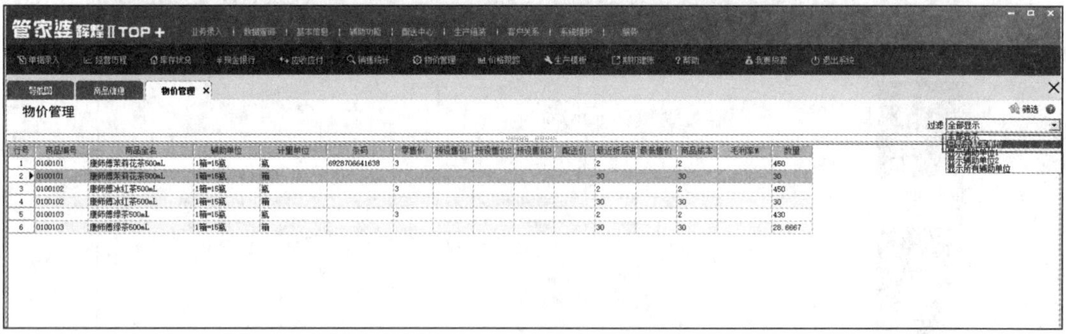

图 9-3

4. 对列表中所有饮料进行批量修改,单击左下角的"物价生成"按钮,弹出"公式设置"对话框,选择零售价加 0.5,如图 9-4 所示。

注意 "物价生成"操作对窗口中所有商品有效,请谨慎操作!而本次操作之后新加入的商品不受影响。

5. 单击"确定"按钮后返回"物价管理"界面,查看当前售价,检查物价是否修改成功，如图 9-5 所示。

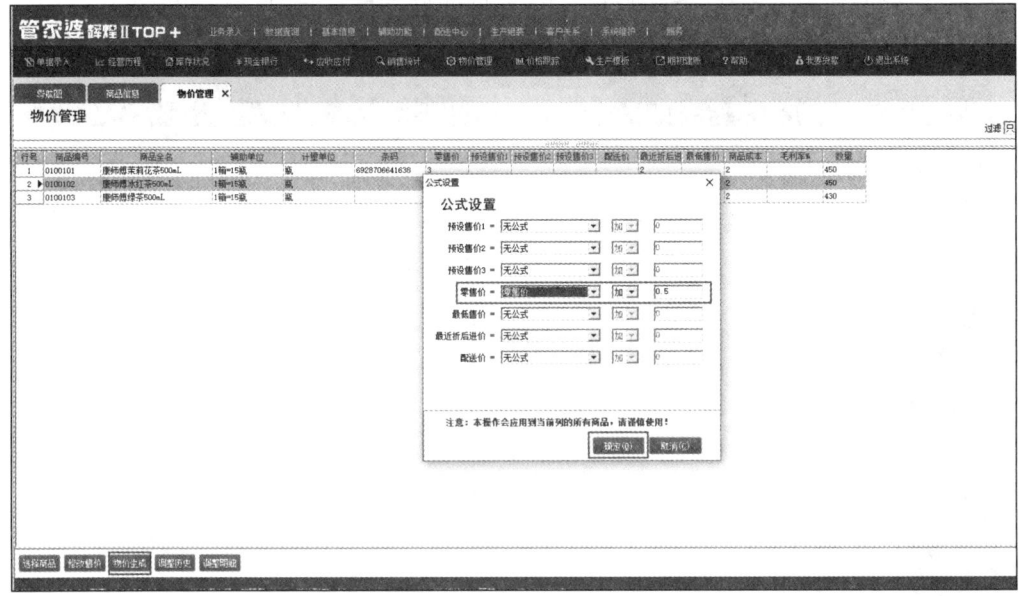

图 9-4

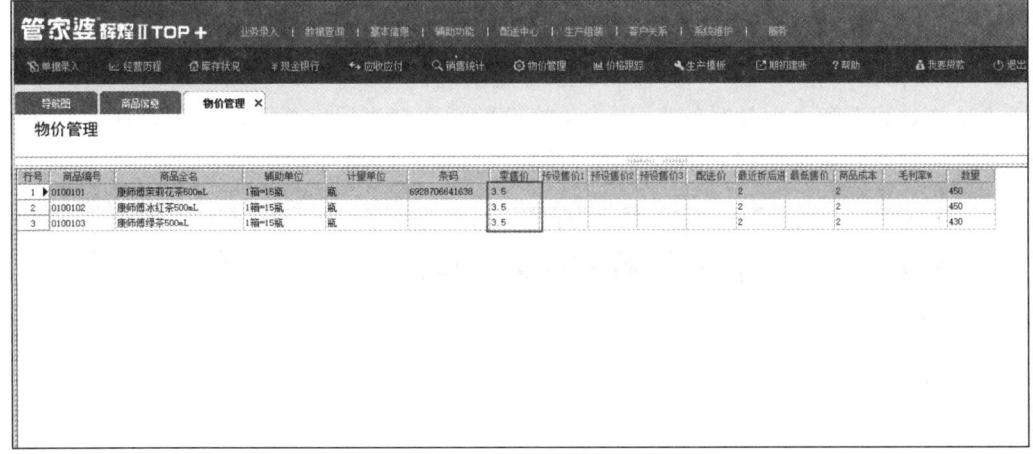

图 9-5

9.1.2 商品调价管理

除了使用物价管理功能调整商品价格外，还可以使用商品调价管理功能实现商品调价。商品调价管理通过单据形式修改、维护各商品的预设售价、零售价和最低售价等信息。

应用实例

辉煌食品有限公司因为业务调整的需要，决定将康师傅系列饮品的零售价格每瓶上涨 0.5 元，由系统管理员小管实施本次调价行为。

操作步骤

1. 在主界面下单击选择"辅助功能"→"商品调价管理",如图 9-6 所示。

图 9-6

2. 系统弹出"条件选择"对话框,小管是系统管理员,"制单人"处选择默认即可,选择"录单时间"和"生效时间"。因为价格调整需要在当日完成,所以小管就将录单时间和生效时间一并设置成当日,然后单击"确定"按钮,如图 9-7 所示。

图 9-7

3. 打开"商品调价管理"界面，显示查询条件内的商品调价单，单击左下角的"新增"按钮，如图 9-8 所示，新建一张商品调价单。

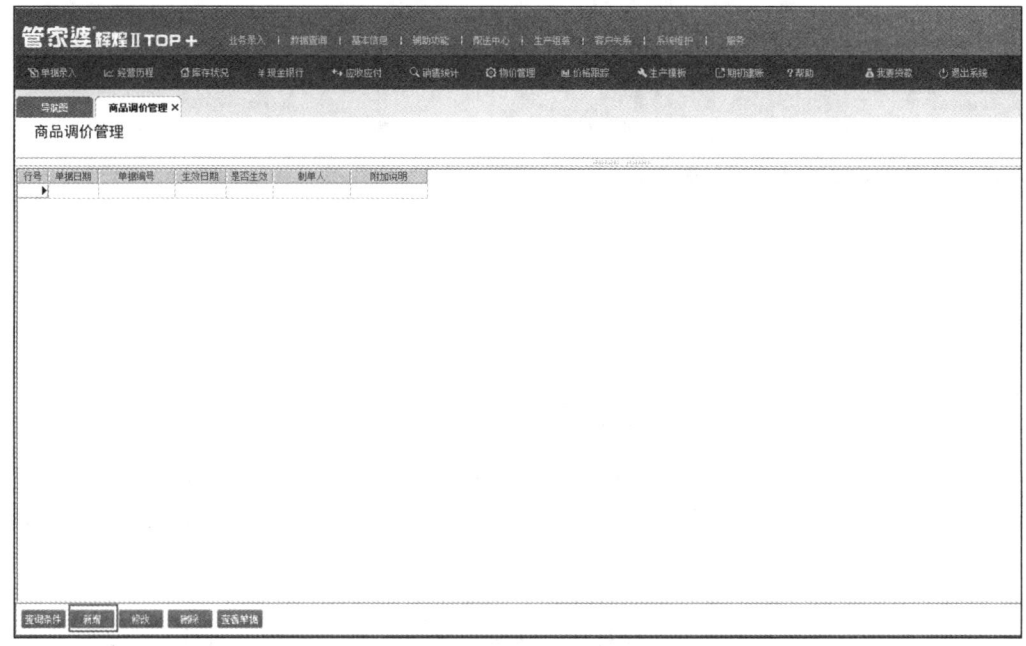

图 9-8

4. 在"商品调价单"界面单击表体中的商品字段添加商品，在"商品选择"对话框中选择饮料分类下的康师傅，单击"选中"按钮，如图 9-9 所示。

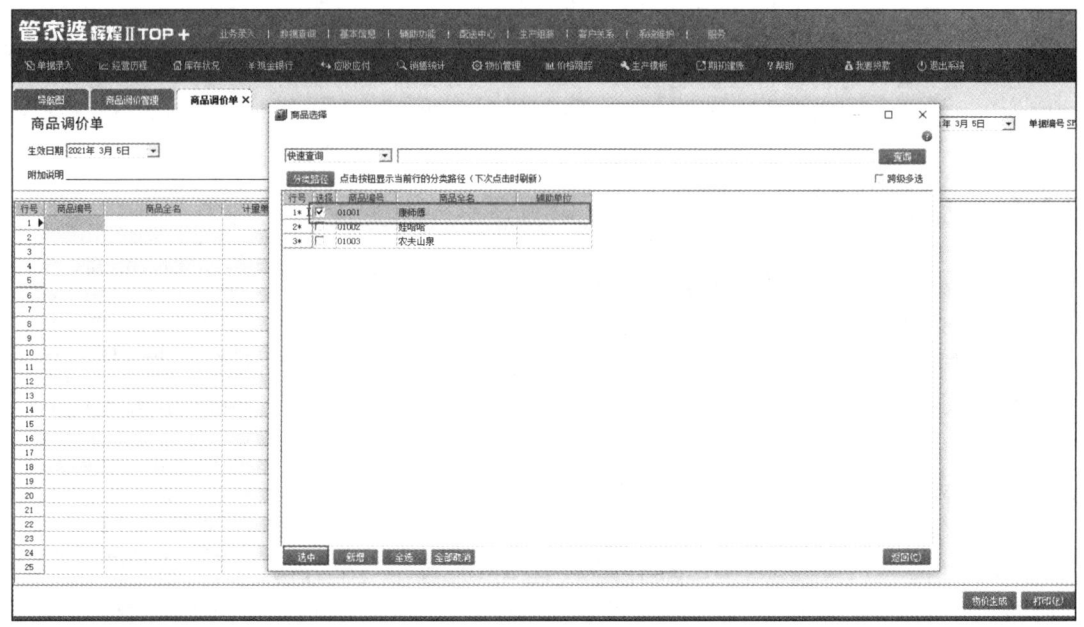

图 9-9

5. 系统会在表体中添加所有康师傅的饮品，选择其中计量单位为"瓶"的单件商品，将其售价修改为"3.5"，然后单击"保存"按钮保存单据，如图 9-10 所示。

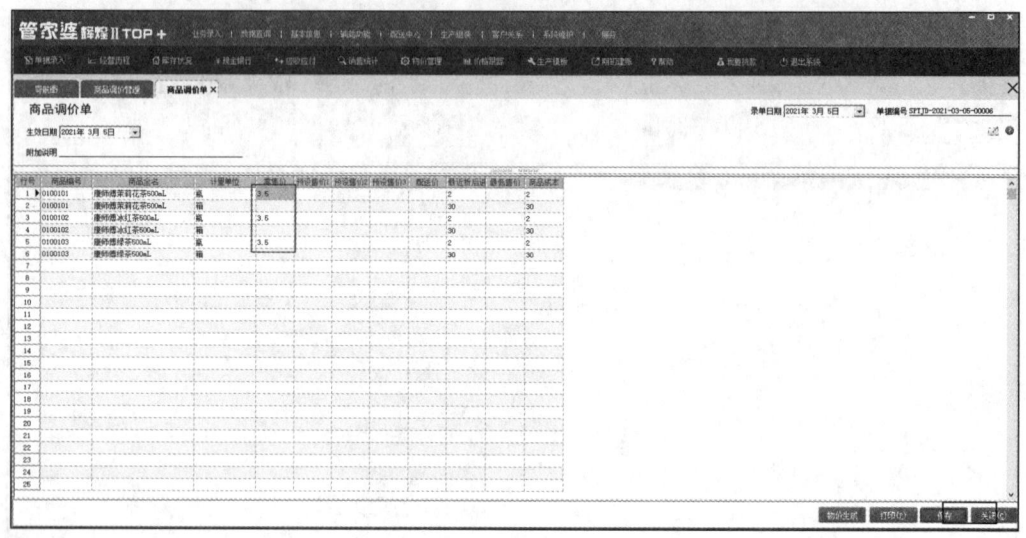

图 9-10

说明 商品调价单导入：如通过 Excel 方式修改价格，则可以通过单击右上角的导入按钮导入文件执行修改。

9.1.3 仓库物价管理

仓库物价管理针对一个或多个仓库设置商品的零售价、预设售价、最低售价、配送价等。

仓库物价管理与物价管理功能类似，操作也与物价管理功能相似，具体可参考"物价管理"小节。

9.1.4 仓库调价管理

仓库调价管理是为了方便企业通过单据形式修改、维护各门店商品的预设售价、零售价、最低售价等信息。

仓库调价管理与商品调价管理功能类似，仓库调价管理主要是针对仓库进行调价管理，仓库调价单对比商品调价单增加了"仓库全名"字段，具体可参考"商品调价管理"小节。

9.1.5 价格折扣跟踪

价格折扣跟踪是指系统自动记忆针对某单位某商品最近一次的折前售价、折前进价、折扣及时间。采用价格折扣跟踪，在录入销售单或进货单时，系统会自动弹出跟踪的价格折扣。

应用实例

小管想要查询最近一次康师傅茉莉花茶 500mL 的进价和售价，以及该商品折扣的跟踪

第 9 章 辅助功能 | 165

信息，按照公司的要求为"小梦商贸"添加该商品的折扣信息，下次开单时可以直接自动带出九八折的折扣信息。

操作步骤

特别提醒：要使用价格折扣跟踪，首先应在"系统维护"→"用户配置"→"录单配置"里，将"客户价格跟踪""客户折扣跟踪"设为允许，具体参考 3.2.3 小节介绍的录单配置。

1. 在主界面下单击选择"辅助功能"→"价格折扣跟踪"，如图 9-11 所示。

图 9-11

2. 在系统弹出的"查询条件"对话框中，"商品全名"处选择康师傅茉莉花茶 500mL，单击"确定"按钮，如图 9-12 所示。

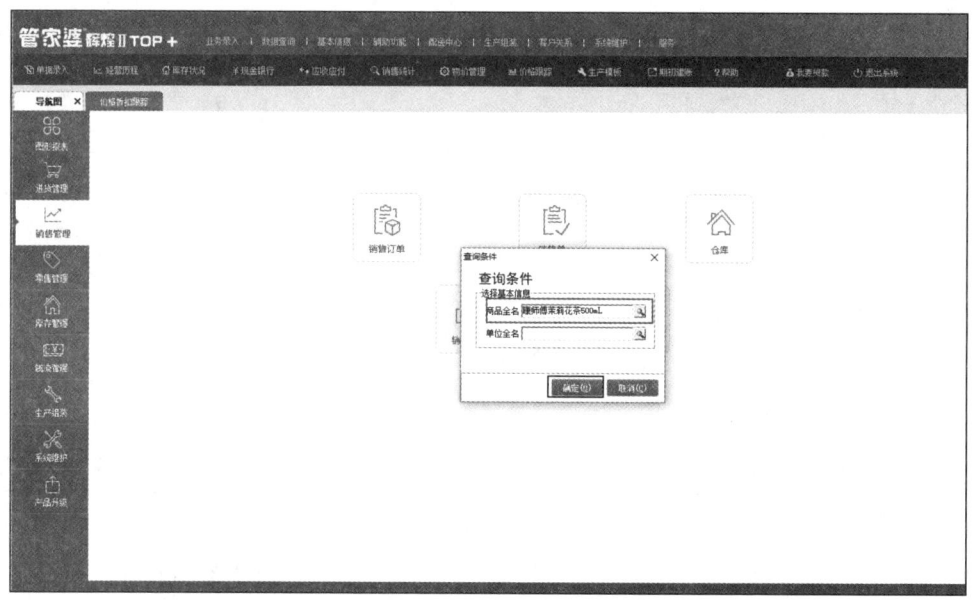

图 9-12

3. 打开"价格折扣跟踪"界面，系统会显示最近一次康师傅茉莉花茶 500mL 的进价、售价，以及折扣信息等，单击左下角的"新增"按钮，如图 9-13 所示。

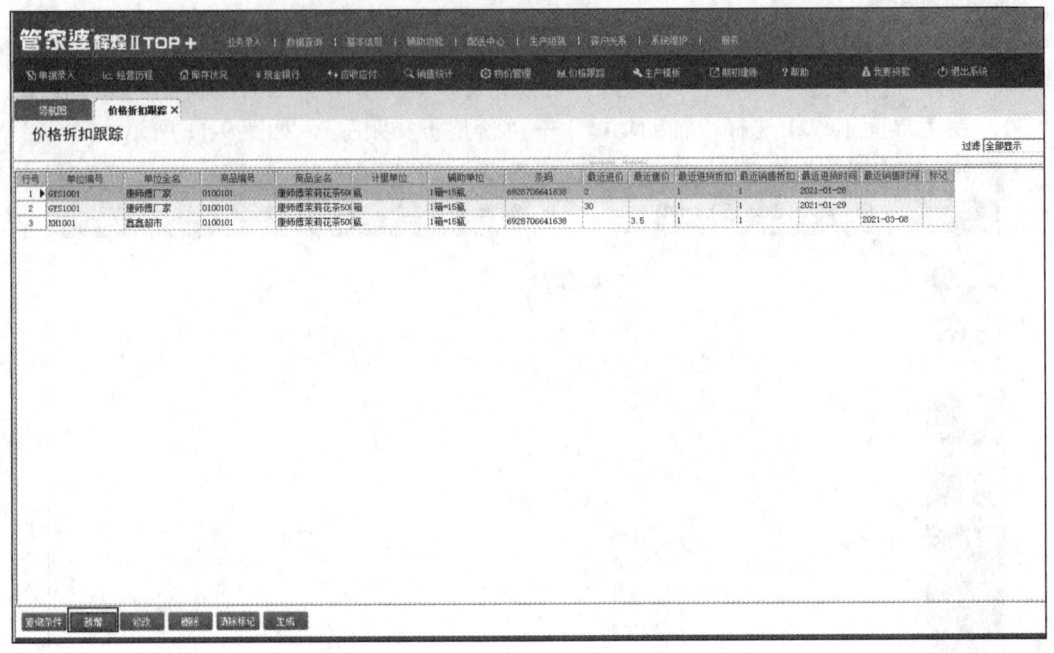

图 9-13

4. 系统弹出"往来单位选择"对话框，选择小梦商贸，单击"选中"按钮，如图 9-14 所示。

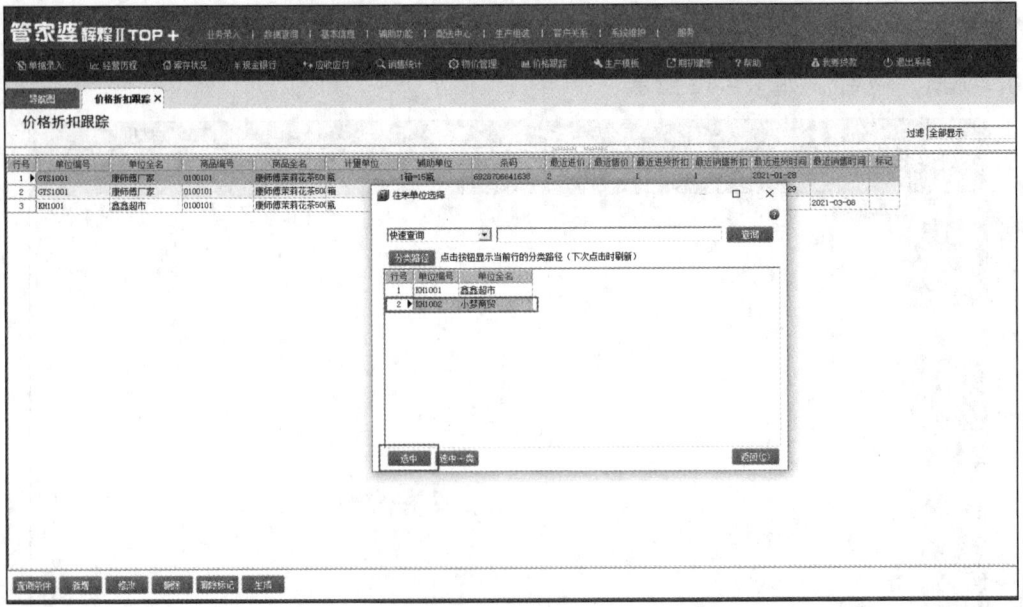

图 9-14

5. 选中后，系统弹出"商品选择"对话框，选择康师傅茉莉花茶 500mL，单击"选中"按钮，如图 9-15 所示。

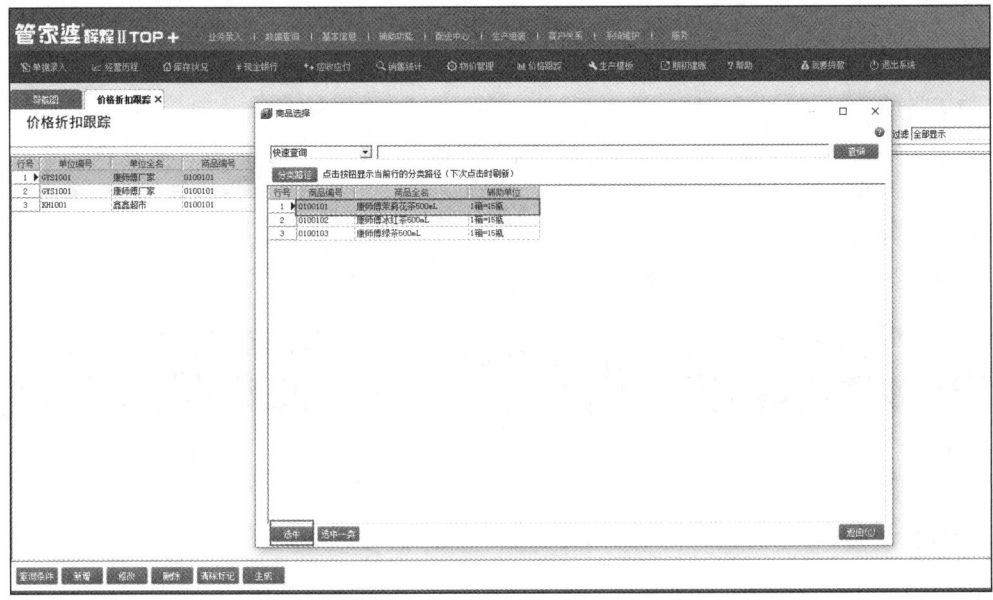

图 9-15

6. 在"价格折扣跟踪"界面，添加小梦商贸的跟踪信息，选择该条信息并单击左下角的"修改"按钮，系统弹出"客户价格跟踪录入"对话框，在"最近销售折扣"处输入折扣 0.98，单击"确定"按钮，如图 9-16 所示。

图 9-16

9.2 生产模板

在"库存管理"中曾介绍过"商品拆装单"，如果经常使用相同内容的商品拆装单，则可以考虑使用生产模板。在实际发生拆装业务时调用生产模板来处理,生成生产组装单草稿。

▮▮ 应用实例

由于公司之前回馈客户的"优惠大礼包"活动大受好评,如继续用拆装单进行维护太过烦琐,公司决定将这款"优惠大礼包"直接登记在生产模板中。

▮▮ 操作步骤

1. 创建生产模板,单击选择"辅助功能"→"生产模板",如图 9-17 所示。

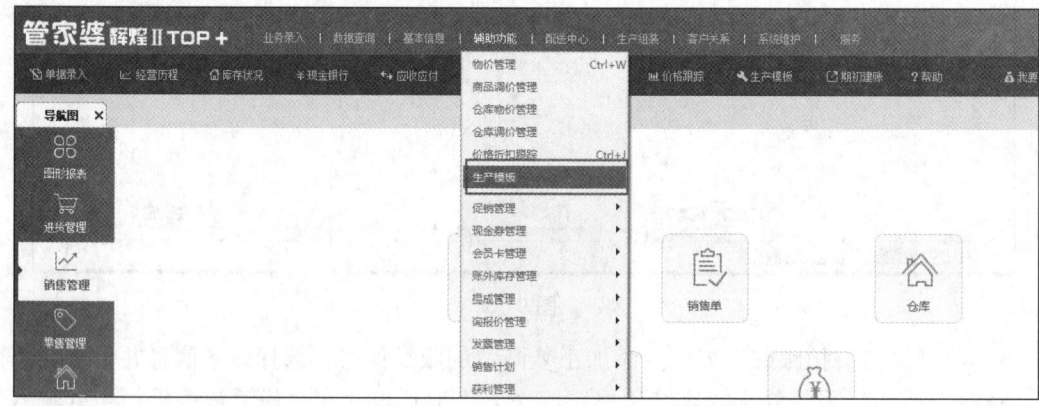

图 9-17

2. 打开"生产模板—配料单"界面,单击"新增"按钮进入配料单,在"模板名称"处录入大礼包,"生产商品"选择之前的优惠大礼包,出入仓库都为总仓;在右侧表体中添加配件商品及添加"配套数量"(单件成品所需要的配件数量):3 个康师傅冰红茶 500mL、2 个 NFC 果汁饮料 300mL、2 个奥利奥巧克棒 460.8g。完成后单击"存盘"按钮,即生成一个生产模板,如图 9-18 所示。

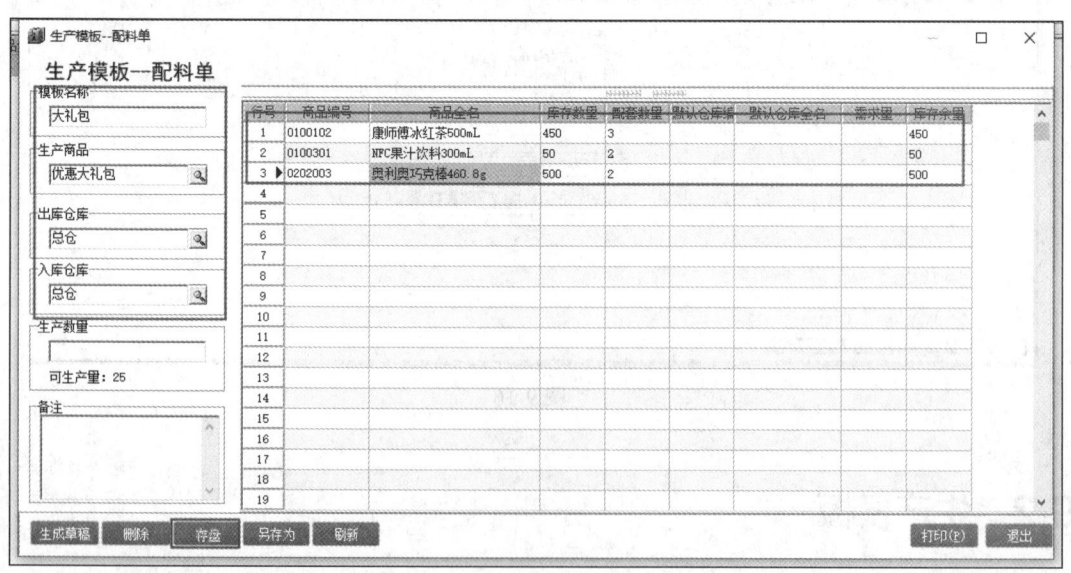

图 9-18

3. 创建完"生产模板"后，单击"生成草稿"按钮，如图 9-19 所示；选择生成组装单还是拆装单，选择完成后，会弹出窗口输入生产数量，单击"确定"按钮，即可生成对应的拆装单据。

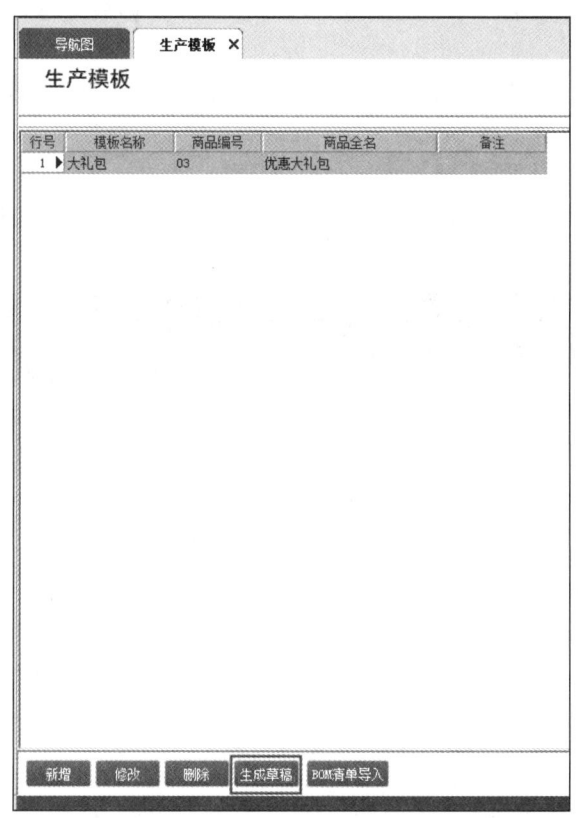

图 9-19

注意 生成草稿功能也可以在配料单阶段使用，打开对应模板的配料单，输入生产数量并选择要生成的对应拆装单，即可生成单据草稿；使用拆装单也可通过单击"生产模板"按钮来调用生产模板填充单据。

9.3 账外库存管理

企业经常遇到需要管理产权不属于企业的资产的情况。比如一家电视机厂商收到用户送来维修的电视机；经销商收到厂家的赠品，这些赠品不能销售，只能赠送给最终客户。这些物品的所有权均不属于企业，也不会纳入企业的账务系统核算，但需要对其进行管理，此时便可以用账外库存业务对其管理。当然，企业也可以使用借进借出和赠送获赠业务来处理，但用这些业务单据处理，过账后将影响库存和财务数据。

账外库存业务也叫代收代付业务，与其他的数据没有任何关联，只是借用系统中的基本信息。无论什么样的代收代付业务，均不会改变系统中的其他数据。

9.3.1 账外库存业务类型

一般的账外库存业务包括借进、借出和维修,统一建立在"账外库存业务类型"下,可将每种业务类型看作一个仓库,使用账外库存出入库单据对其进行管理。

应用实例

辉煌食品有限公司需要在账外库存业务类型中建立"赠品"类型,用于处理供应商提供给终端客户的赠品业务。

操作步骤

1. 在主界面单击选择"辅助功能"→"账外库存管理"→"账外库存业务类型",如图 9-20 所示。

图 9-20

2. 打开"账外库存业务类型"界面,单击"空白新增"按钮,弹出"账外库存业务类型"对话框,输入"账外库存类型名称"为赠品,单击"确定"按钮,完成账外库存业务类型创建,如图 9-21 所示。

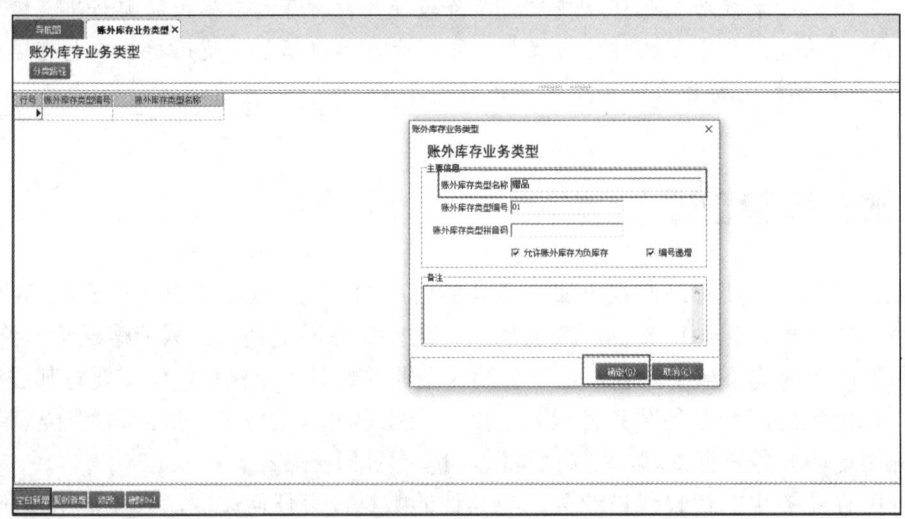

图 9-21

9.3.2 账外库存单据

账外库存业务提供两种单据：账外入库单和账外出库单。入库单用来处理某类业务库存的增加，出库单用来处理某类业务库存的减少。

1．账外入库单

■ 应用实例

辉煌食品有限公司收到娃哈哈厂家的赠品 20 瓶元气苏打水 350mL，使用账外入库单处理。

■ 操作步骤

（1）在主界面单击选择"辅助功能"→"账外库存管理"→"账外入库单"，如图 9-22 所示。

图 9-22

（2）打开"账外入库单"界面，在"发货单位"处选择娃哈哈厂家，选择商品为元气苏打水 350mL，录入数量 20，单击右下角"保存单据"按钮，完成账外库存入库，如图 9-23 所示。

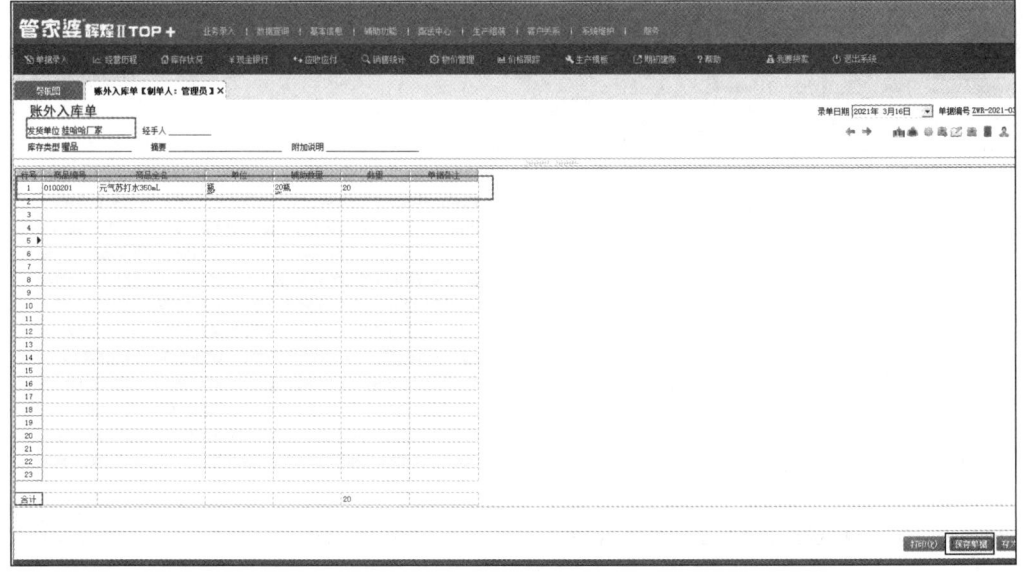

图 9-23

> **注意** 单据过账后，财务数据和库存不发生任何影响，账外库存出库亦如此。

2. 账外出库单

应用实例

销售娃哈哈商品时，辉煌食品有限公司需将之前厂家提供的赠品赠送给客户，赠送赠品的业务将通过"账外出库单"处理。

操作步骤

（1）在主界面单击选择"辅助功能"→"账外库存管理"→"账外出库单"，如图9-24所示。

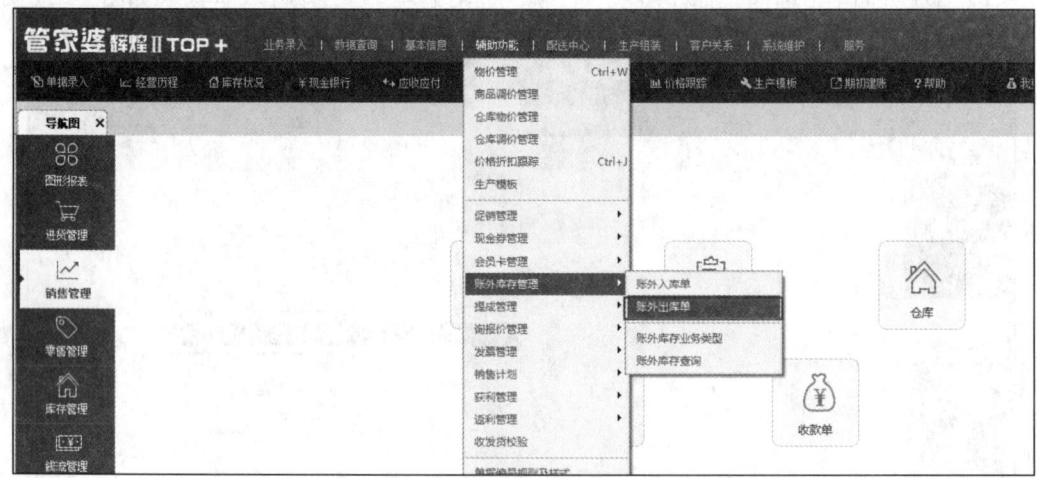

图 9-24

（2）与入库单类似，选择好"收货单位"，在单据中选择商品为之前的20瓶元气苏打水350mL赠品，单击"保存单据"按钮将赠品送出，如图9-25所示。

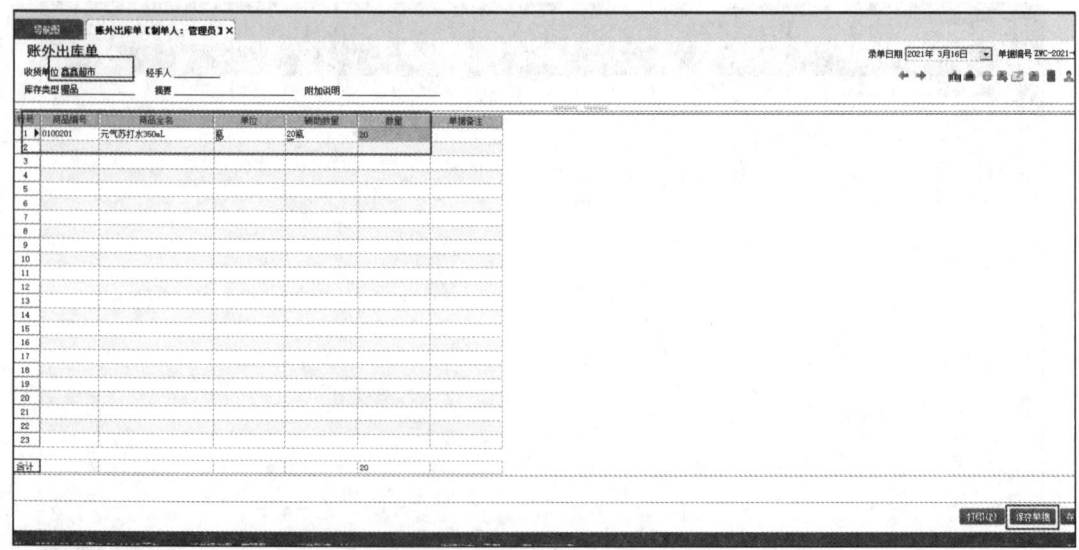

图 9-25

9.3.3 账外库存查询

通过账外库存查询可以了解企业账外库存的情况。在查询界面可选择具体要查询的单位；不选择时则为全部单位，在"类型选择"窗口可以选择所有登记在账外库存中的类型，并可通过"明细账本"查看原始账外出入库单据。

应用实例

仓库员小王现在想去查询一下公司"赠品"的库存还剩多少。

操作步骤

在主界面单击选择"辅助功能"→"账外库存管理"→"账外库存查询"，系统进入"账外库存查询"界面，类型选择为"赠品"，即可查看"赠品"的账外库存数量，如图 9-26 和图 9-27 所示。

图 9-26

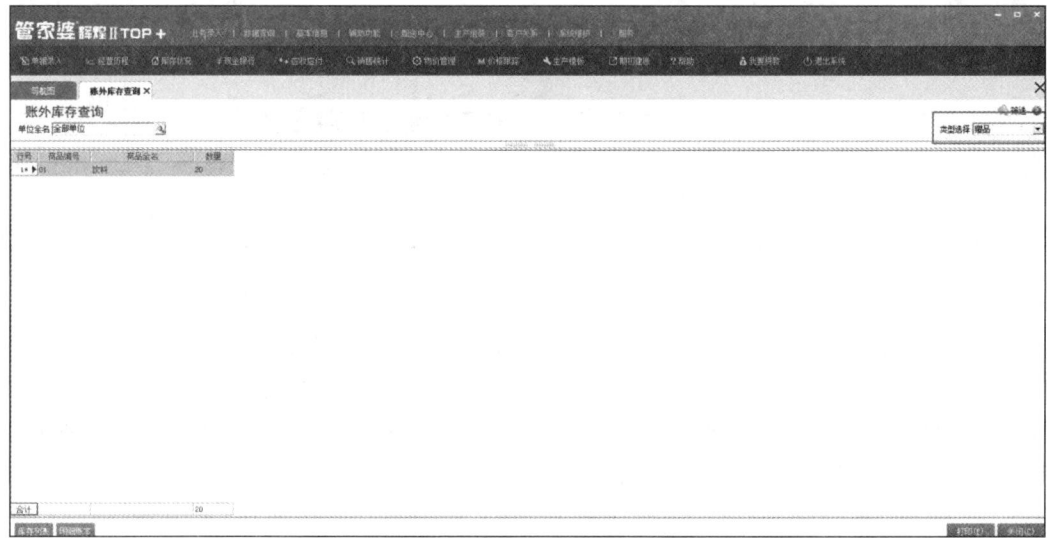

图 9-27

9.4 提成管理

统计销售提成的方法如下所述。

1. 在"辅助功能"→"提成管理"→"提成方案管理"中设置提成方案。
2. 在商品基本信息及职员基本信息中设置提成方案。
3. 在业绩分配中,通过按单分配或按照商品分配对销售业绩进行分配。
4. 在"辅助功能"→"提成管理"→"商品销售提成统计"和"职员销售提成统计"两张报表中查询相应的提成金额及明细。

9.4.1 提成方案管理

管家婆辉煌版提供了商品销售提成和职员销售提成两种提成方式。商品销售提成指根据单个商品的销售来计算提成;职员销售提成指根据职员在指定时间段内的销售总金额计算提成。

▌应用实例

辉煌食品有限公司制订了一套销售提成计划,小管将协助老板创建提成方案。

▌操作步骤

1. 在主界面单击选择"辅助功能"→"提成管理"→"提成方案管理",如图 9-28 所示。

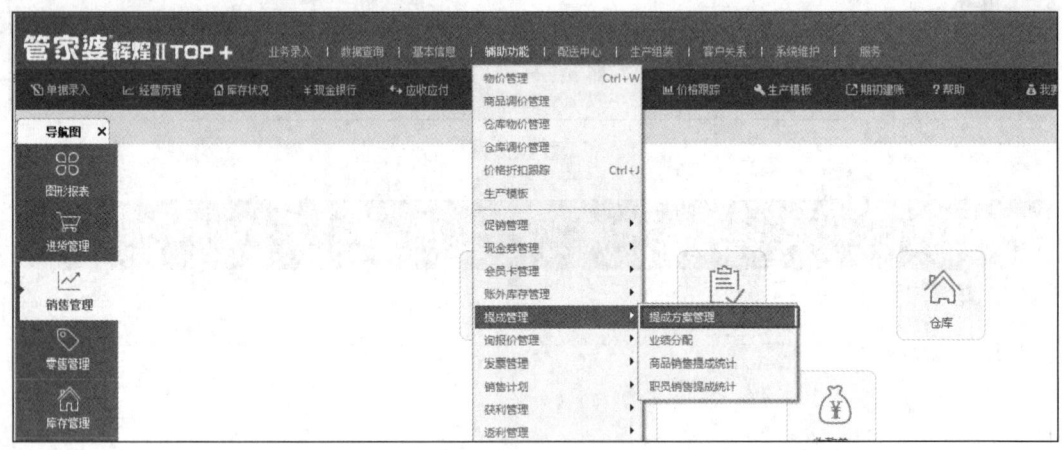

图 9-28

2. 进入"提成方案管理"界面,单击"新增"按钮弹出"提成方案"对话框,将"提成名称"设置为销售提成,"提成类型选择"为按职员销售金额提成,"有效日期"为本年,"提成方案设置"为:200～1000 元按 5%提成,1000～2000 元按 10%提成;"适用职员"选择为公司的销售人员。单击"保存"按钮,如图 9-29 和图 9-30 所示。

注意 提成类型不同,单据表体的字段也会不同。

第 9 章 辅助功能

图 9-29

图 9-30

9.4.2 业绩分配

公司业务运行中,为促进业绩提升,避免内部恶性竞争,会鼓励销售人员协同打单,此时可以使用业绩分配功能。

应用实例

辉煌食品有限公司需要对之前的单据为两位销售人员分配业绩,通过业绩分配功能实现按照销售单分配业绩。

操作步骤

1. 在主界面单击选择"辅助功能"→"提成管理"→"业绩分配",在弹出的"查询条件"对话框中选择"未分配"状态的销售单,单击"确定"按钮,如图 9-31 所示。

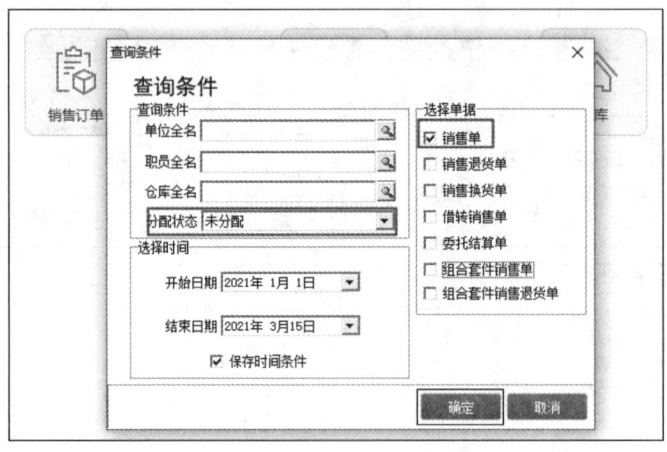

图 9-31

2. 进入"业绩分配"界面,选中待分配的单据,单击"业绩分配"按钮(系统提供两种分配方式,按单分配和按商品分配,这里采用按单分配的方式),系统会弹出"业绩分配"对话框,在表体中选择添加两位销售人员,分配比率分别为60%与40%,系统会自动计算出分配的销售数量、金额,以及毛利。分配完成后单击"确定"按钮即可,如图 9-32 所示。

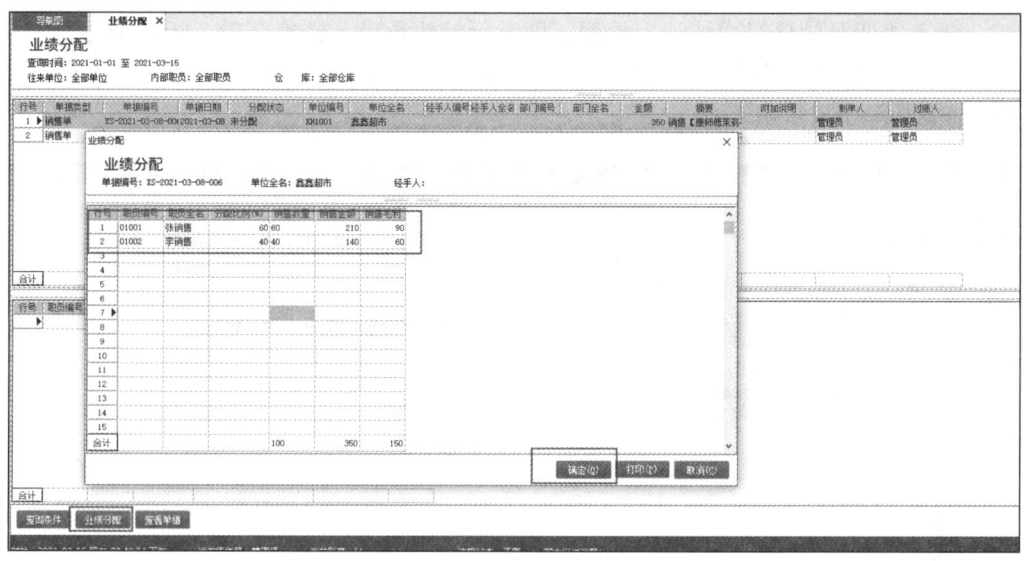

图 9-32

9.4.3 销售提成统计

管家婆辉煌版提供了两种类型的销售提成统计：商品销售提成统计和职员销售提成统计。

1. 商品销售提成统计统计的是按职员销售单品的数量或金额提成的和。设置了提成方案的商品均会按经手人的销售情况，统计职员的提成信息。

2. 职员销售提成统计通过各职员总的销售金额或回款金额计算提成信息。设置了提成方案的职员均会按经手人的销售情况，统计职员的提成信息。

应用实例

在设置了公司的销售提成计划后，辉煌食品有限公司需要掌握几位销售的提成统计情况。

操作步骤

1. 在主界面单击选择"辅助功能"→"提成管理"→"职员销售提成统计"，如图 9-33 所示。

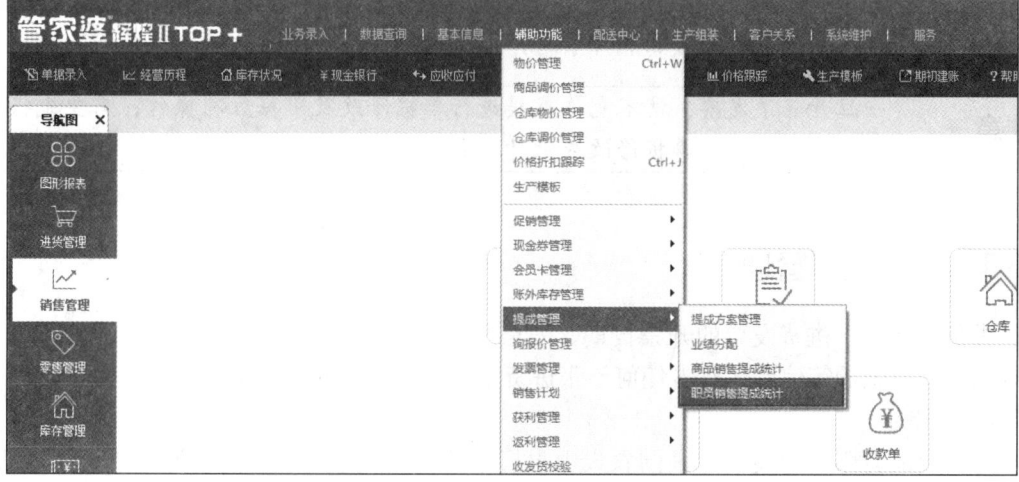

图 9-33

2. 进入"职员销售提成统计"界面，即显示销售数量、销售金额、折后金额、价税合计、成本金额、销售毛利及提成金额等信息，单击"提成明细"按钮可以显示所选职员的提成明细情况，如图 9-34 所示。

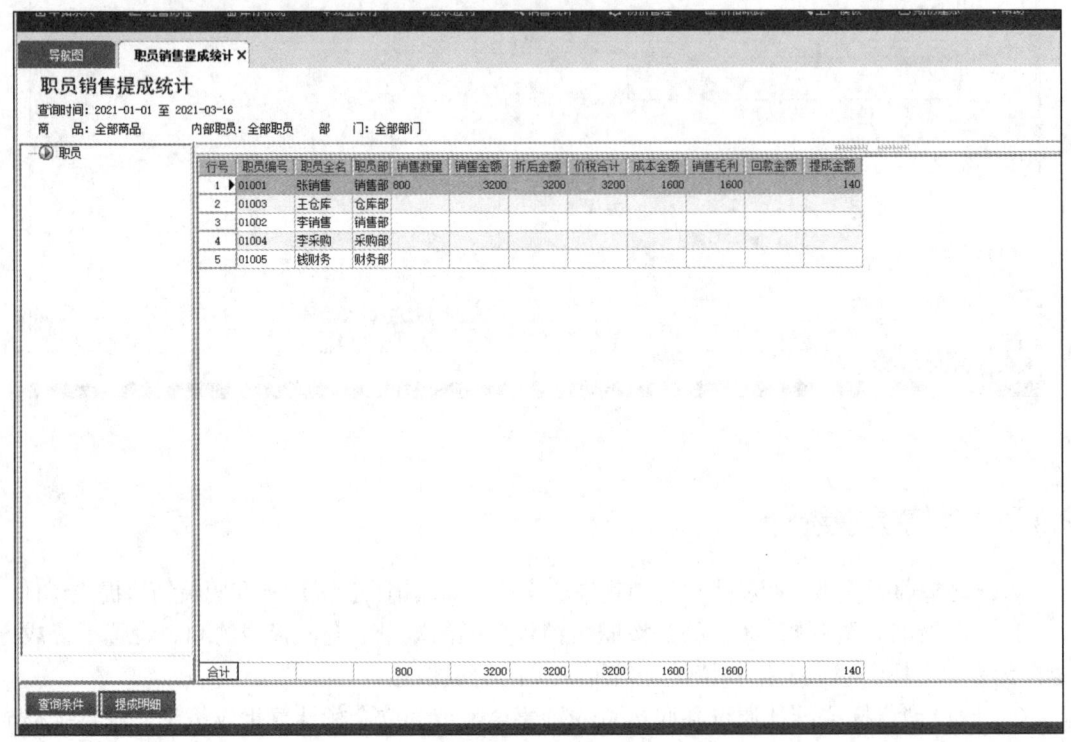

图 9-34

9.5 发票管理

在发票管理中可以按单或按商品开具发票，每张单据只能使用一种开票方式。按单开票时，可同时开具多张单据；按商品开票时，可以选择按部分商品数量开票。

注意 一旦开具了发票，就不允许直接进行单据修改及单据红冲操作；需要先将所开发票删除后，再做单据修改或红冲操作。

9.5.1 进货发票管理

进货发票显示进货发票的开票日期、发票号、发票类型、单位编号名称、开票人、开票方式和开票金额等信息。双击任何一张进货发票均可显示原始业务单据。

应用实例

辉煌食品有限公司现需开具同农夫山泉厂家的进货发票，钱财务将通过"进货发票管理"功能来处理进货业务的发票管理工作。

第 9 章 辅助功能

■■ 操作步骤

1. 在主界面单击选择"辅助功能"→"发票管理"→"进货发票管理",如图 9-35 所示。

图 9-35

2. 进入"进货发票管理"界面,即可执行查询、新增,以及删除操作,单击左下角的"新增"按钮,如图 9-36 所示。

9-36

3. 进入"进货发票"界面,"开票单位"录入农夫山泉厂家,输入"发票号",表体中就可以选择对应往来单位的单据,选中对应进货单,输入"开票金额"2500,单击右下角"保存单据"按钮即可完成开票,如图9-37所示。

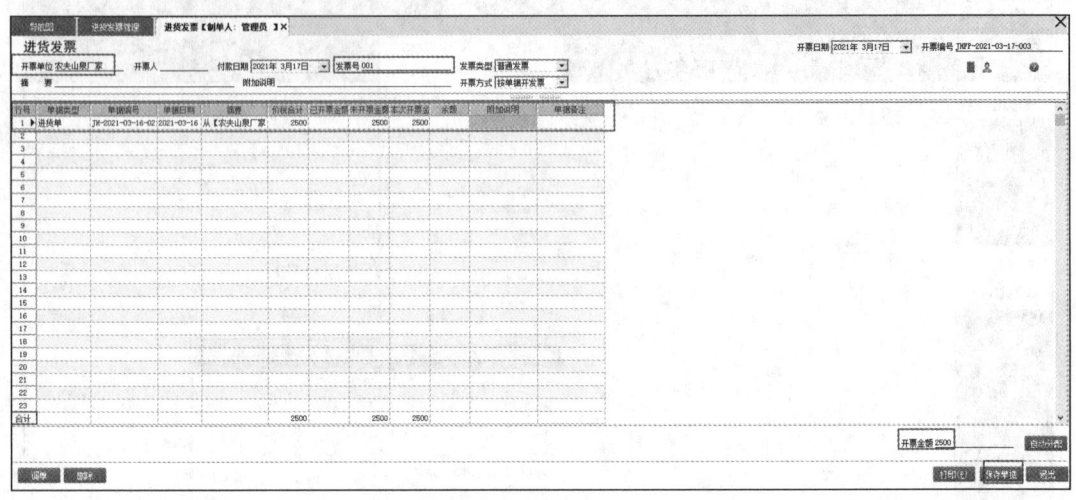

图 9-37

说明

- 调单:选择了开票单位后,单击"调单"按钮,系统罗列出本开票单位相关的所有进货类未开票单据,以及包含的所有商品列(根据开票方式)供开单人选取。
- 发票类型:系统提供普通发票、增值税发票、其他3种发票类型。
- 开票方式:可选择"按单据开发票""按单据商品开票"或"按商品开发票"3种。前两种开票方式对应的单据样式不同,用户可以根据单据开票。按单据开票方式下,可以一次选择多张单据,也可以根据单据商品进行开票。如果选择按单据商品开票,调单时,将详细罗列出单据中的所有商品项目供开票人勾选。按商品开票方式下,可以选择多张单据的同一商品或不同商品开票。使用多张单据开票时,需要多次使用调单功能。系统默认为按单据开发票的格式。当对所选往来单位使用了某一种开票方式后,下次进入时,将默认采用上一次的开票方式,默认信息跟踪到不同的往来单位。一张单据只能选择一种开票方式。对已经录入了内容的进货开票单将不能更换开票方式,否则系统将提示"请删除单据内容后,再更换开票方式"。按商品开票是以商品为主维度,与单据无关,此情况应用于开票单位与单据单位不同的情况,可以将票开给其他单位,此开票方式不做严格限制,不区分商品属性。
- 自动分配:用户有两种输入开票金额的方式,一种是直接在票据行中的"本次开票金额"中输入,另一种是在发票界面右下方的"开票金额"中输入总金额后,单击"自动分配"按钮。单击后,系统会按开票金额、按单据显示顺序,由上到下默认分配开票金额到本次开票金额上;按商品开票方式,则分配到本次开票数量上。此功能多应用在根据余额合计进行开票金额填写,即不留余额的开票情况。

9.5.2 销售发票管理

销售发票管理显示销售发票的开票日期、发票号、发票类型、单位编号名称、开票人、开票方式、开票金额等信息。双击任何一张进货发票后，都可显示其对应的原始业务单据。

销售发票管理操作方法与进货发票管理操作方法相同，可参考进货发票管理小节。

9.5.3 开票情况查询

开票情况查询可查询所有的进货和销售单据是否开票、开票方式及开票金额等数据。

管家婆辉煌版提供两种查询方式。

1．按单开票明细：在某行开票方式为"按单开票"时，单击"开票明细"按钮可以看到本行数据的对应单据开票明细。

2．单据商品开票明细：在某行开票方式为"按商品开票"时，单击"开票明细"按钮可以看到行列数据的对应商品开票明细。

应用实例

钱财务现在需要查询一下当前公司的开票情况，共开票了多少金额，还有多少金额未开票。

操作步骤

1．在主界面单击选择"辅助功能"→"发票管理"→"开票情况查询"，如图 9-38 所示。

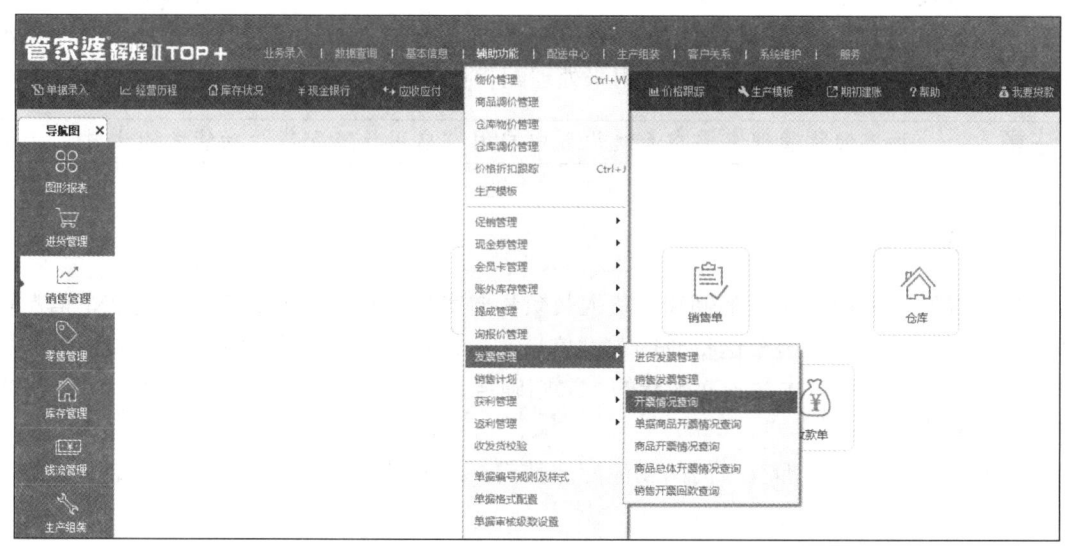

图 9-38

2．单击后，通过"查询条件"对话框进入"开票情况查询"界面，可查询目前已开票的金额和未开票的金额，单击左下角"按单开票明细"按钮即可查询单据开票明细，如图 9-39 所示。

图 9-39

9.6 物流配货管理

从事批发的企业，尤其面向超市送货的企业，往往在客户购买了商品以后，需要为客户配货、送货。究竟该对哪些单据和商品实施配货、哪些单据是已经配送过的、哪些还没有配送过……物流配货管理模块便是用来处理配货业务的。

> **注意**　物流配货管理需要在系统设置中启用"启用物流配货"功能才能生效。

9.6.1 装车信息

很多商家有专门的配送车辆和送货人员负责向客户送货。管家婆辉煌版的装车信息可以记录车辆、装车人等装车送货时的关键信息，一则根据关键信息确定本次配货内容，比如哪些客户的货是可以本次一次配货的；二则确定了关键责任人，让权责分明。

应用实例

辉煌食品有限公司拥有专门的物流配送部门，现要录入物流信息，小管将通过"装车信息"功能登记公司的物流线路信息。

操作步骤

1. 在主界面单击选择"辅助功能"→"物流配货管理"→"装车信息"，如图 9-40 所示。
2. 进入"装车信息"界面，单击左下角"空白新增"按钮，弹出"装车信息"对话框，录入"装车全名""默认配货人"及"车牌号"，单击"确定"按钮即可完成录入，如图 9-41 所示。

图 9-40

图 9-41

9.6.2 物流配货单

为客户配货时,往往不会一次只配一个客户、一张单据,而是根据送货的路线、客户所在的位置等多种因素,一次批量配货多个客户、多张单据。物流配货单,则是记录每次配货信息,并将本次配货汇总到仓库批量拣货出库。

应用实例

辉煌食品有限公司设置了物流配送线路,本次通过物流配货单将鑫鑫超市所订购的货物配送过去。

■■ **操作步骤**

1. 在主界面单击选择"辅助功能"→"物流配货管理"→"物流配货单",如图9-42所示。

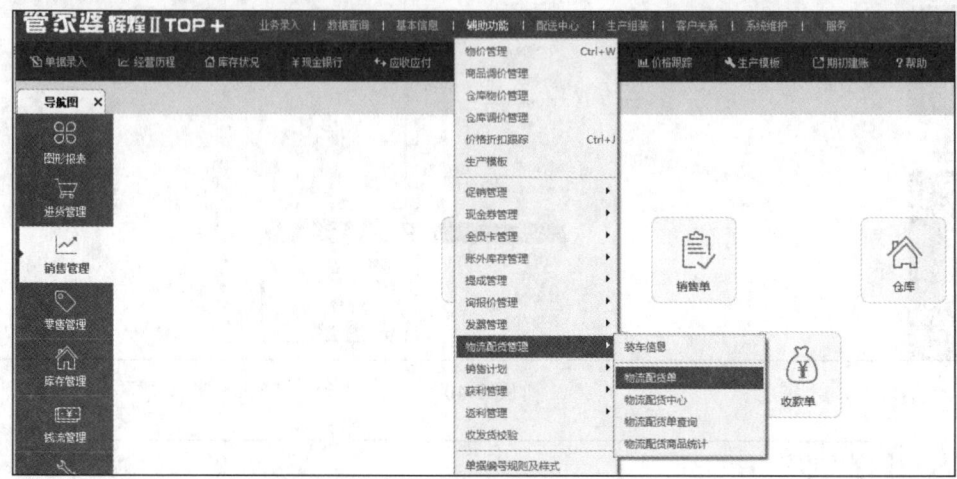

图 9-42

2. 在"物流配货单"界面,"装车信息"选择线路1,自动带出"配货人",在上表体中选择单据,选择鑫鑫超市的几张单据,下表体就会带出对应单据的商品信息,单击表体上的"配货汇总"按钮可以查看所有需要配送的商品信息,方便仓管人员拣货配货,录入完成后单击"保存单据"按钮,如图9-43所示。

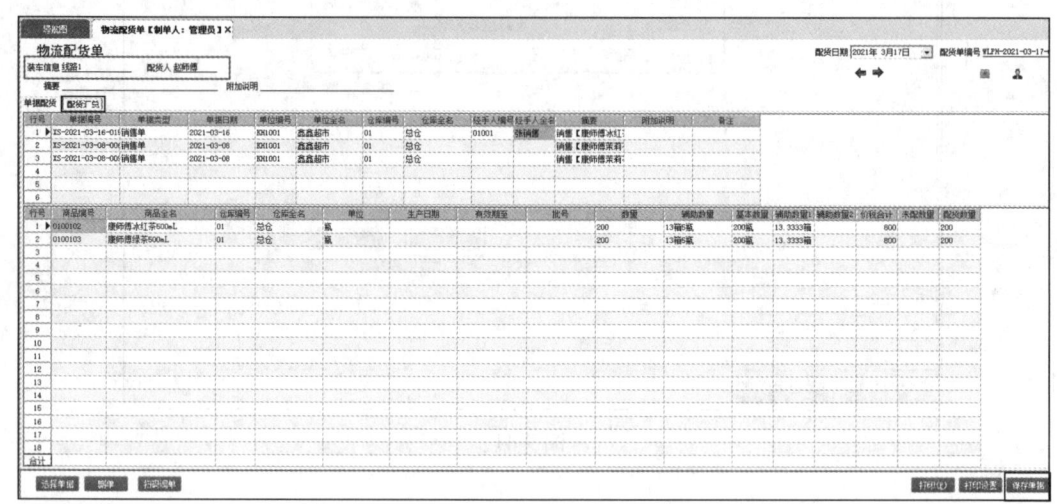

图 9-43

9.6.3 物流配货中心

在物流配货中心,将需要配货的单据及已经配货的单据汇集在一起,一则可以查询已配货和待配货单据的信息;二则可以按照条件将需要一次配货的单据过滤出来批量配货。

■■ **应用实例**

公司现在想要了解当前配送货物的情况,如哪些单据已配货、哪些尚未配货。

第 9 章 辅助功能

操作步骤

1. 单击选择"辅助功能"→"物流配货管理"→"物流配货中心",如图 9-44 所示。

图 9-44

2. 进入"物流配货中心"界面,单击选择右上角的"经营历程","配货状态"选为全部显示,系统显示出筛选范围内所有单据的配货状态,未配货单据可以在选择框进行勾选,然后单击左下角"批量配货"按钮进行配货,如图 9-45 所示。

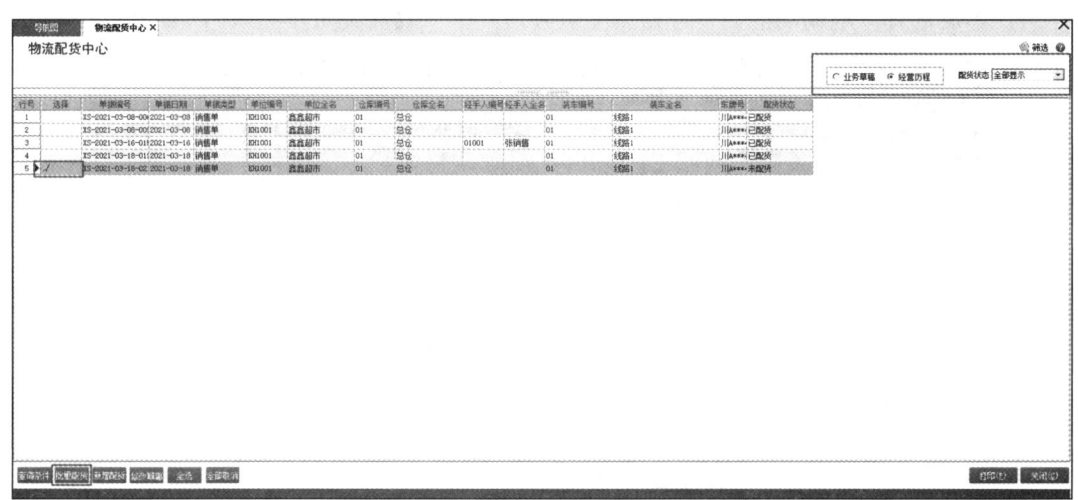

图 9-45

说明

- 业务草稿/经营历程:企业根据自己的管理流程,选择是在草稿单环节配货还是单据过账后配货,过账后配货则选择"经营历程"。一张单据只能在一种状态中配货。

- 配货状态:根据单据有没有进行配货、是否配货完成分为未配货、配货中和已配货 3 种状态。根据不同的查询需求,此处还提供全部显示、未配货和配货中等组合状态过滤。

- 选择：单击此单元格可以选中当前行或取消当前行的选择状态。此处选中的单据即"批量配货"的目标单据。
- 装车编号、装车全名、车牌号等：取单据中对应的装车信息。
- 查询条件：提供装车信息、单位全名、仓库、地区及时间等条件，企业可以从多个角度去过滤目标数据，并进行批量处理。
- 批量配货：当选中多张单据时，根据此操作可以将选中的单据批量推送，生成一张配货单。
- 新增配货：将会新开一张空白的配货单。
- 修改草稿：当前单据为草稿时，此处根据单据的配货信息，可快速调出需要修改的草稿单据界面。

9.6.4　物流配货单查询

物流配货单查询主要是查询历史配货情况，并在此处修改或删除配货信息发生变化的单据。

应用实例

公司想要查看线路 1 对应的配送单，核验配送情况，小管将通过物流配货单查询来检索线路 1 的所有配送单。

操作步骤

1. 单击选择"辅助功能"→"物流配货管理"→"物流配货单查询"，如图 9-46 所示。

图 9-46

2. 在"查询条件"对话框中将"装车信息"选择为线路 1 后单击"确定"按钮，进入"物流配货单查询"界面，系统显示符合查询条件内所有线路 1 的配送单，如图 9-47 所示。

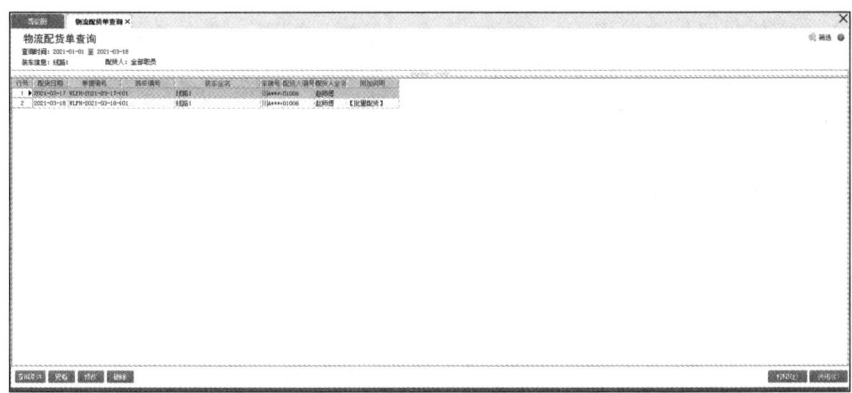

图 9-47

9.7 销售计划

销售计划的主要功能包括制订计划和计划完成程度的匹配分析。

9.7.1 销售时段划分

根据时间长短的不同，销售计划可分为月度销售计划、季度销售计划、半年销售计划等，也可以自定义时间段。

应用实例

辉煌食品有限公司正在制订销售计划，经讨论后决定实行按季度考核分析。

操作步骤

1. 单击选择"辅助功能"→"销售计划"→"销售时段划分"，如图 9-48 所示。

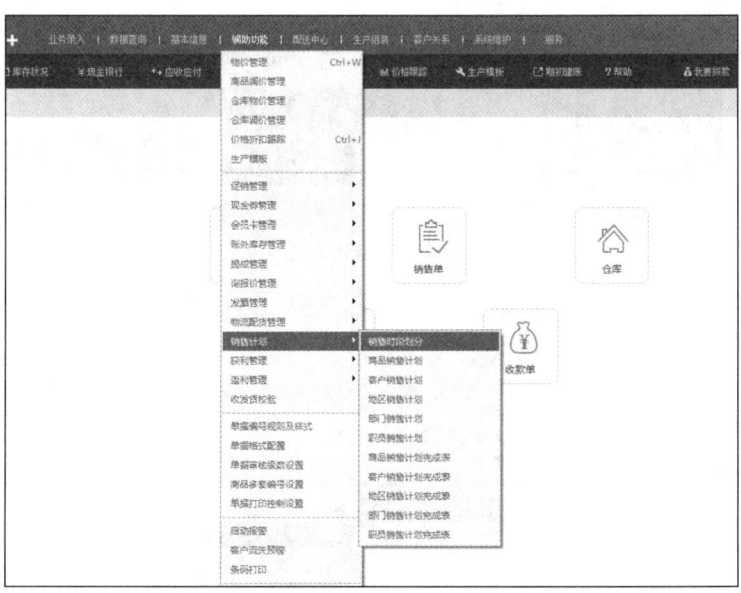

图 9-48

2．进入"销售时段划分"界面，单击左下角"新增"按钮，弹出"销售时段划分"对话框，单击"快速生成"按钮，选择"按季度生成"，生成后单击"确定"按钮即可，如图9-49所示。

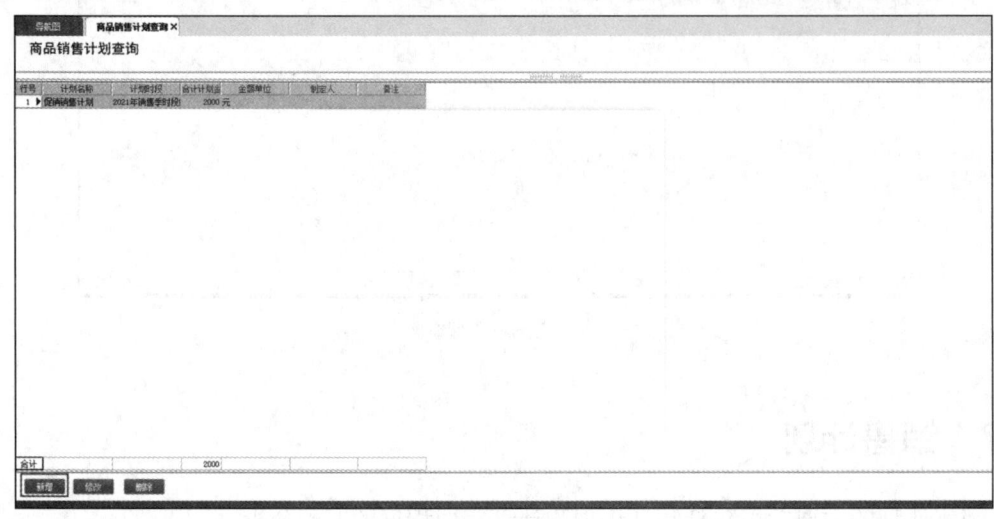

图 9-49

9.7.2 销售计划

销售计划又分为商品销售计划、客户销售计划、地区销售计划、部门销售计划和职员销售计划。

应用实例

辉煌食品有限公司制订了一份"优惠大礼包"的季度促销计划，本次销售计划的制订将通过商品销售计划功能完成。

操作步骤

1．单击选择"辅助功能"→"销售计划"→"商品销售计划"，如图9-50所示。

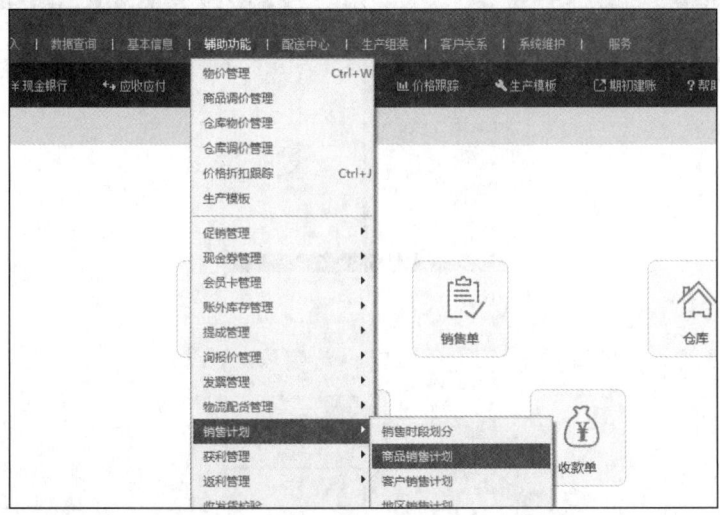

图 9-50

2．打开"商品销售计划查询"界面，单击左下角"新增"按钮，弹出"商品销售计划"对话框，"计划名称"为促销销售计划，时段选择季销售时段，"商品全名"录入优惠大礼包，录入总额度后单击"计划分摊"按钮将额度分摊，分摊完毕后确认计划即可，如图9-51所示。

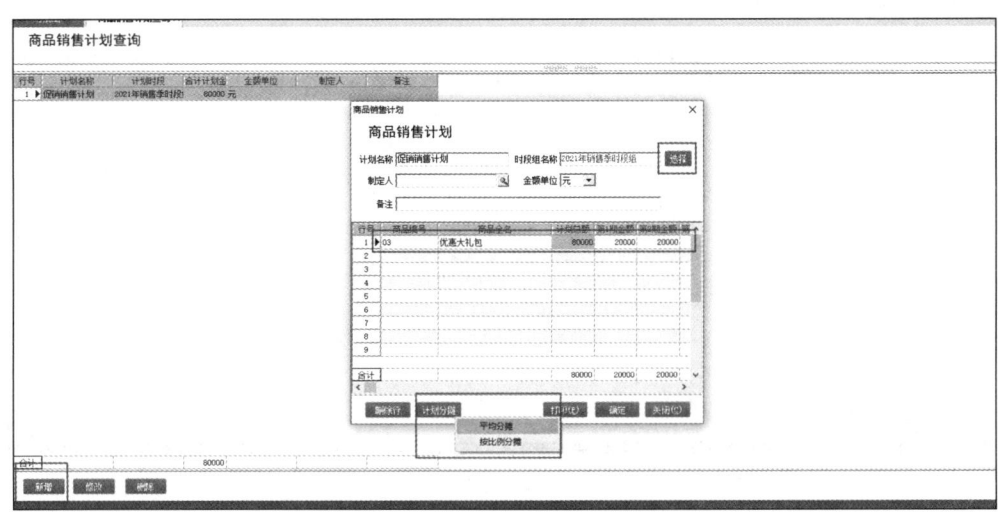

图 9-51

9.7.3 销售计划完成表

销售计划完成表用来查询对应时间段内的计划金额和销售金额，检查完成情况。

应用实例

辉煌食品有限公司想要检查公司销售计划的完成情况，以便总结和调整后续的销售策略。

操作步骤

1．单击选择"辅助功能"→"销售计划"→"商品销售计划完成表"，弹出"查询条件"对话框，选择好时间段，选择"销售计划"为促销销售计划后单击"确定"按钮，如图9-52所示。

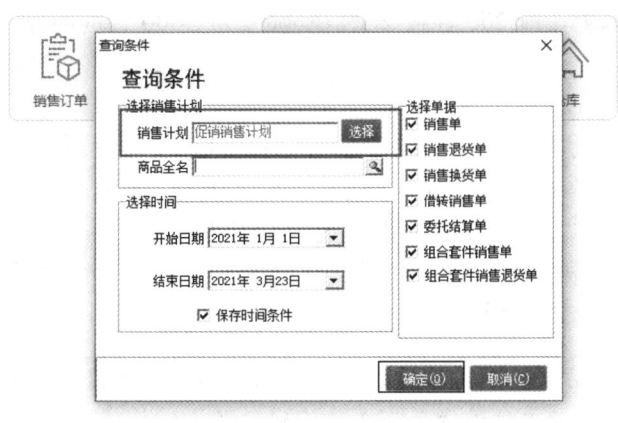

图 9-52

2. 打开"商品销售计划完成表"界面，查看在对应条件下销售计划的完成情况，包括计划总额、完成总额和完成率等信息，如图 9-53 所示。

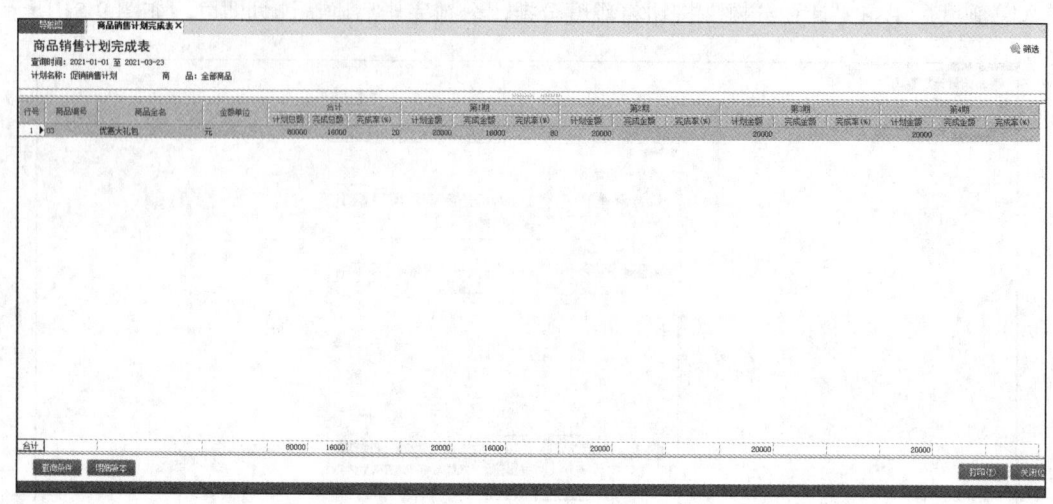

图 9-53

9.8 获利、返利方案管理

9.8.1 获利方案管理

获利、返利是分销模式中厂家激励分销商的常见模式。一般指在正常的代理价格基础上，当销售数据符合一定的条件时，额外对分销商实施的返利。按照买方和卖方业务划分，又分为获利和返利。

应用实例

厂家为了激励辉煌食品有限公司，制定了一套进货促销方案：一次性进货 100～300 件获利 2.5%；一次性进货 300～500 件，前 200 件按 2.5%获利，超过 200 件的部分获利 5%；一次性进货 500 件以上，前 200 件按 2.5%获利，200～300 件的部分按 5%获利，超过 300 件部分的获利 10%。

操作步骤

1. 单击选择"辅助功能"→"获利管理"→"获利方案管理"，如图 9-54 所示。
2. 进入"获利方案管理"界面，单击左下角"新增"按钮，弹出"获利方案设置"对话框，录入"方案名称"与"方案编号"，选择"获利方式"与"计算方式"，并在下方表体中填入"上限""下限"及"获利比率"，选择"适用单位"为进货厂家，选择适用商品，设置完成后保存，如图 9-55 所示。

说明
- 获利方式：确定业务能否获利的标准。系统提供按商品进货数量、按商品进货金额、按单位进货金额 3 种获利方式。
- 计算方式：达到获利条件后，计算获利金额的方式。系统提供按商品进货金额比例获利和按金额获利两种计算方式。

- 获利设置：其上限、下限指定了"获利方式"中对象达到的条件范围；"获利比率/获利金额"则对应"计算方式"中的计算规则基数。
- 适用单位/适用商品：确定方案适用的往来单位和商品，不设置则表示为空。

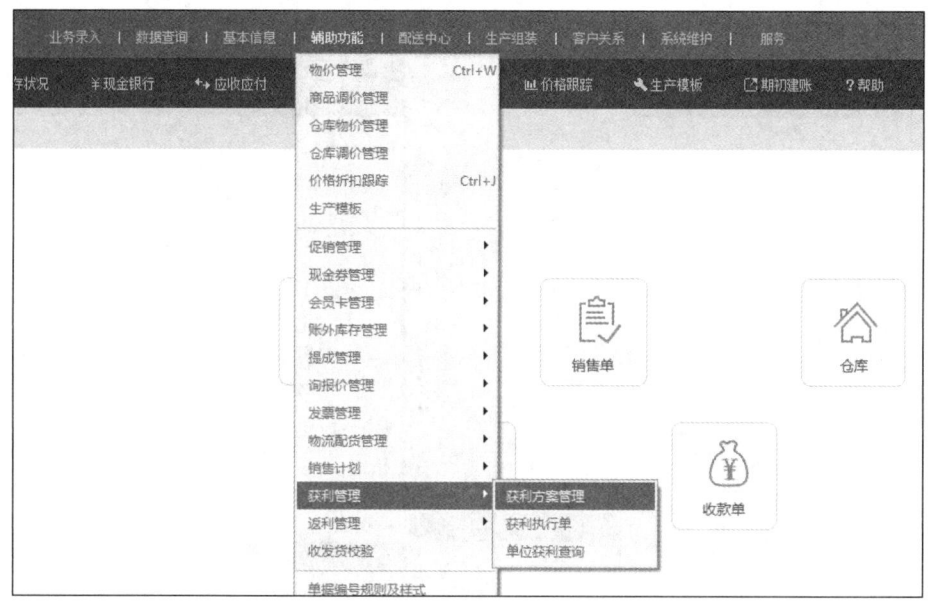

图 9-54

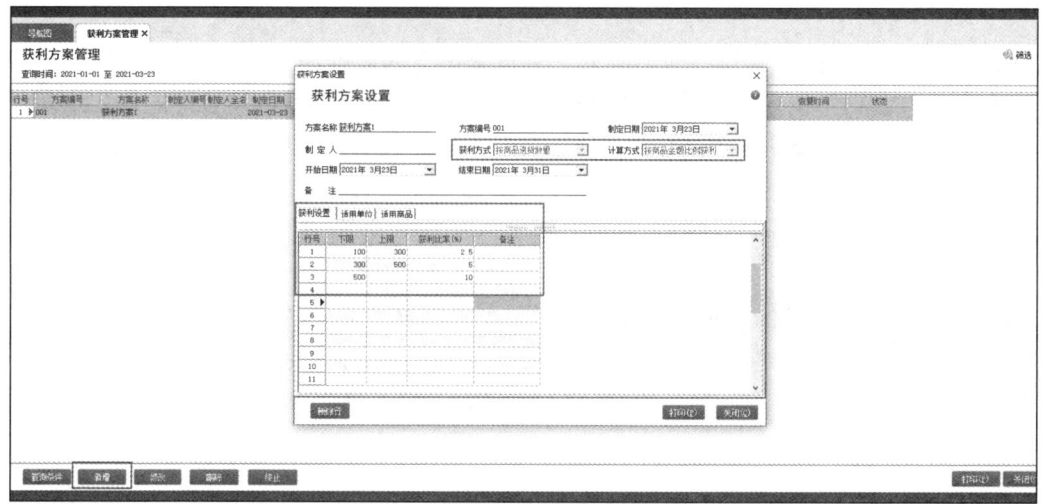

图 9-55

9.8.2 获利执行单

设置获利规则后，获利执行单则是在期末或下期期初，将获利方案对应业务进行统计并核算，取得获利结果。

应用实例

月末,辉煌食品有限公司需要和各个厂家按照获利方案进行获利结算。

操作步骤

1. 单击选择"辅助功能"→"获利管理"→"获利执行单",如图9-56所示。

图9-56

2. 打开"获利执行单"界面,录入"供货单位"为康师傅厂家,选择"获利科目",单击右下角"计算"按钮,系统会自动根据获利计算日期计算出该单位时间段内进货汇总数据及获利金额,如图9-57所示。

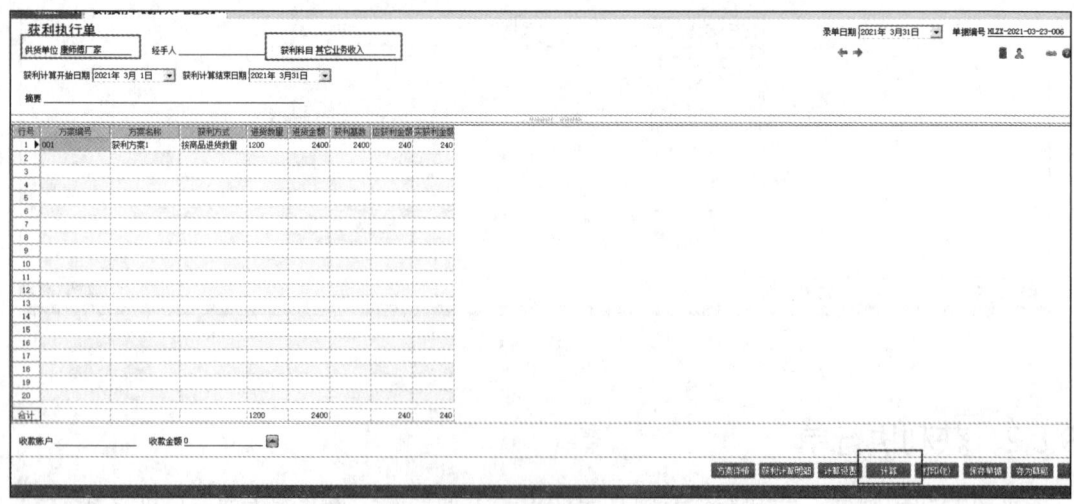

图9-57

说明
- 获利科目：此处选择该业务对应财务的记账科目。
- 获利计算开始日期/获利计算结束日期：设置本次计算的业务时间范围。
- 计算设置：可以选择参与计算获利的单据类型。
- 计算：先选择表头往来单位及获利计算开始/结束日期，单击"计算"按钮，系统将自动取该单位对应时间范围内的业务与有效的获利方案匹配，并计算出对应的应获利金额。系统允许实际获利金额与应获利金额不相等，记账以实际获利金额为准。
- 获利计算明细：计算后，展示应获利金额是根据哪笔业务及哪个方案计算而来的。

注意
参与过获利计算的业务，不会重复参与计算，且在同一个获利方案下，计算标准均为当次执行单计算范围内与标准方案的对比，不会进行分次核算的叠加！所以，请尽量在方案对应期间的业务全部结束后再进行获利执行单核算，否则，方案金额可能与实际应获利金额不一致！

9.8.3 单位获利查询

单位获利查询可以查询对应往来单位的历史获利情况。

应用实例

钱财务想要查看各个厂家与辉煌食品有限公司的获利结算情况及明细。

操作步骤

1. 单击选择"辅助功能"→"获利管理"→"单位获利查询"，如图9-58所示。

图 9-58

2. 弹出"查询条件"对话框，选择单位全名及开始、结束日期，进入"单位获利查询"界面，可以看到对应往来单位的进货金额、应获金额，以及实获金额，单击左下角的"获利明细"按钮，可以查看获利的明细信息，如图 9-59 和图 9-60 所示。

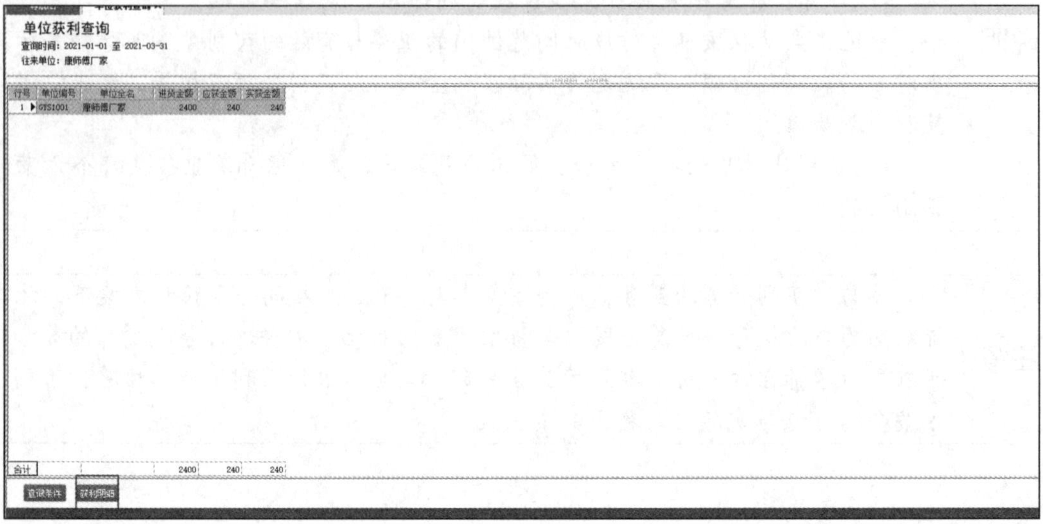

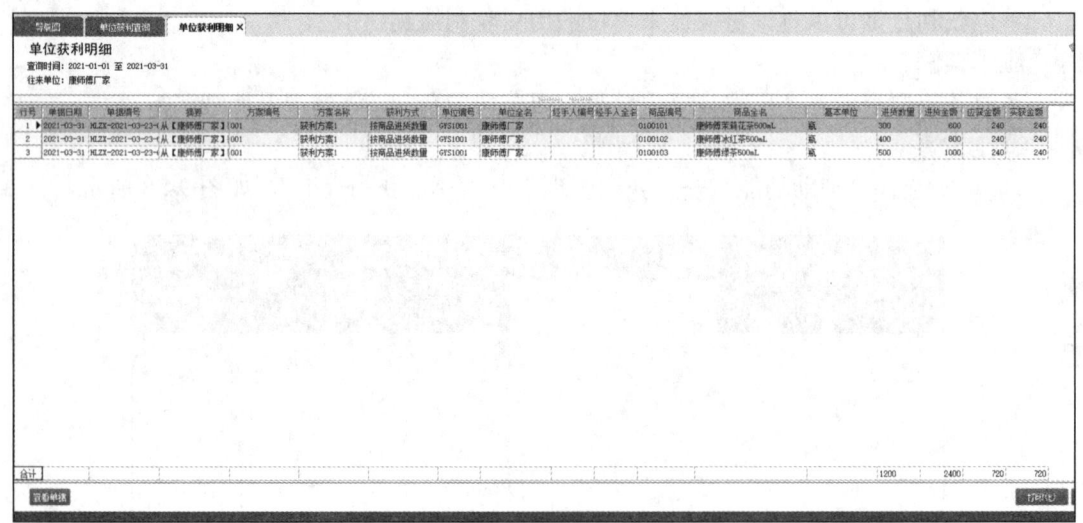

图 9-59

图 9-60

9.8.4 返利管理

返利指销售后，向下游分销商返回利益的过程。制定返利方案，则是制定返利方式、作用的代理商及商品范围的规则。

返利的操作方法与获利的基本一致，只是按照业务买方和卖方划分不同而已，具体操作方法可以参考之前的"获利方案管理"小节。

9.9 单据编号规则及样式

单据编号规则及样式是指用户可自定义的各种单据的自动编号规则和样式，如系统对进货单默认的自动编号样式是"JH-2021-03-03-001"，可采用此功能定义成"进货21030301""JH21030301"等。

应用实例

辉煌食品有限公司重新制定了一套新的单据编号规则，老板找到小管让他在系统中重新配置一下单据格式。

操作步骤

单击选择"辅助功能"→"单据编号规则及样式"，进入"单据编号规则及样式"的配置界面。本次单据格式的规则：①编号可以废弃，保存后才生效；②单据编号重复不能保存。如图9-61所示。

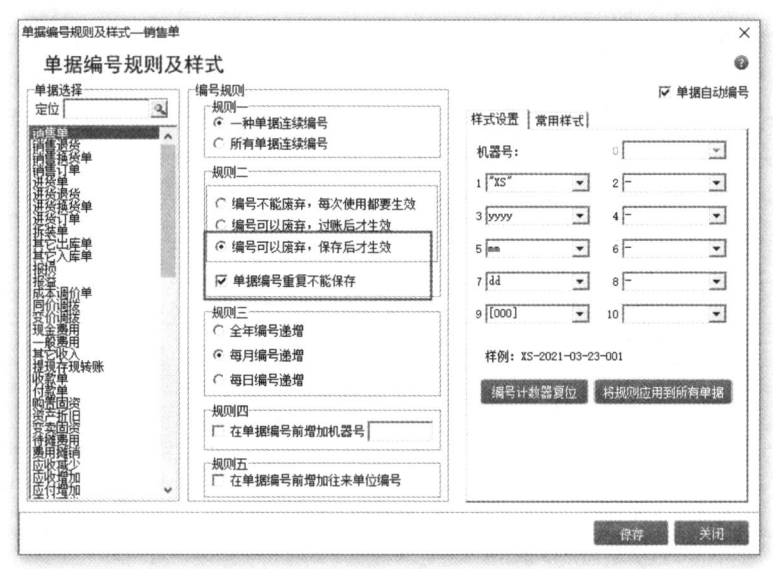

图 9-61

编号规则

规则一："一种单据连续编号"，是指单据的连续编号是在同一种单据范围内连续；"所有单据连续编号"，则是不论单据种类，统一连续编号。

规则二："编号不能废弃，每次使用都要生效"，是指不论单据是否过账，如存入草稿或废弃等，下一张单据仍会依此连续编号；反之，"编号可以废弃，过账后才生效"，是指只要单据没有过账，下一张单据就不会在此基础上连续编号，而是在上一张过了账的单据基础上连续编号。"编号可以废弃，保存后才生效"，是指单据开启时会从数据库中调出最新编号，但这个编号必须在单据保存为草稿或过账后才生效，否则，直接关闭单据的话，该编号不生效，可以再次使用。"单据编号重复不能保存"，勾选此项后，如有单据编号与当前单据相同，则当前的单据无法保存过账。

规则三："全年编号递增"，是指单据编号在全年的单据范围内连续递增；同样，"每月编号递增"，则是指单据编号在每一个月的单据范围内连续递增；"每日编号递增"是指单据编号在每天的单据范围内连续递增。

规则四："在单据编号前增加机器号"，选择此配置，则可以录入需要的机器号；对于网络版用户来说，为了保证单据的编号连续且保存后才生效，最好使用此规则。

规则五："在单据编号前增加往来单位编号"，选择此配置，则会在单据编号前增加往来单位基本信息中的单位编号。

样式设置见表9-1。

表9-1　样式设置

c	具体到时刻的时间，如"02-07-15 16:04"
d	对于一位数的日期去掉前导零，如7号，则显示为"7"
dd	对于一位数的日期显示前导零，如7号，则显示为"07"
ddd	显示星期的缩写
dddd	显示星期的全称
ddddd	表示短日期方式，如"02-07-15"
dddddd	表示长日期的全称，如"2002-07-15"
m	对于一位数的月份去掉前导零，如7月，则显示为"7"
mm	对于一位数的月份显示前导零，如7月，则显示为"07"
mmm	显示月份的缩写
mmmm	显示月份的全称
yy	显示年号的后两位，如2002则为"02"
yyyy	用四位数字显示年号，如2002则为"2002"
h	对于一位数的时点去掉前导零，如9点，则显示为"9"
hh	对于一位数的时点显示前导零，如9点，则显示为"09"
n	对于一位数的时分去掉前导零，如9分，则显示为"9"
nn	对于一位数的时分显示前导零，如9分，则显示为"09"
s	对于一位数的时秒去掉前导零，如9秒，则显示为"9"
ss	对于一位数的时秒显示前导零，如9秒，则显示为"09"
z/zzz	显示毫秒
t	显示几点几分，如12:56
tt	显示几点几分几秒，如12:56:40
am/pm	am 表示上午，pm 表示下午，但直接用字母表示
a/p	am/pm 的简写
ampm	显示为中文的"上午""下午"
[000]	显示数字的表示位数，可以自己在中间添加"0"增加表示位数

常用样式：系统预设了几个最常用的样式，用户只需选择即可，无须具体设置。

注意

- 规则三里的"年"在辉煌版里是指年结存后的"年","月"是指月结存的"月",不是指自然月。
- "编号计数器复位",即将该单据编号开始号重新设置为 001 之类,从 1 开始计数。
- "将规则应用到所有单据",即将除样式中第一项单据头标识外,其他的样式都应用到所有单据。
- 在各项配置中也可以添加字符,但要注意用引号括起来。如要在销售单的单据编号中显示"销售"二字,则设置为:"销售"。

9.10 单据格式配置

管家婆辉煌版为每一张业务单据设置了很多字段,企业可根据实际需求选择哪些字段要在业务单据中显示,即单据格式配置。

应用实例

辉煌食品有限公司在进货单中需要条码录入管理,即在进货单中需要显示"条码"字段。

操作步骤

1. 在主界面单击选择"辅助功能"→"单据格式配置"。
2. 打开"单据格式配置"选项界面,"单据"选择进货单,找到列名为"条码"的字段,在"是否显示"窗口打"√",单击"关闭"按钮即可,如图 9-62 所示。

图 9-62

注意　修改单据格式后,需要重新打开单据刷新单据窗口。

9.11 单据审核级数设置

为了保证业务数据流的流畅、准确和相关性，一些业务单据通常需由相关人员审核签字后才能生效。管家婆辉煌版为了满足企业对业务数据流的管控，对各种业务单据提供了分级审核功能，共有两套审核方式：普通审核和高级审核。

普通审核即原审核方式，设置了审核流程后，做单完成必须每级都审核结束才能进行单据过账。

高级审核则相对灵活，可以将单据设置为达到一定条件才需要审核，未达到条件则无须审核直接过账。在审核前，单据只能保存为草稿，审核人可以在"业务录入"→"我的审核"中找到需要的审核单据。

在软件中要实现审核控制，必须对需要审核的单据设置审核级数、审核人等配置项。

▌ **应用实例**

为加强对销售业务的管理，辉煌食品有限公司决定即日起对销售单实行审核级数控制，销售单必须在销售部负责人张销售和公司总经理依次审核后才能过账保存。

▌ **操作步骤**

1．单击选择"辅助功能"→"单据审核级数设置"，系统弹出"单据审核级数设置"对话框，如图9-63所示。

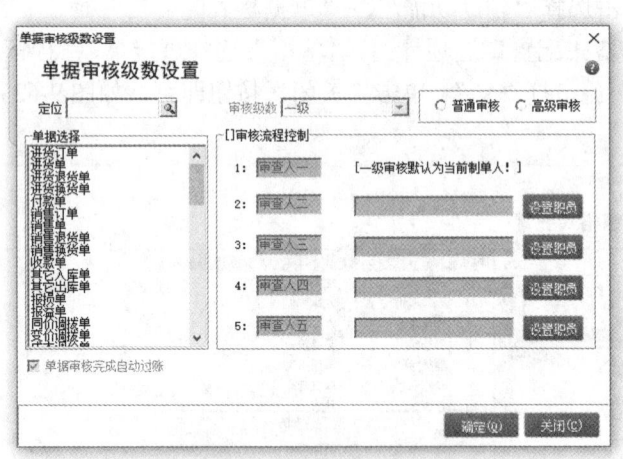

图 9-63

2．在"单据选择"选项中选择销售单，切换审核方式为"高级审核"下的"会签审核"，"审核级数"选择为三级，并依次在二级审核人与三级审核人处添加"张销售"与"老板"，设置完毕后单击"确定"按钮保存，如图9-64所示。

> **注意** 配置了审核级数的单据只能存为草稿，不能直接过账，审核人可以在"业务录入"→"我的审核"中找到需要的审核单据。

另外，根据状态过滤单据的选项包括全部显示、未审核单据、审核中单据、审核完成单据、待我审核单据、我已审核单据。

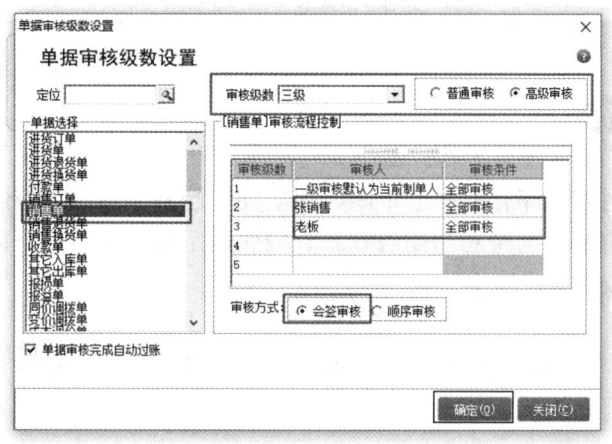

图 9-64

9.12 单据打印控制设置

单据打印控制设置可以对每张单据的打印次数实施控制，并根据需要设置打印密码。

应用实例

辉煌食品有限公司决定对销售单的打印进行控制，要求 1 张销售单最多只能够打印 10 次，超过打印次数后需输入密码才能打印。

操作步骤

单击选择"辅助功能"→"单据打印设置"，打开"单据打印设置"界面，在"销售单"后的"控制"选项处打√，设置"最大打印次数"为 10，设置并确认密码，设置完成后单击"确定"按钮即可保存，如图 9-65 所示。

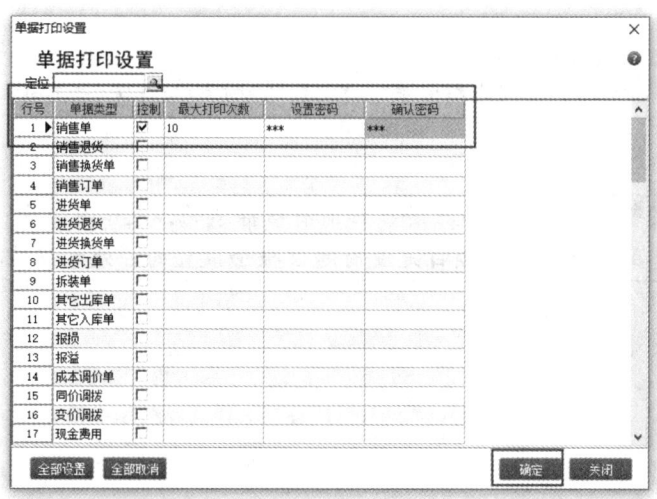

图 9-65

| 注意 | 在经营历程和单据上可看到每张单据的打印次数。 |

9.13 启动报警

启动报警可以对超过库存商品上下限、保质期、超期应收款、应收应付款上限、到期进货销售订单进行查询，同时对超期应收款、应收款上限、应付款下限、到期进货销售订单进行延期、取消或恢复报警操作。

应用实例

作为辉煌食品有限公司的销售经理，张销售需要及时掌握到期的销售订单，并将到期报警的天数设置为提前 3 天。

操作步骤

单击选择"辅助功能"→"启动报警"，进入"到期销售订单报警"界面，单击左侧"到期销售订单"按钮，将左下角的"到期销售订单提前报警天数"设置为 3，并在右上角"登录时自动启动报警"处打 √，如图 9-66 所示。

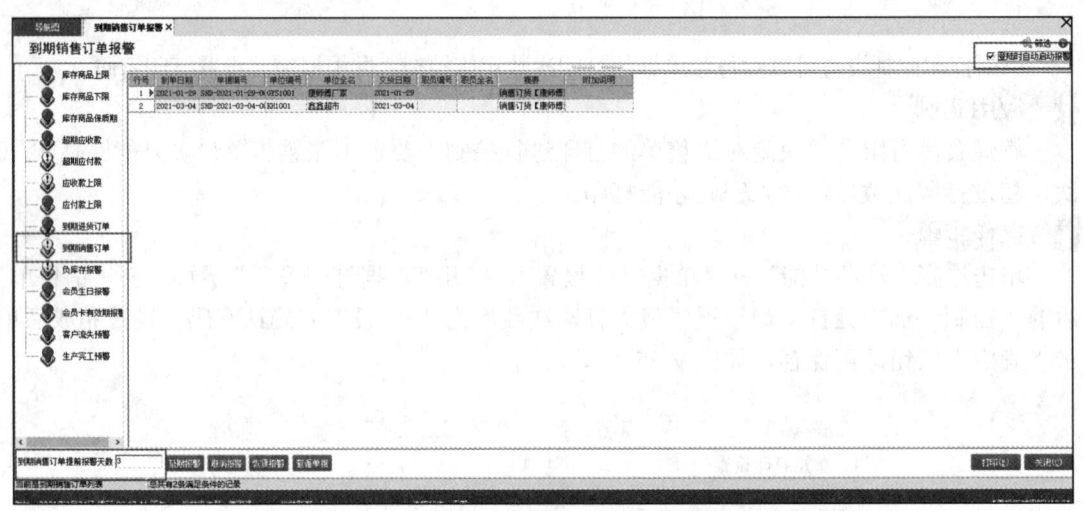

图 9-66

| 说明 | 在报警界面下，左边报警项目前有🔔标志的，表示有报警；报警项目前显示为🔔标志的，表示这个项目是没有超过报警设置的，处于正常状态。 |

第 10 章 总 账 管 理

本章以辉煌食品有限公司财务小钱的日常工作为主线,通过实例讲解管家婆辉煌版的财务管理相关功能,如图 10-1 所示。

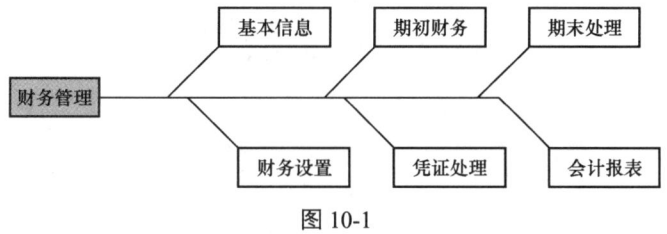

图 10-1

10.1 基本信息

10.1.1 会计科目

系统根据"初始化向导"中设置的会计制度提供默认会计科目及科目大类,由于每家公司会有自己独特的会计科目和财务处理方式,因此可自行对会计科目编辑和维护。

应用实例

钱财务在期初建账时,将辉煌食品有限公司的会计科目录入系统,包括会计科目 100205-工商银行、会计科目 310417-应付利润等。

操作步骤

1. 单击选择"总账管理"→"基本信息"→"会计科目"。
2. 在"会计科目"界面,依次双击 10-资产类、1008-银行存款,进入"银行存款"子级科目,如图 10-2 所示。

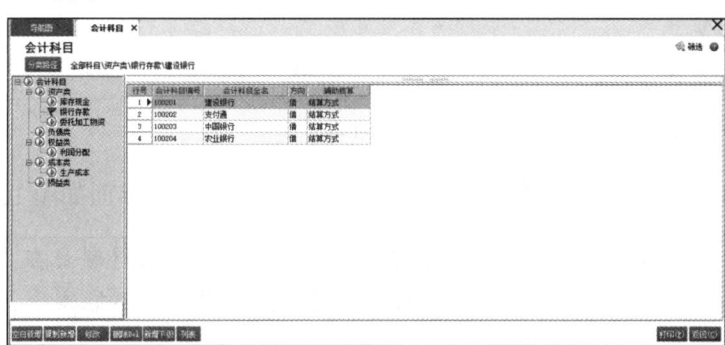

图 10-2

3. 单击左下角"空白新增"按钮,弹出"会计科目"对话框,在"会计科目全名"处录入工商银行,"辅助核算"勾选银行存款科目、现金流量科目,如图10-3所示。

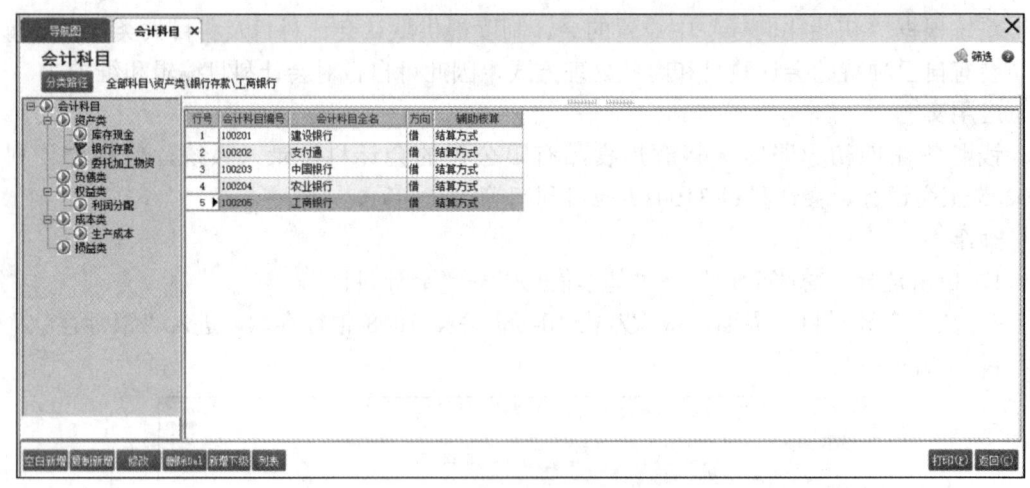

图 10-3

4. 完成录入后,单击"确定"按钮,添加后的会计科目明细如图10-4所示。

图 10-4

会计科目310417-应付利润的录入方式与此相同,录入后的界面如图10-5所示。

注意 科目大类如"资产类"等,不能新增或删除。当会计科目在"业务科目"→"财务科目对照表"中与业务科目存在对照关系时,也不能删除。会计科目的编号长度将受"初始化向导"中"科目级长"的限制。

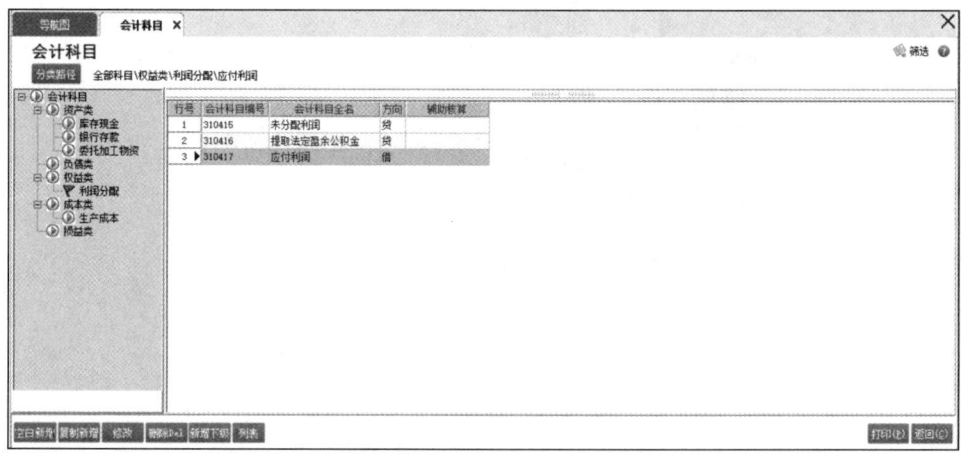

图 10-5

10.1.2 结算方式

根据款项存取方法和凭证形式的不同,银行业务科目可以进一步划分,即设置"结算方式"补充说明。

应用实例

辉煌食品有限公司的银行汇票主要通过两家银行完成,分别为中国银行和中国工商银行,钱财务需将以上信息补充录入"结算方式"中。

操作步骤

1. 单击选择"总账管理"→"基本信息"→"结算方式"。

2. 在"结算方式"界面,选中银行汇票,单击左下角"修改"按钮,如图 10-6 所示。在"结算方式全名"处录入银行汇票-中国银行,单击"确定"按钮保存,如图 10-7 所示。

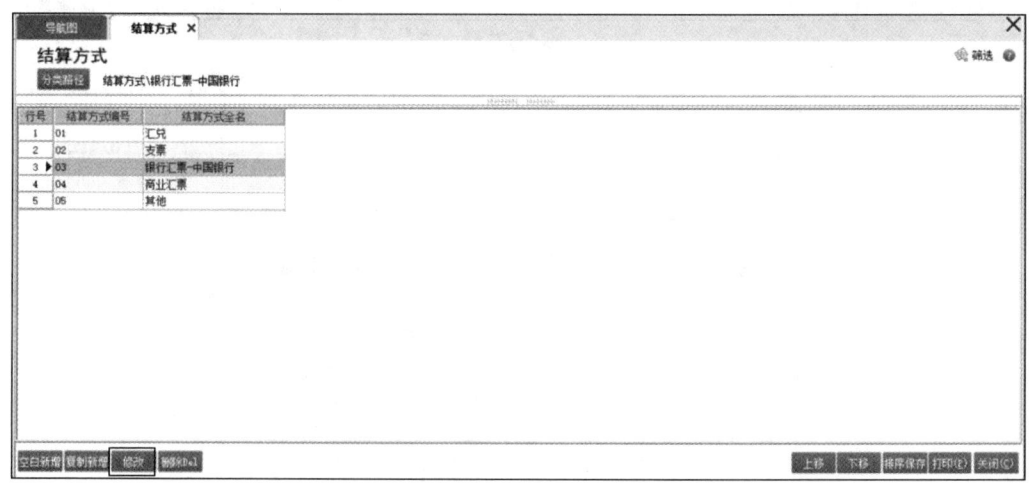

图 10-6

3. 选中银行汇票-中国银行,单击左下角"复制新增"按钮,如图 10-8 所示。将"结算方式全名"修改为银行汇票-工商银行,单击"确定"按钮保存,如图 10-9 所示。

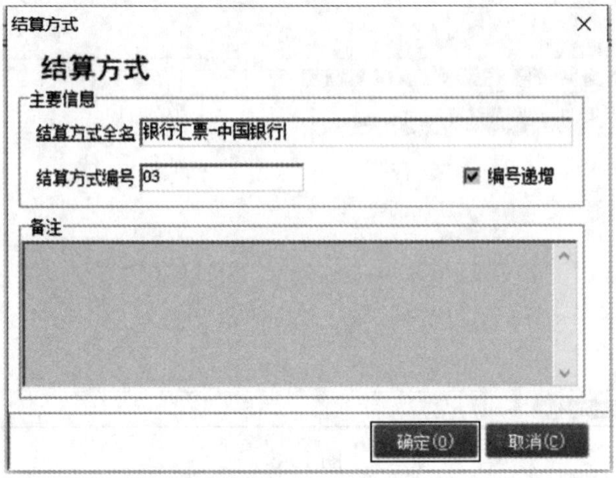

图 10-7

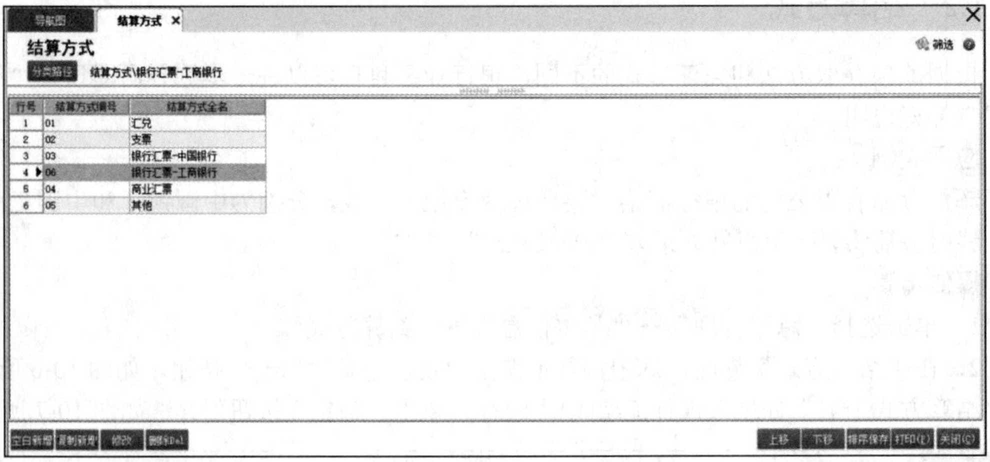

图 10-8

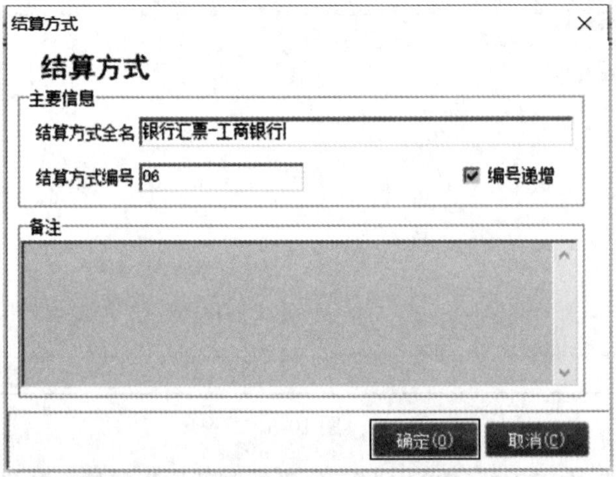

图 10-9

10.1.3 凭证摘要

凭证摘要是一项比较重要的信息，在"凭证摘要"中可以录入常用的摘要信息，录入凭证时可以直接选择。凭证摘要信息一旦建立，就可以在凭证录入时直接选择。

应用实例

钱财务将辉煌食品有限公司常用的凭证摘要信息录入系统，以便后续使用时快速选择。

操作步骤

1. 单击选择"总账管理"→"基本信息"→"凭证摘要"。

2. 在"凭证摘要"界面，单击左下角"空白新增"按钮，如图 10-10 所示。在"凭证摘要全名"处录入新增固定资产，单击"确定"按钮保存，如图 10-11 所示。

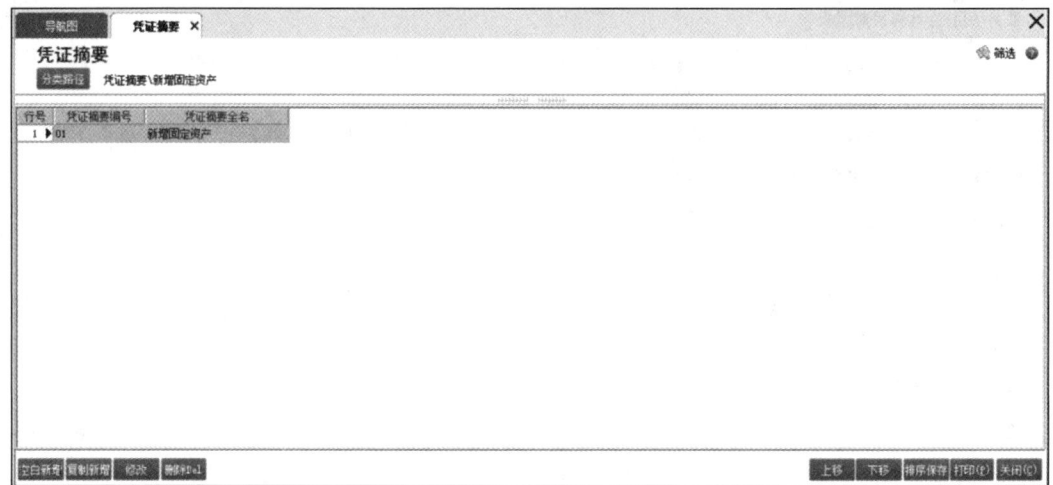

图 10-10

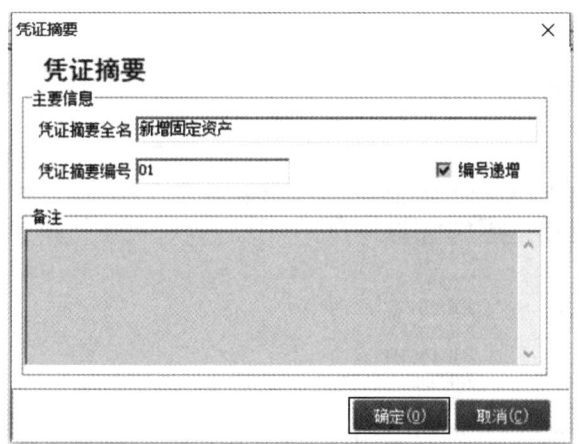

图 10-11

10.1.4 业务项目-会计科目对照表

业务项目-会计科目对照表是业务单据生成会计凭证的依据，也是连接业务与财务的重要纽带。对照表以业务项目为基础,在总账模块中设置对应的财务会计科目。当业务系统中做了单据时,系统会按照业务单据中涉及的业务项目对照关系,生成总账系统中的会计凭证。

应用实例

辉煌食品有限公司将礼品赠送业务归入营业外支出会计科目,因此钱财务需修改"业务项目-会计科目对照表"中礼品赠送项目对应的会计科目。

操作步骤

1. 单击选择"总账管理"→"基本信息"→"业务项目-会计科目对照表"。

2. 在"业务项目-会计科目对照表"界面,找到业务项目"礼品赠送",双击其对应的会计科目执行修改,如图 10-12 所示。

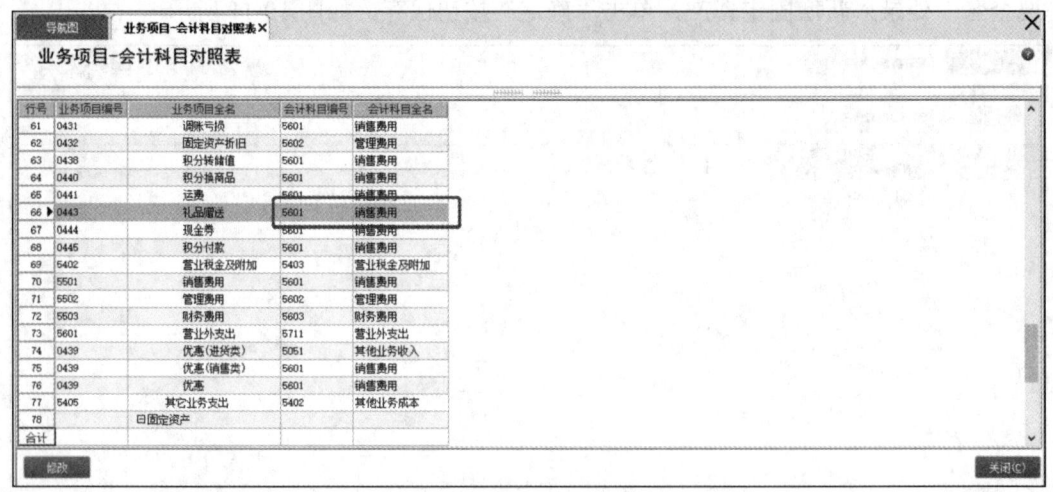

图 10-12

3. 双击"损益类科目",进入损益类科目子层,找到"营业外支出"科目并单击"选中"按钮,如图 10-13 所示。

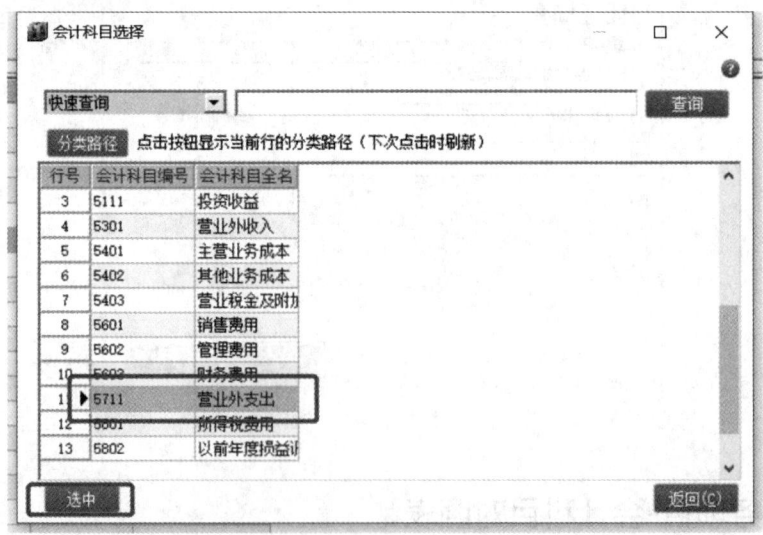

图 10-13

完成业务项目-会计科目对照关系修改后的对照表如图 10-14 所示。

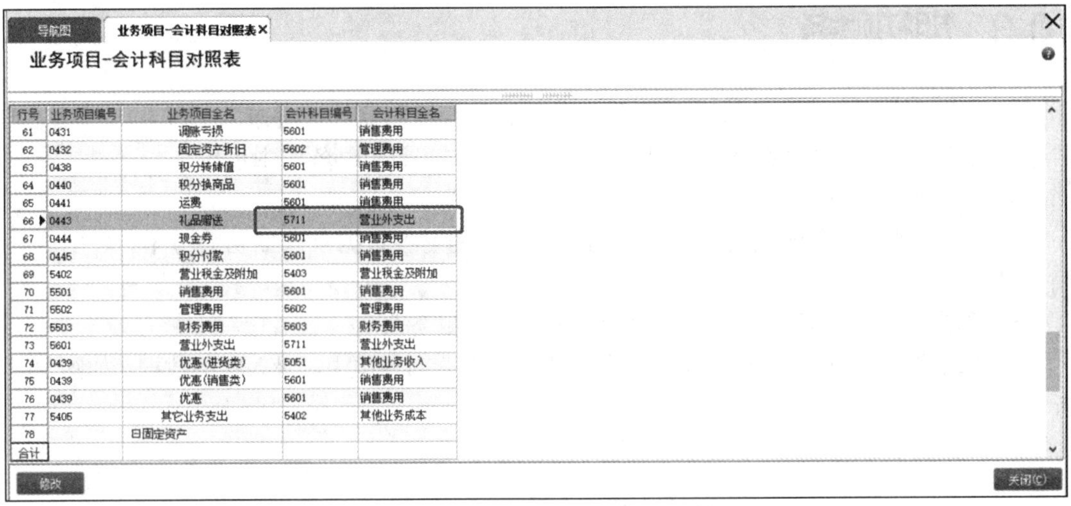

图 10-14

注意　在此对照表中，业务单据中涉及的所有业务项目均与总账中的会计科目对应，少数科目由于业务性质不同，单凭科目对应不足以反映其业务本质，故特别对这部分业务科目划分了业务状况，主要包括固定资产、应交税金、优惠科目。此处固定资产、账户信息、收入类型和费用类型所设置对应科目的信息与基本信息中固定资产、账户信息、收入类型和费用类型同步变化。

10.2　财务设置

不同企业的财务管理方式不同，财务设置也因此有所差异。财务设置提供了各种常见的财务处理设置，以便企业酌情选择符合本企业财务管理方式的配置。

应用实例

根据辉煌食品有限公司财务管理规定，会计凭证需审核后才允许记账，因此钱财务需修改对应的财务设置。

操作步骤

1. 依次单击"总账管理"→"财务设置"，打开"财务设置"对话框。

2. 找到"凭证审核后才能记账"配置，双击进行勾选，单击"确定"按钮，设置生效，如图 10-15 所示。

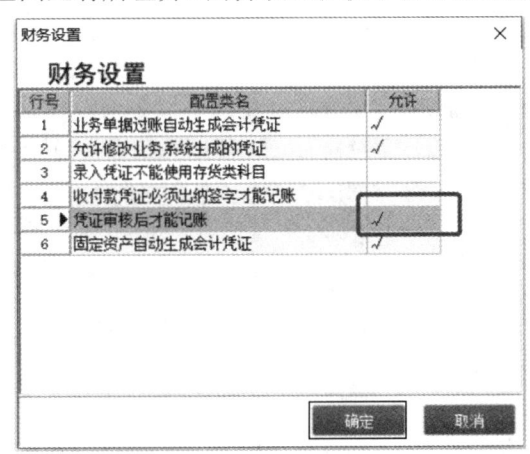

图 10-15

10.3 期初财务

在用户正式使用软件之前,通常会有一些财务数据需要维护并录入系统中,或者在年结存之后开账之前需要对账务做一些调整,这些均在"期初财务"中进行。

▊ 应用实例

在使用软件正式开账之前,钱财务将公司目前的财务数据录入期初财务中。

▊ 操作步骤

1. 单击"总账管理"→"财务设置"→"期初财务"。
2. 选中需要修改的会计科目,在"期初财务修改"对话框中,录入财务数据,如图 10-16 所示。

图 10-16

3. 按照以上方式依次录入财务数据,录入完成后的界面如图 10-17 所示。

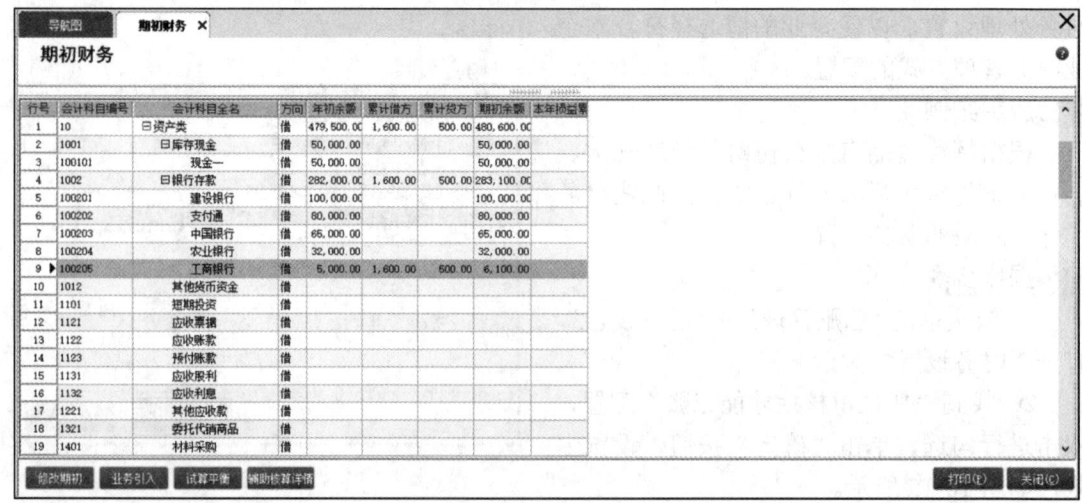

图 10-17

> **注意**："期初财务"可以通过"业务引入"功能，将业务部分的相关数据引入"期初财务"中，其依据是"业务科目-财务科目对照表"。"期初财务"数据应满足试算平衡，系统在开账时会自动进行检测，用户也可以通过"试算平衡"功能手动检查。如果会计科目存在辅助核算，则修改期初时会要求同时对相关辅助核算信息进行维护。

10.4 凭证处理

10.4.1 凭证录入

凭证录入有 3 种方式：手动录入、业务单据自动生成和从业务单据手动引入。此处的凭证录入主要指手动录入凭证，需要手动填制会计凭证时可通过此方式完成。

▍**应用实例**

辉煌食品有限公司收到投资者投入的全新设备一台，协商作价 10 万元。钱财务通过手动录入会计凭证来记录该事项，包括会计科目 1601-固定资产和会计科目 3001-实收资本。

▍**操作步骤**

1. 单击"总账管理"→"凭证处理"→"凭证录入"，打开界面如图 10-18 所示。

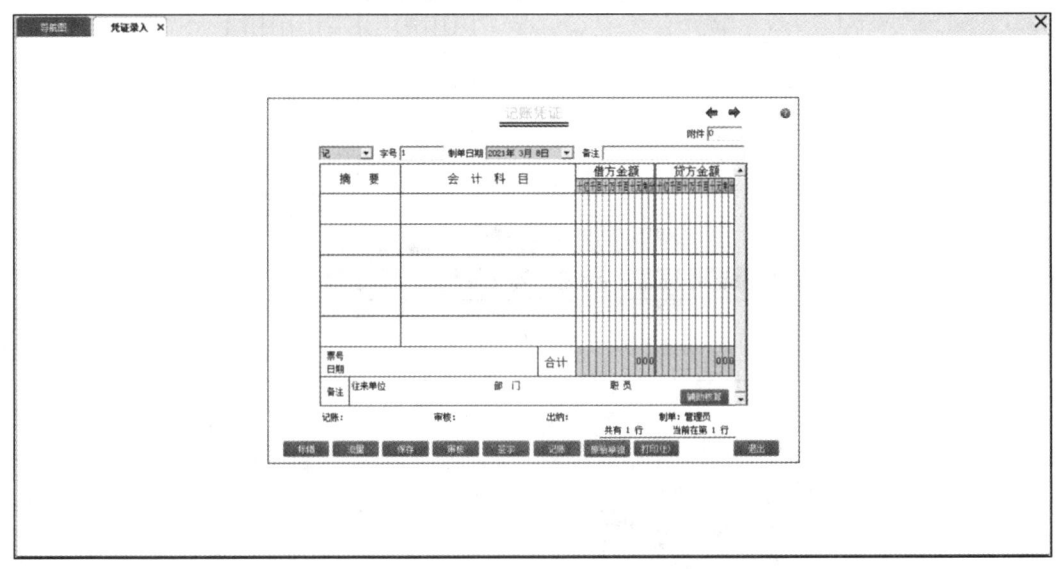

图 10-18

2. 在第一行双击"会计科目"列，进入"会计科目选择"界面，双击 10-资产类进入子层，找到会计科目 1601-固定资产，如图 10-19 所示。

3. 双击选择后，在凭证右侧"借方金额"处录入 100000，"摘要"录入××投资者投入××设备一台，如图 10-20 所示。

4. 在第二行双击"会计科目"列，进入"会计科目选择"界面，双击 30-权益类进入子层，找到会计科目 3001-实收资本，如图 10-21 所示。

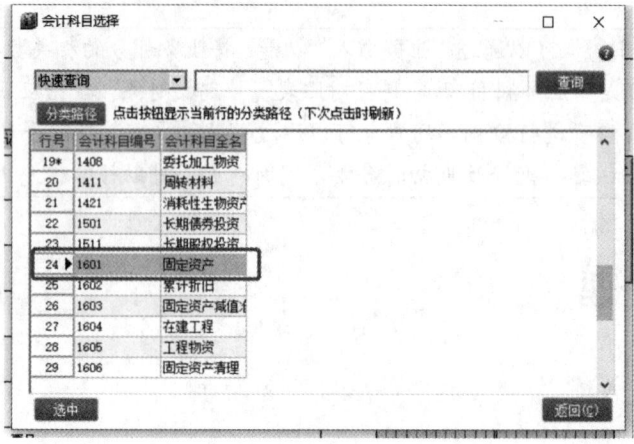

图 10-19

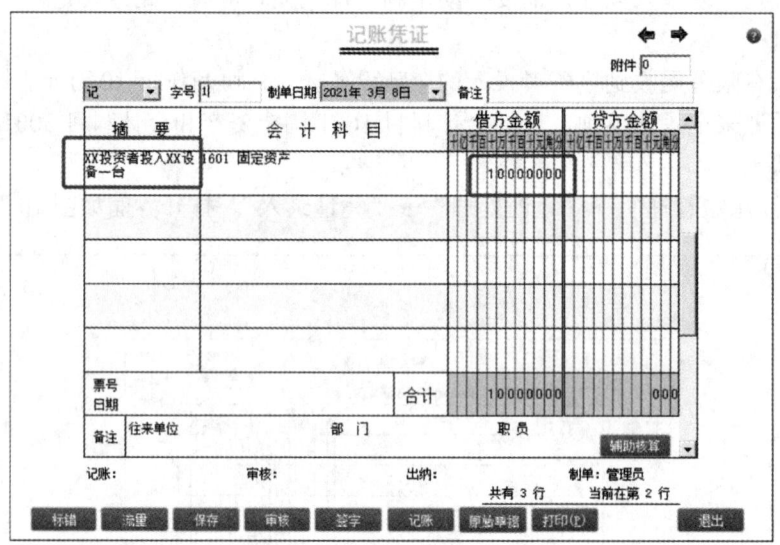

图 10-20

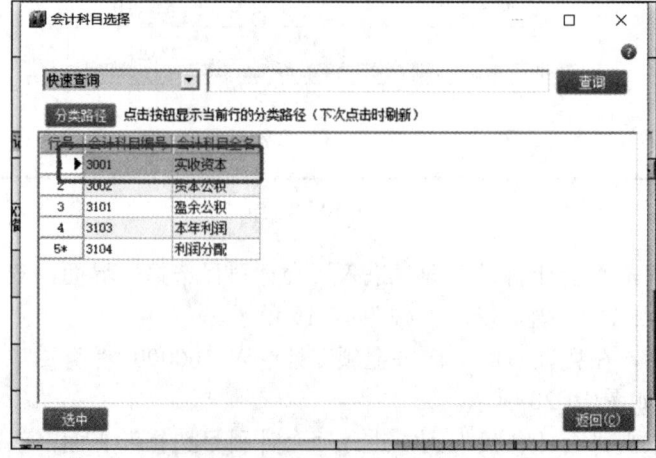

图 10-21

5. 双击选择后，在凭证右侧"贷方金额"处录入100000，"摘要"录入××投资者投入××设备一台，如图10-22所示。

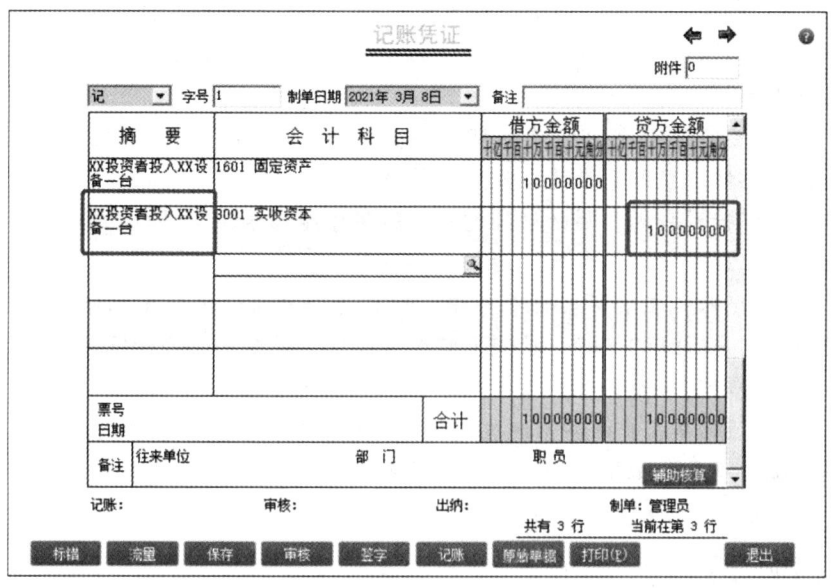

图 10-22

6. 完成以上内容的录入后，单击凭证左下角的"保存"按钮保存凭证，如图10-23所示。

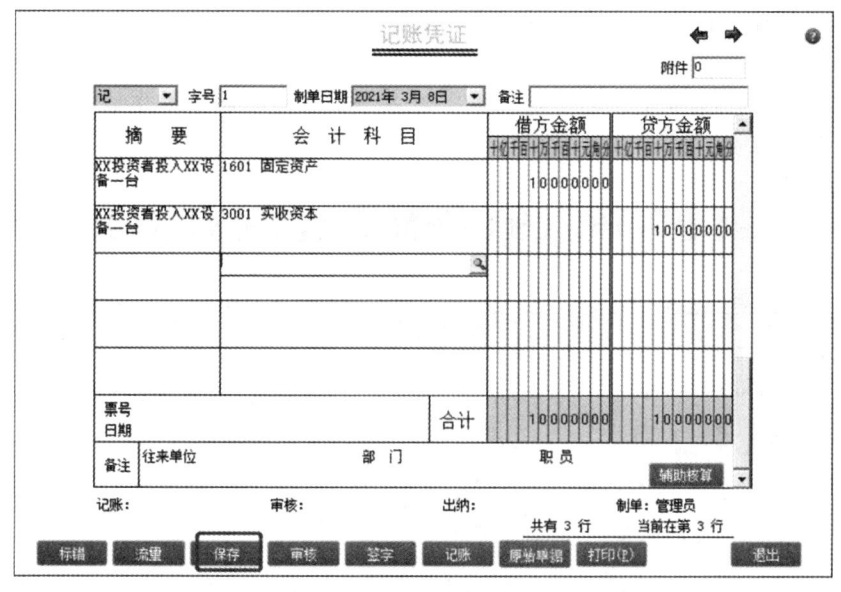

图 10-23

说明

- 标错：在审核凭证前，发现凭证有误，又不想直接删除凭证，可以单击左下角的"标错"按钮标记为"标错"。标错凭证后不能审核、记账，相关统计报表也将不做统计。
- 流量：当凭证中包含有现金流量科目时，可以在凭证中单击左下角的"流量"按钮对本张凭证中现金流量科目的现金流量进行分配。
- 保存：凭证录入，或进行修改后，必须先"保存"，其录入和修改才有效。
- 审核/反审核：当财务设置中设置"凭证审核后才能记账"时，凭证在记账之前必须为已审核状态。审核过的凭证，如需要修改，可以通过"反审核"返回到未审核状态。
- 签字/取消签字：当凭证中存在现金科目或银行科目时，一般需要出纳人员进行签字。当财务设置"收付款凭证必须出纳签字才能记账"时，包含现金科目或者银行科目的，则必须经过出纳签字才能记账。同样，已签字凭证，如需修改，可以通过"取消签字"返回签字前状态。
- 记账：在实际会计业务中，记账是一项将凭证登记到账本的操作。在系统中，则是通过"记账"功能来完成该操作，并在相关会计账表中，通过状态条件自动进行区分统计。
- 原始单据：业务系统生成凭证，包含自动生成和手动引入生成。使用"原始单据"功能将调出原业务系统对应的单据。

10.4.2　出纳签字

在凭证维护界面，可对单张凭证执行出纳签字操作，在"出纳签字"界面，可以对包含现金科目或银行科目的凭证集中实施出纳签字处理操作。同时，也可以对已经签字的凭证实施"取消签字"操作，让凭证返回签字前状态。

应用实例

辉煌食品有限公司完成了一笔进货业务，系统根据进货单自动生成了会计凭证，钱财务需对此凭证签字处理。

操作步骤

1. 单击"总账管理"→"凭证处理"→"出纳签字"，打开"出纳签字"界面，如图10-24所示。

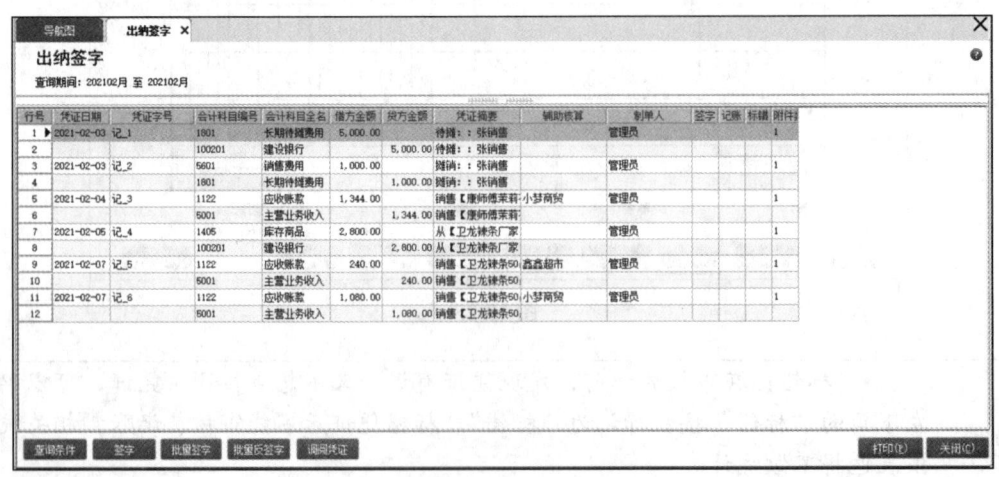

图10-24

2. 找到需要签字的凭证并选中，单击左下角的"签字"按钮，如图 10-25 所示。

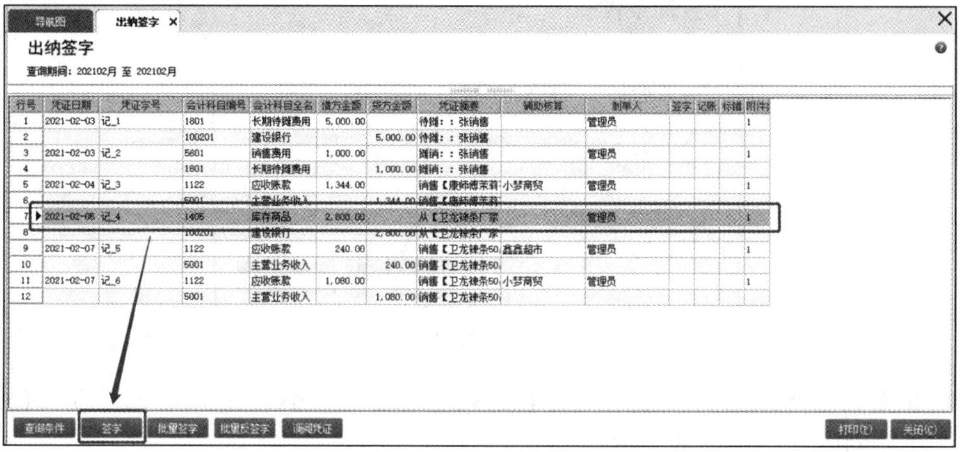

图 10-25

完成签字确认后的界面如图 10-26 所示。

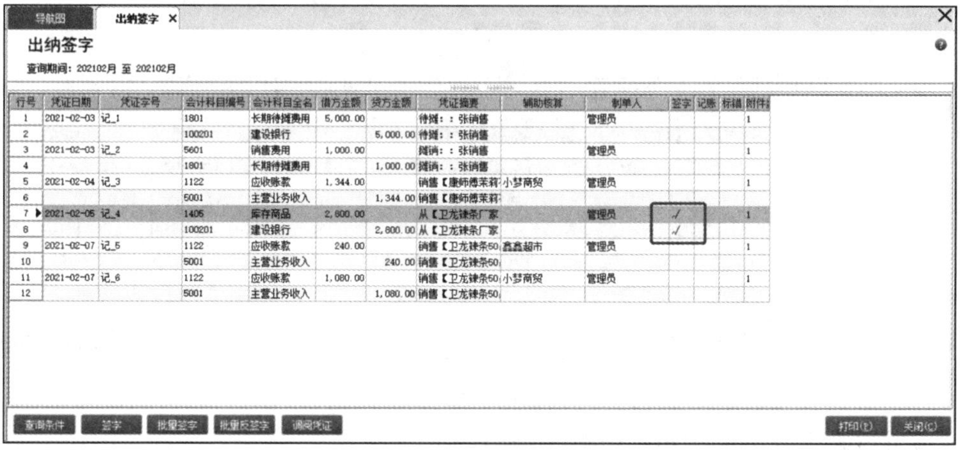

图 10-26

10.4.3 凭证审核

在凭证维护界面，可对单张凭证执行审核/反审核操作，在"凭证审核"界面，可以集中对凭证执行批量审核操作。

应用实例

辉煌食品有限公司完成了一笔进货业务，系统根据进货单自动生成了会计凭证，钱财务需对此凭证审核处理。

操作步骤

1. 单击"总账管理"→"凭证处理"→"凭证审核"，进入"凭证审核"界面。单击"查询条件"按钮，在弹出的对话框中，选择查询方式为按期间查询，查询期间为 2021 年 2 月，勾选"包含已审核的凭证"，单击"确定"按钮，如图 10-27 所示。

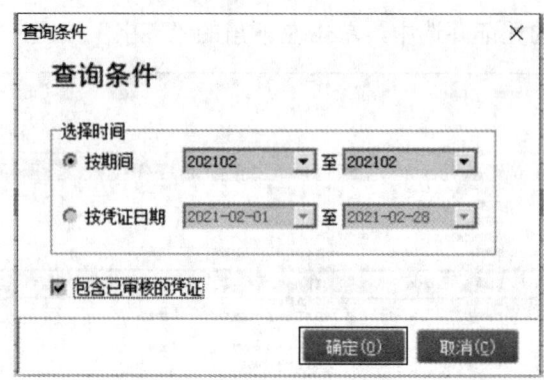

图 10-27

2. 根据凭证查询结果，找到需要审核的凭证并选中，确认凭证内容无误后，单击左下角"审核"按钮，如图 10-28 所示。

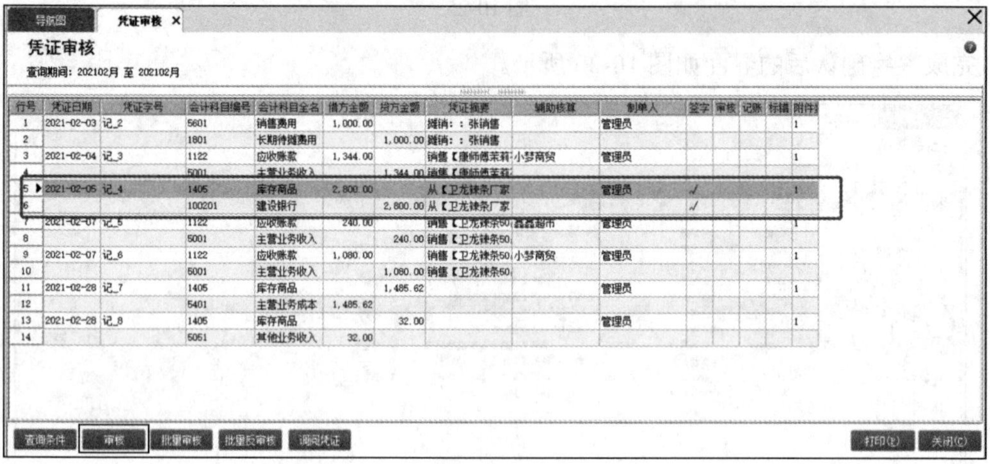

图 10-28

完成审核确认后的界面如图 10-29 所示。

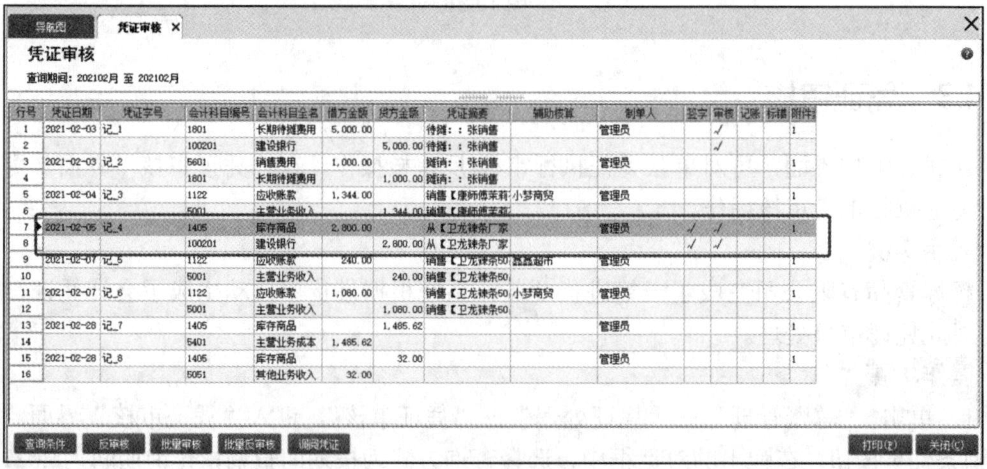

图 10-29

10.4.4 凭证记账

在完成了会计凭证的录入后,还需要将会计凭证登记到账簿中,为后续查账及生成财务报告提供数据基础。系统在此提供了统一记账/反记账的方式。

■ 应用实例

2月末,在完成会计凭证的录入并进行审核后,钱财务对所有凭证执行记账处理。

■ 操作步骤

1. 单击"总账管理"→"凭证处理"→"凭证记账",选择"凭证操作"为凭证记账,选择"开始/结束日期"为2月,选择"凭证字"为全部,如图10-30所示。

2. 单击"确定"按钮执行记账,记账结果提示如图10-31所示。

图 10-30

图 10-31

10.4.5 凭证引入

系统未设置"业务单据过账自动生成会计凭证",或者业务单据生成的凭证被删除时,需要业务单据生成或重新生成会计凭证,则通过"凭证引入"来实现。

■ 应用实例

钱财务删除了一张销售单对应的会计凭证,现需要对该销售单重新生成会计凭证,即凭证引入。

■ 操作步骤

1. 单击"总账管理"→"凭证处理"→"凭证引入"进入"凭证引入"界面。单击"查询条件"按钮,在"查询条件"对话框中,选择"引入类型"为进销存业务,"单据类型"为销售单,单击"确定"按钮,如图10-32所示。

2. 根据查询结果,找到需要引入的单据并勾选,如图10-33所示。

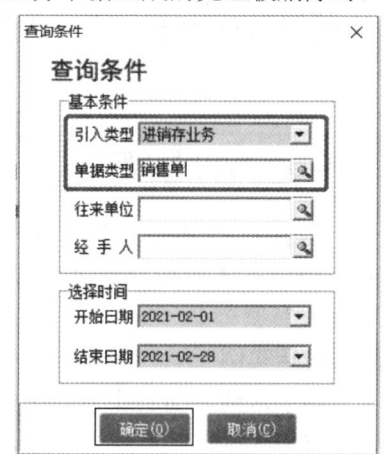

图 10-32

3. 确认单据无误后,单击左下角的"逐张引入凭证"按钮执行引入,引入结果如图10-34所示。

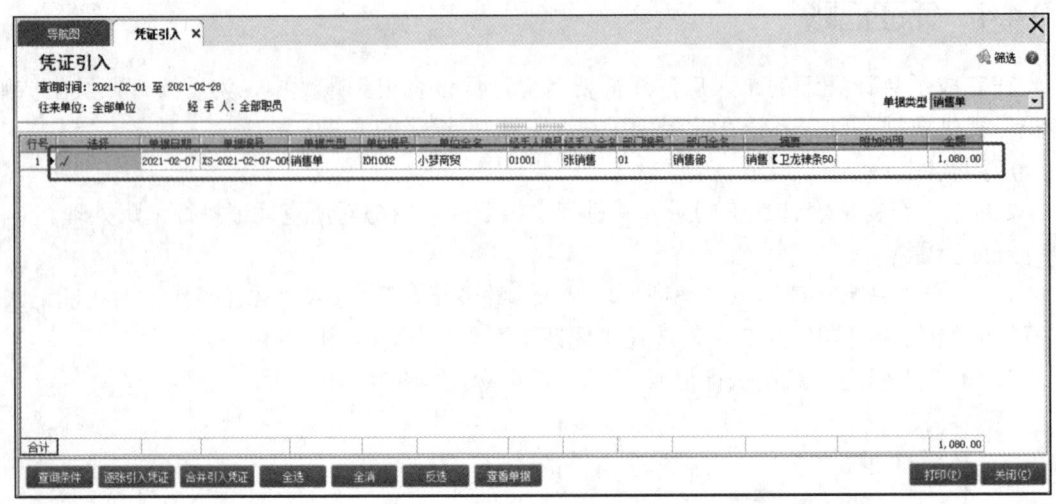

图 10-33

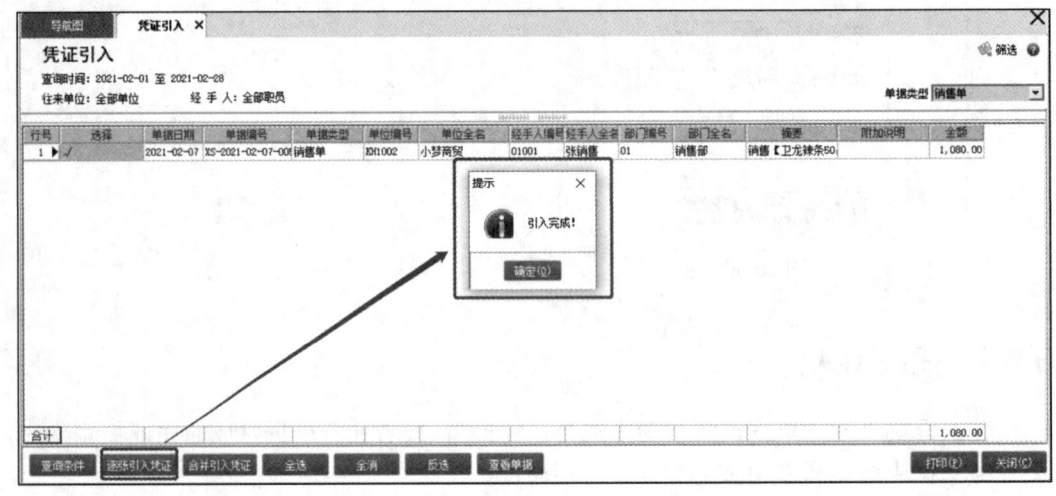

图 10-34

10.4.6 凭证号整理

当执行了删除凭证、手动录入凭证、引入业务单据凭证等操作后，可能会出现凭证号出现不连续或与时间顺序不对应的情况，此时可通过"凭证号整理"将凭证号按顺序重新整理。

▌ 应用实例

由于本期手动删除了会计凭证，导致会计凭证的凭证号不连续，钱财务在月末执行凭证号整理。

▌ 操作步骤

1. 单击选择"总账管理"→"凭证处理"→"凭证号整理"，进入"凭证号整理"界面。
2. 确认所选的会计期间无误后，单击"确定"按钮进行整理，如图 10-35 所示。

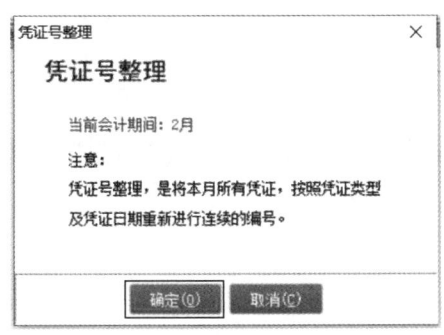

图 10-35

10.4.7 凭证查询

"凭证查询"不仅可用来查询条件范围内的凭证列表,也是凭证录入或生成后的后续处理中心。在凭证查询中,不仅可以看到凭证列表,还可以对凭证进行修改、删除、签字/取消签字、审核/反审核、记账、红冲、标错、现金流量分配、批量打印等操作。

■ 应用实例

钱财务需要查询自己已完成审核的凭证,并执行记账。

■ 操作步骤

1. 单击"总账管理"→"凭证处理"→"凭证查询",进入"凭证查询"界面。单击"查询条件"按钮,在"查询条件"对话框中,设置查询期间为 2021 年 2 月,"审核"选择钱财务,单击"确定"按钮,如图 10-36 所示。

图 10-36

2. 根据凭证查询结果,找到需要记账的凭证并选中,确认凭证内容无误后,单击左下角"记账"按钮,如图 10-37 所示。

完成记账确认后的结果如图 10-38 所示。

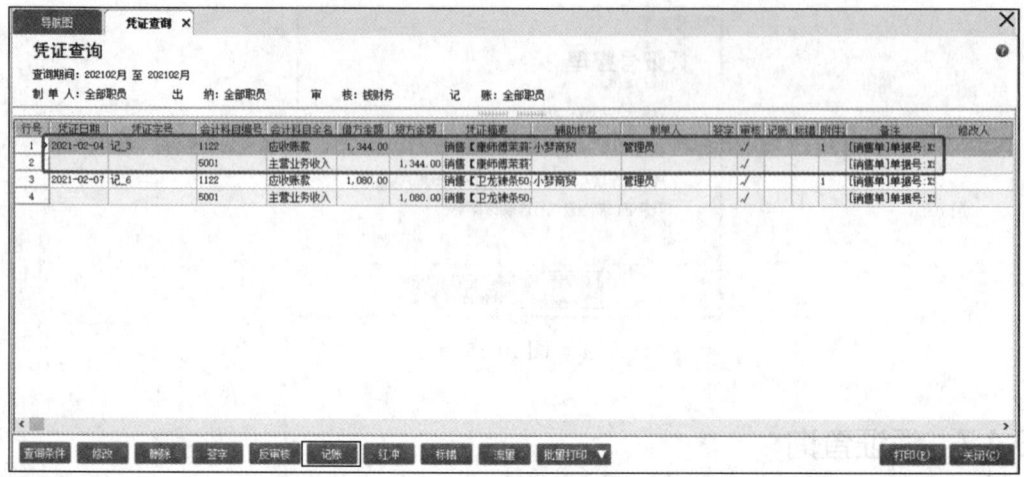

图 10-37

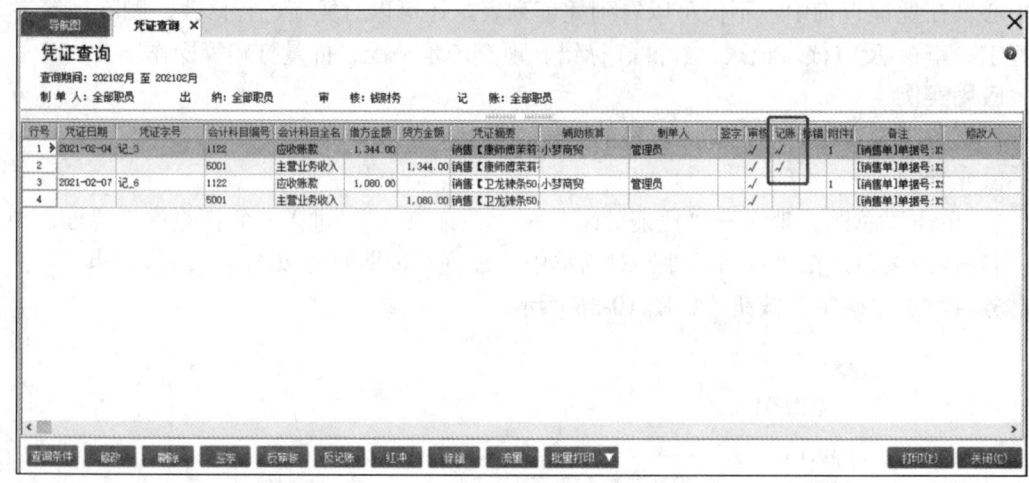

图 10-38

10.5 期末处理

10.5.1 结转损益

期末时，损益类科目需结转到本年的利润科目，本功能可以自动进行结转损益，无须手动操作。

应用实例

月末，根据辉煌食品有限公司的财务管理规定，钱财务需将所有损益类科目执行结转。

操作步骤

1. 单击"总账管理"→"期末处理"→"结转损益"，进入"结转损益"界面，如图 10-39 所示。

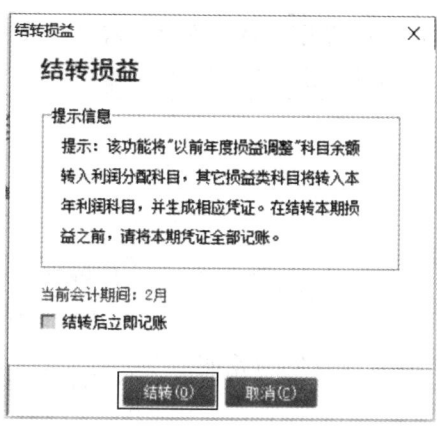

图 10-39

2. 单击左下角"结转"按钮，进行结账损益。

> **注意** 结转损益功能将"以前年度损益调整"科目余额转入利润分配科目，其他损益类科目将转入本年利润科目，并生成相应凭证。在结转本期损益之前，请将本期凭证全部记账。

10.5.2 财务结账

期末时，进行会计结账，将本月会计期末数据结转为下月期初数据。

应用实例

月末，钱财务对本月执行财务结账。

操作步骤

1. 单击"总账管理"→"期末处理"→"财务结账"，进入"财务结账"界面，如图 10-40 所示。

2. 确认财务结账相关信息后，单击右下角"结账"按钮执行结账，结账完成后会出现图 10-41 所示的对话框。

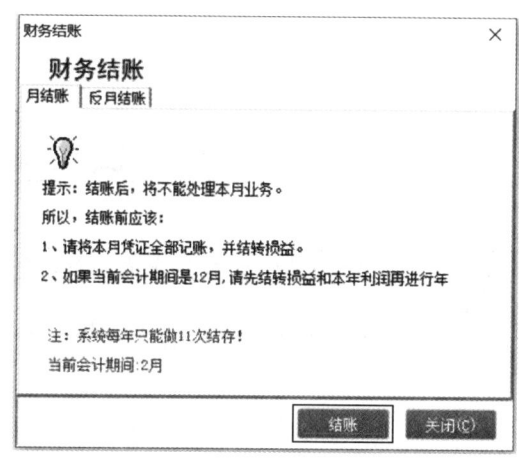

图 10-40

图 10-41

> **注意** 如果月结账后发现以前月份的财务数据需要修改,可以进行反月结账,回到上一个会计期间未结账的状态(可重复操作)。

10.6 会计报表

10.6.1 科目汇总表

科目汇总表将查询会计期间内发生的凭证,按科目进行汇总统计。

应用实例

钱财务想查询 2 月份前半个月各会计科目的汇总情况。

操作步骤

单击"总账管理"→"会计报表"→"科目汇总表",进入"科目汇总表"界面。单击"查询条件"按钮,在"查询条件"对话框中,选择"会计期间"为 2021 年 2 月,"按日期"为 2021 年 2 月 1 日至 2021 年 2 月 15 日,单击"确定"按钮,如图 10-42 所示。

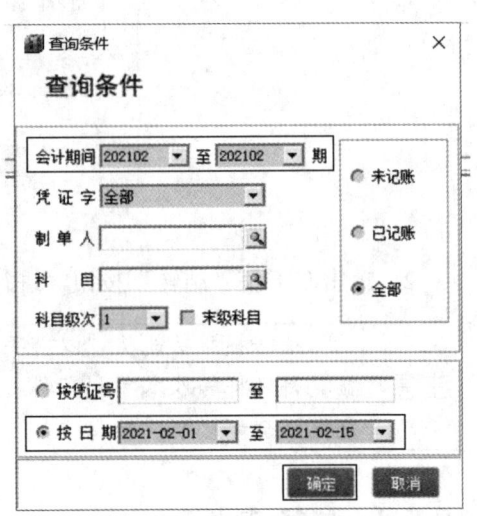

图 10-42

查询结果如图 10-43 所示。

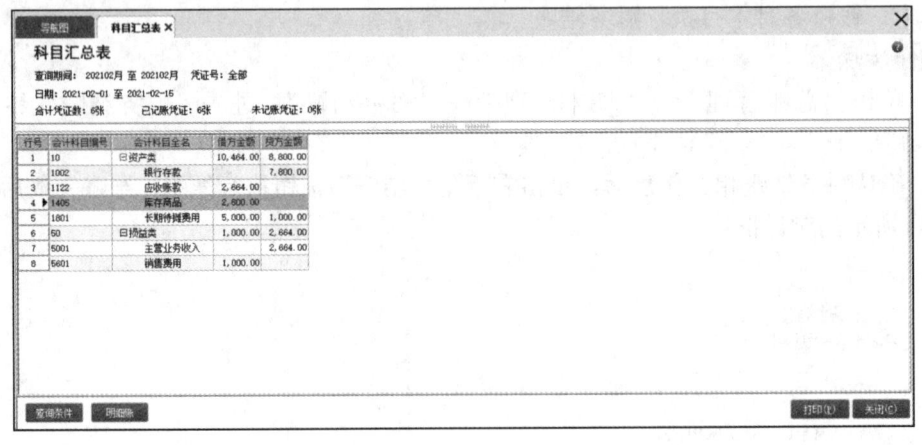

图 10-43

> **注意** 借方金额指凭证中该科目或者其子科目的借方发生额合计值,贷方金额指凭证中该科目或者其子科目的贷方发生额合计值。

10.6.2 总分类账

总分类账,又简称为总账,总账提供的核算资料是编制会计报表的主要依据,是各企业、单位必须设置的一种会计账簿。在系统中,总分类账以金额的方式展现。按查询的期间范围,逐月进行合计及到当月的累计借方发生额、贷方发生额、余额。

应用实例

钱财务核对总账中应付账款科目 2 月份的合计发生额。

操作步骤

单击"总账管理"→"会计报表"→"总分类账",进入"总分类账"界面。单击"查询条件"按钮,在"查询条件"对话框中,选择"会计期间"为 2021 年 2 月,选择"开始科目""结束科目"均为负债类的应付账款科目,单击"确定"按钮,如图 10-44 所示。

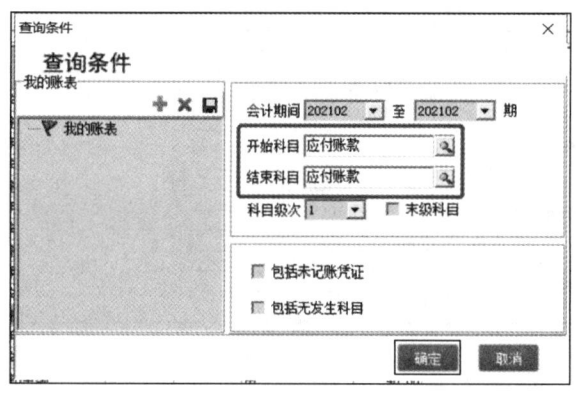

图 10-44

查询结果如图 10-45 所示。

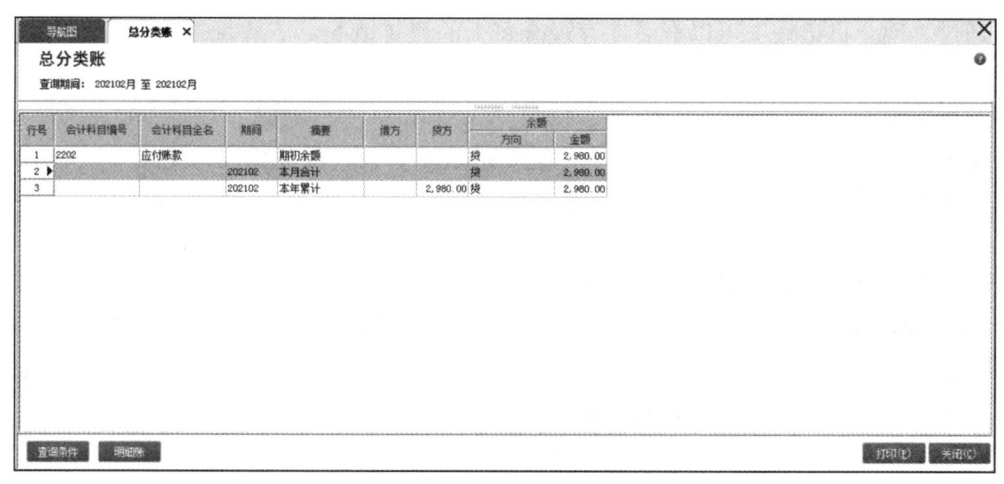

图 10-45

> **注意** 借方金额指凭证中该科目或者其子科目的借方发生额合计值,贷方金额指凭证中该科目或者其子科目的贷方发生额合计值,余额指对应期间的期末余额。

10.6.3 利润表

利润表即企业在一定会计期间内经营成果的列示。管家婆辉煌版根据通用会计规则,将利润表分为营业收入、营业利润、利润总额和净利润 4 个部分。

▌应用实例

2 月末，钱财务查询辉煌食品有限公司的利润表，核对利润情况。

▌操作步骤

单击"总账管理"→"会计报表"→"利润表"，进入"利润表"界面，如图 10-46 所示。

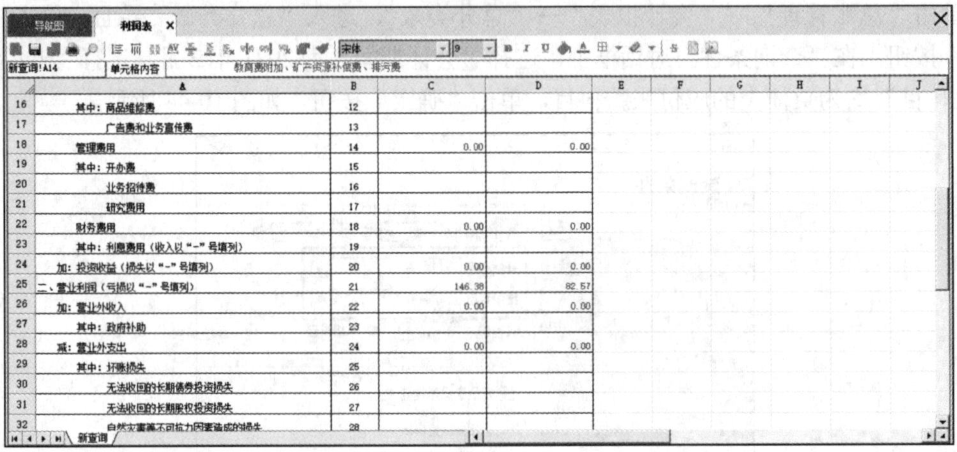

图 10-46

10.6.4 现金日记账

通过"现金日记账"可以查看库存现金每天的流转情况，了解每笔资金的流向和库存现金余额。

▌应用实例

每天下班前，钱财务都会查看现金日记账，核对当天的现金往来情况。

▌操作步骤

单击"总账管理"→"会计报表"→"现金日记账"，进入"现金日记账"界面，在此界面可以查看对应时间中的现金往来情况，如图 10-47 所示。

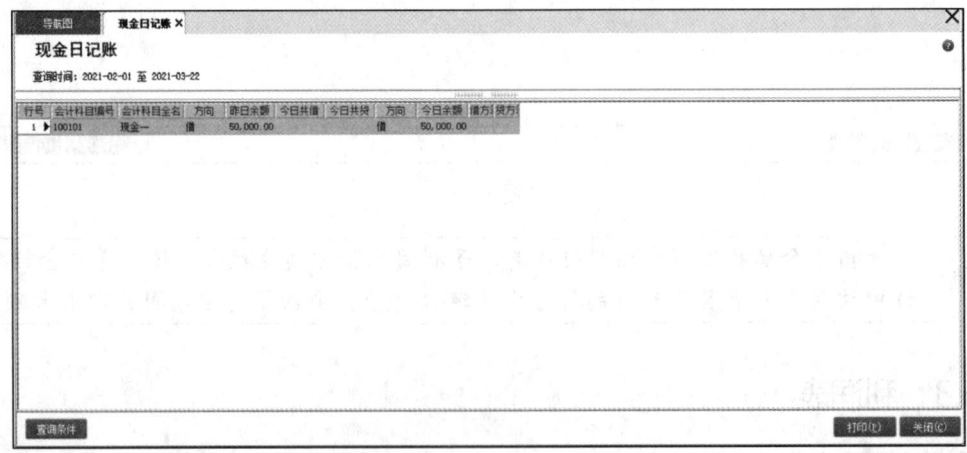

图 10-47

第 11 章 行业版本

11.1 五金建材版

管家婆辉煌系列五金建材版，是针对五金建材行业推出的行业版本。该产品在基本功能上与辉煌版的基本一致，同时具有五金建材行业所需的副单位功能。

副单位是一个与商品基本单位、辅助单位 1 及辅助单位 2 等主单位信息完全不相关、没有换算关系，且完全独立的商品单位。

副单位在建材行业中的使用非常频繁，使用副单位功能首先需要在商品基本信息中建立副单位。单位基本信息建立完成后，可以在期初建账时，录入副单位数量，以便进行库存管理。

在进行物流类单据录入时，除了录入基本单位等信息外，还需要录入副单位的数量。否则会出现副单位数量不齐备的情况。

副单位可以用来在报表中查询库存状况及明细情况，进行库存盘点时，也可以根据副单位数量进行盘点处理。

注意	在物流类单据中（除报损报溢单据外），主单位信息必须录入，且不能为空。只有在报损报溢单中，才允许主数量为 0，而副单位数量不等于 0 的单据过账。此功能主要用于对副单位数量进行库存调整，调整后，不影响主单位库存数量，并且不会影响库存成本。

11.2 皮革布匹版

管家婆辉煌系列皮革布匹版是针对皮革、布匹行业开发的行业版本。该产品在基本功能上与辉煌版的基本一致，同时具有皮革、布匹行业所需的明细码功能。

在皮革、布匹行业，典型的行业特色是需要使用多个计量单位来对货品进行进销存的管理，最常用的单位有匹、米、码、公斤等，而不同单位间可能是固定也可能是不固定的单位换算关系，如米和码间有固定换算关系，而"匹"和其他单位间没有固定的换算关系，每匹布的米数都可能不相同，而且需要管理到每匹布对应的米数，如有 10 匹相同质地的布，用户需要管理到每匹布各有多少米、总共有多少米。

明细码的管理方式如下所述。

1. 明细码管理：商品的进、销与库存管理均需要管理明细码，布匹的数量由明细码产生。明细码的管理操作方法如下。

（1）使用明细码管理的商品首先需要在商品基本信息录入界面选择，也可以使用"整件单位关系"。这样在进行录入时，系统会根据"整件数量×整件换算关系"计算基本单位的数量。

> **注意** 整件换算关系只在单据录入时生效。使用明细码管理的商品，在出入库单据中不能手动修改数量信息。

（2）在入库类业务单据中，选择商品后，就会弹出"明细码录入"界面。在该界面中，可以整件或者按明细码来录入入库数量。

（3）在出库类业务单据中，选择商品后，就会弹出"管理明细码"界面。在该界面中录入"基本单位出库数量"，即可以进行整匹销售或剪零操作。

（4）在录入库存盘点、库存商品期初等信息时，均支持明细码的管理。而在库存状况表中，也可以查询到库存商品的明细码情况。

> **注意** 只有使用移动加权平均法、手工指定的商品，才能进行明细码管理功能。

2．大码进细码出：商品在进行入库和库存管理时，只统计总数量和总件数，而不需要录入明细码信息；但在出库时，需要录入细码信息。大码进细码出的操作方法如下。

（1）在商品基本信息中的"细码管理"框中选择"大码进细码出"选项。

（2）在期初录入时，大码进细码出的商品需要录入总件数和总数量。

（3）商品入库时，只需要录入总件数和总数量即可，不需要录入明细码的细码。

（4）商品出库时，在"管理明细码"界面，需要录入商品的出库细码，该细码可以打印，并根据录入的细码，自动计算出出库布匹的总件数和总数量。在出库时，可以进行商品拆零。如果不需要出库打印明细码，则可以在"用户配置"→"功能配置"中勾选"出库不打印库存明细码"，默认不勾选，勾选后，出库类单据将只打印出库明细码。

（5）在库存管理及库存盘点中，仅管理总件数和总数量，不能查询此类商品的细码情况。

11.3 电脑通讯版

管家婆辉煌系列电脑通讯版是针对电脑和通信行业开发的行业版本。该产品在基本功能上与辉煌版的基本一致，同时具有通信和电脑行业所需的产品序列号管理。

产品序列号就是厂商对生产线下产品的一种标识，相当于产品的身份证号。序列号被广泛地应用在电子、电脑、通信行业。每一个具体产品的序列号是唯一的，用来定义和区分每一个产品。序列号可以根据预定义的编码规则自动生成，也可以手工来编制。它主要作用于产品生产进程的控制、生产质量管理、产品销售的追踪和产品售后服务管理。

管家婆辉煌系列产品中的序列号管理分为"管理序列号""空""仅实物仓库管理"。"管理序列号"即严格序列号管理的商品在进出库时，以序列号的数量确定商品的数量。"空"的商品，序列号数量与商品数量不做关联。涉及商品管理、商品的出入库管理等，仅管理库存物流中的序列号，不管理结算中的序列号；只管理主体仓库的序列号，不管理其他仓库的序列号，如委外库、借进借出库、委外加工库等。当选择"仅实物仓库管理"时，则商品信息中勾选了序列号管理的，只在实物仓库出入库时需要填入序列号，而业务仓库部分无须填序列号，同不管理序列号商品。

序列号录入有 3 种方式：单个录入、批量连续录入和文件导入录入。单个录入，就是一个一个序列号地录入或选择；批量连续录入，就是将一个序列号段一次录入；文件导入录入，就是将文件中的序列号按分隔符，导入显示为一个一个的，导入仅支持文本文件，导入时，可以选择可录入分隔符。

注意 账外出入库业务中，不管商品基本信息的设置是什么，序列号管理均使用非严格序列号管理模式。如在此类业务的出入库操作中需要进行序列号管理，均需要单独调出序列号窗口，进行序列号的录入和选择。

1．序列号入库

在录入入库类单据时，选择商品后，如果是严格序列号管理的商品，将直接弹出"序列号录入"对话框，录入序列号后由序列号个数决定数量。

非严格管理时，允许直接录入数量，也可以在右键菜单中选择"序列号"进行处理；单据右键菜单增加"序列号"选择，使用快捷键 F9 弹出"序列号录入"对话框。已过账的单据用右键菜单选择"序列号"，以及使用快捷键 F9 均可进行查看。

2．序列号出库

序列号出库时的操作与商品入库的类似。录入销售单、零售单、销售订单等出库类单据，选择的商品是严格序列号管理时，将直接弹出"序列号选择"对话框，由出库的序列号个数决定数量。非严格时，允许直接录入数量，也可以右键菜单选择"序列号"进行处理；同时支持快捷键 F9。

3．库存盘点

在自动盘盈盘亏操作界面，在右键菜单选择"序列号"或使用快捷键 F2 来弹出"序列号选择"界面，盘点数量的录入是通过"序列号选择"对话框的序列号数量来确定的，盘点人员可以录入列表没有的新序列号，新序列号数量即盘盈数量。对非严格序列号管理的商品进行盘点时，如果仅调整商品的盘点数量，则按盈亏数量进行损溢处理。如果录入了序列号信息，则与此同时，新的序列号信息会更新库存序列号。

4．相关查询

（1）序列号库存状况：序列号库存状况可以查询到库存商品的序列号。

（2）序列号跟踪查询：序列号跟踪查询可以查询到每个序列号的进、出库及红冲的全部情况。

第12章 日常维护

12.1 数据备份与数据恢复

12.1.1 数据备份

数据备份将备份从期初到备份时间点为止的所有数据。为了保证数据安全,建议用户最好每天进行数据备份,同时定期检查,将备份文件转移到安全的地方存放,如图12-1所示。

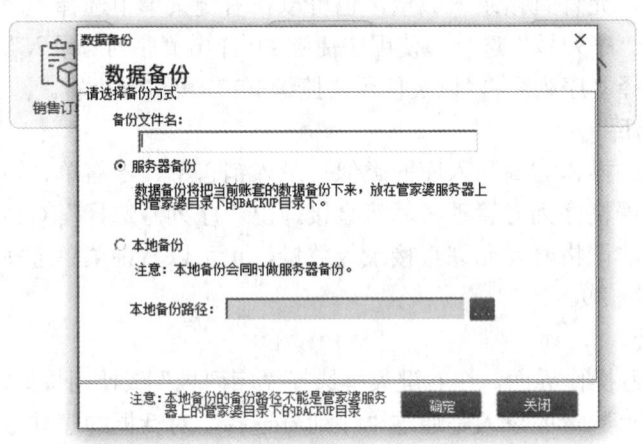

图 12-1

数据备份有两种形式:自动备份和手工备份。
1. 自动备份
在"系统维护"→"系统管理"→"用户配置"中设置自动备份天数。系统自动备份的数据是自动存放在管家婆辉煌版服务器端安装目录下的 backup 目录里,文件命名方式是"数据库名+当前日期",如"huihuang20210413"。
2. 手工备份
手工备份有服务器备份和本地备份两种方式,通过"系统维护"→"数据备份"进入手工备份界面。

服务器备份:在手工备份数据界面下,系统默认的备份方式为服务器备份,在"备份文件名"输入框中可以输入备份文件名,然后单击"确定"按钮即可备份,备份文件会生成在服务器 backup 目录下。

本地备份：在进行本地备份之前，需将服务器安装目录下的 backup 文件夹完全共享，否则不能进行本地数据备份。使用时，选择方式为"本地备份"，然后选择本地备份的文件存储路径。

> **注意** 服务器上的备份文件都是采用未压缩的方式进行备份，目的是避免压缩产生的数据丢失。本地备份是压缩过的。

12.1.2 数据恢复

数据恢复只能通过手动进行，手动恢复也有两种形式：服务器恢复和本地恢复。

1. 服务器恢复

通过"系统维护"→"数据恢复"进入数据恢复界面，并将恢复方式选择为"从服务器恢复"，服务器恢复只需要在备份文件列表中双击选择需要恢复的备份文件，系统自动将备份文件名添加到需要恢复的文件中，也可以手动输入，然后选择"服务器恢复"就可以恢复备份。

具体操作如图 12-2 所示。

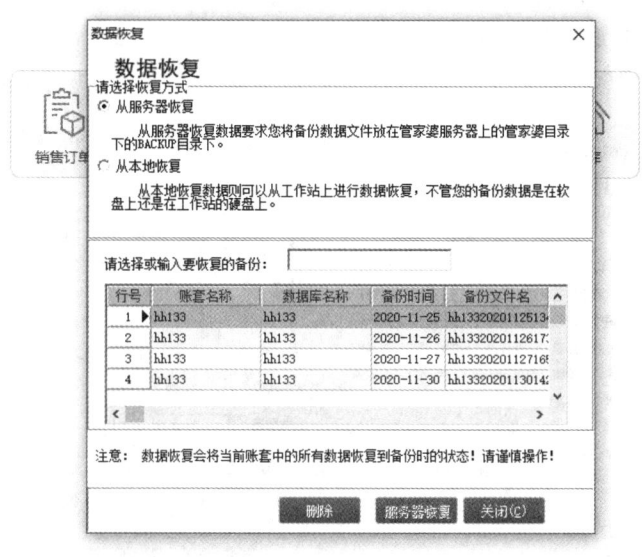

图 12-2

> **注意** 如果恢复文件是从其他账套拷贝而来的文件，则将其放到安装目录下的 backup 文件夹，然后在文件名录入框录入那个备份文件的名称，再选择服务器恢复即可。

2. 本地恢复

本地恢复和本地备份一样，需要先将服务器安装路径下的 backup 文件完全共享。恢复方式选择"从本地恢复"，需要输入服务器名、服务器端 backup 文件夹共享名，以及本地备份文件所在位置，然后选择"本地恢复"即可。

注意	恢复数据将完全覆盖正在使用账套中的所有数据，因此应慎重使用数据恢复功能。

12.2 月结存和年结存

用户在日常业务处理时，一般在月末和年末都要对系统数据执行结存，以便了解本段时间的经营情况、收支利润情况等信息。管家婆辉煌版提供了月结存和年结存功能。

12.2.1 月结存

月结存是按照用户选择的结存日期，在当前账务中做一个标记，以便按月划分账本，快速准确地查询每月资产、销售、费用和利润等情况。系统中的月结存不同于财务上的会计区间，可以一月做一次，也可以半月或几个月做一次，但是每年只能做 12 次。完成 12 次月结存后必须执行年结存。反月结存是指由于某种原因需要取消上次月结存，方便对本月当前的某些单据再处理。

月结存的具体操作如图 12-3 所示。

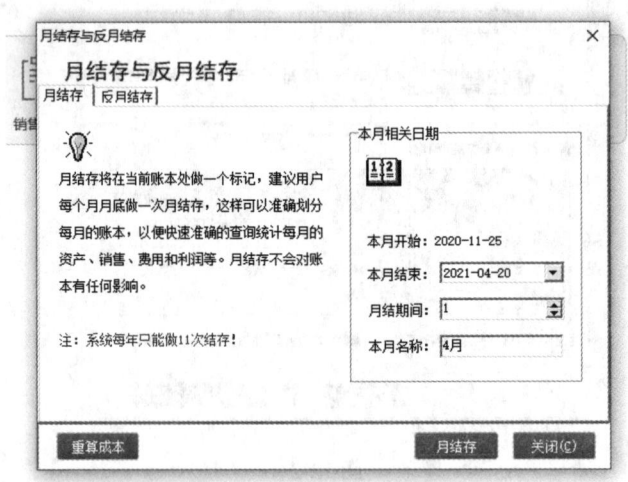

图 12-3

1. 月结存时间

（1）本月开始：开账后第一次月结存，以开账日期为月结存开始时间，以后以结存后的最后一天作为开始时间。开始时间是系统默认的，不能进行修改。

（2）本月结束：选择本次月结存截止日期为结束时间。

月结存时，本月结束时间是默认的当前系统日期，也可以自定义结束时间。

2. 月结存对系统的影响

月结存对账本数据没有任何影响，不会清除明细账本和草稿；月结存后，对已做月结存的单据不能进行红字反冲；做了月结存之后，继续开单录账的日期就必须在月结存日期之后。

3. 月结存信息表

用户可以通过"系统维护"→"月结存信息表"进入月结存信息报表，可以查询账龄、每月的起止日期及该月单据数。

4. 反月结存

如果执行了月结存操作，也可以通过反月结存功能将系统恢复到结存前的状态。在月结存界面单击"反月结存"标签，进入操作界面后单击"反月结存"按钮，即可对最后一个月结存执行反月结存。

> **注意** 反月结存后影响月结存信息表，系统存在的会计月数也会相应减少一个月。

12.2.2 年结存

管家婆辉煌版提供了两种年结存方式：系统不使用多年账和系统使用多年账。

年结存操作界面如图 12-4 所示。

图 12-4

1. 系统不使用多年账

年结存将结存所有的账本数据，将现在的结存数据作为下一年的期初值，并清除经营历程。这样，数据易管理，不会因时间太长、数据庞大影响系统运行效率。系统年结存后处于期初建账状态，可以修改期初数据。

2. 系统使用多年账

年结存后，系统将保留之前的全部单据及明细账，可以查询跨年类报表，也可以执行跨年结算。年结存后，如无须在此开账操作，即可进行新的业务。

注意　年结存前应该备份数据，并确认数据的正确性。

12.3 操作日志

在操作过程中，为了更有效地保证系统的安全性，管家婆辉煌版具有操作日志功能，用于记录各操作员使用软件的具体情况。

“操作日志”界面如图 12-5 所示。

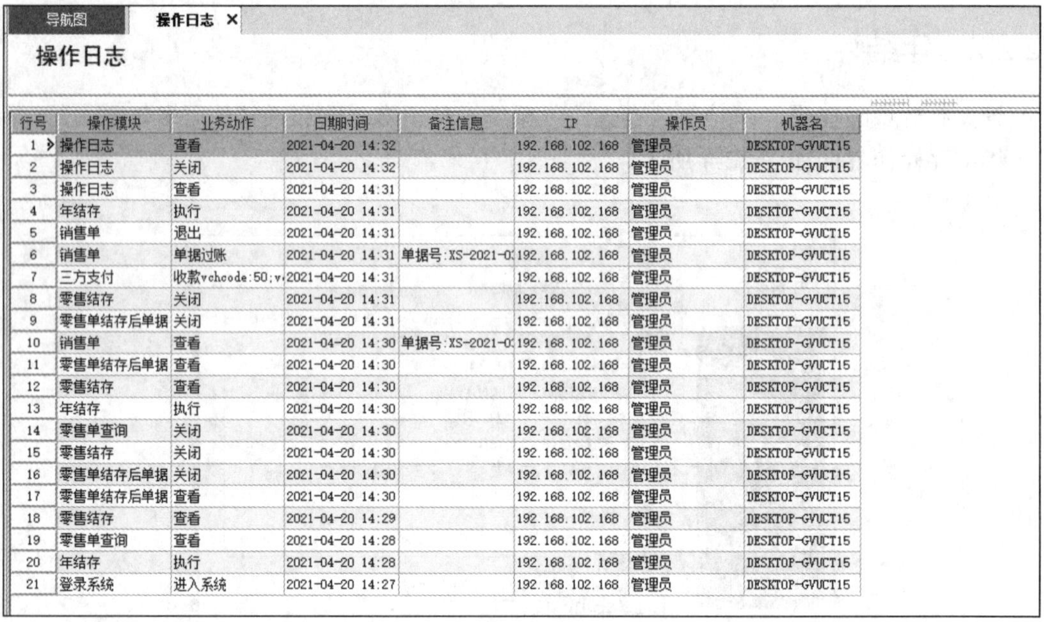

行号	操作模块	业务动作	日期时间	备注信息	IP	操作员	机器名
1	操作日志	查看	2021-04-20 14:32		192.168.102.168	管理员	DESKTOP-GVUCT15
2	操作日志	关闭	2021-04-20 14:32		192.168.102.168	管理员	DESKTOP-GVUCT15
3	操作日志	查看	2021-04-20 14:31		192.168.102.168	管理员	DESKTOP-GVUCT15
4	年结存	执行	2021-04-20 14:31		192.168.102.168	管理员	DESKTOP-GVUCT15
5	销售单	退出	2021-04-20 14:31		192.168.102.168	管理员	DESKTOP-GVUCT15
6	销售单	单据过账	2021-04-20 14:31	单据号:XS-2021-0	192.168.102.168	管理员	DESKTOP-GVUCT15
7	三方支付	收款vchcode:50;v	2021-04-20 14:31		192.168.102.168	管理员	DESKTOP-GVUCT15
8	零售结存	关闭	2021-04-20 14:31		192.168.102.168	管理员	DESKTOP-GVUCT15
9	零售单结存后单据	关闭	2021-04-20 14:31		192.168.102.168	管理员	DESKTOP-GVUCT15
10	销售单	查看	2021-04-20 14:30	单据号:XS-2021-0	192.168.102.168	管理员	DESKTOP-GVUCT15
11	零售单结存后单据	查看	2021-04-20 14:30		192.168.102.168	管理员	DESKTOP-GVUCT15
12	零售结存	查看	2021-04-20 14:30		192.168.102.168	管理员	DESKTOP-GVUCT15
13	年结存	执行	2021-04-20 14:30		192.168.102.168	管理员	DESKTOP-GVUCT15
14	零售单查询	关闭	2021-04-20 14:30		192.168.102.168	管理员	DESKTOP-GVUCT15
15	零售结存	关闭	2021-04-20 14:30		192.168.102.168	管理员	DESKTOP-GVUCT15
16	零售单结存后单据	关闭	2021-04-20 14:30		192.168.102.168	管理员	DESKTOP-GVUCT15
17	零售单结存后单据	查看	2021-04-20 14:30		192.168.102.168	管理员	DESKTOP-GVUCT15
18	零售结存	查看	2021-04-20 14:29		192.168.102.168	管理员	DESKTOP-GVUCT15
19	零售单查询	查看	2021-04-20 14:28		192.168.102.168	管理员	DESKTOP-GVUCT15
20	年结存	执行	2021-04-20 14:28		192.168.102.168	管理员	DESKTOP-GVUCT15
21	登录系统	进入系统	2021-04-20 14:27		192.168.102.168	管理员	DESKTOP-GVUCT15

图 12-5

操作日志主界面中会记录各种操作人员使用各功能的时间及动作。由于操作日志数据量巨大，为了保证系统的正常运行，通常会将超过操作保留天数的操作日志删除。保留天数可以自行设置，默认天数为 90。

12.4 系统重建

当遇到期初账务数据录入错误或因为其他原因需要重新做账，但又想保留基本信息和期初数据时，可以使用系统重建功能。

系统重建将清空所有的经营历程单据和明细账，账套回到初期开账前的状态。
"系统重建"操作界面如图 12-6 所示。

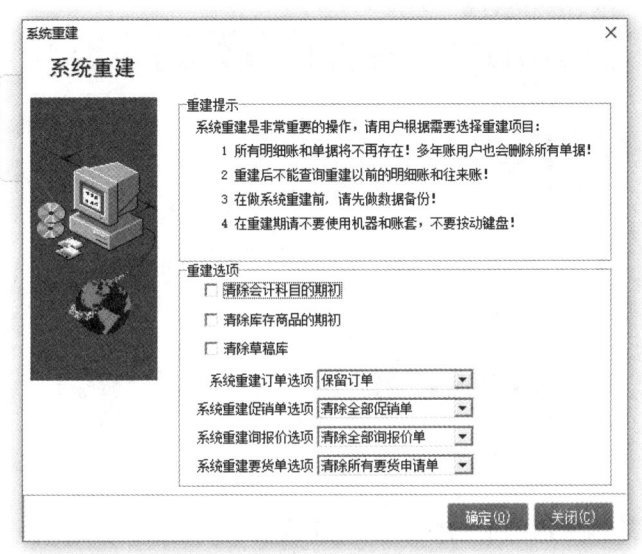

图 12-6

系统重建的选项如下。

1．清除会计科目的期初/清除库存商品的期初：选择此项执行系统重建后，系统将清除会计科目/库存商品的期初数据，只保留基本信息。

2．清除草稿库：选择此选项进行系统重建后，系统将清除业务草稿里的全部草稿单据，否则保留这些草稿单据。

3．系统重建订单选项：指进货订单与销售订单；选择保留订单，则订单保留，反之则清除所有订单。

4．系统重建促销单选项：根据选择配置，对促销单执行删除处理。

5．系统重建询报价选项：可以选择系统重建后是否保留询报价单。

6．系统重建要货单选项：可以选择系统重建后是否保留所有要货申请单。

12.5 价格体系

12.5.1 价格信息设置

当系统预置的价格字段不够用时，可以在"价格信息设置"中增加字段。

通过"系统维护"→"价格体系"→"价格信息设置"操作，进入"价格信息设置"界面，功能界面如图 12-7 所示。

在"价格信息设置"界面中可以对系统中的价格进行增加、修改和删除。

固定名称：系统名称。

显示名称：在系统相关地方显示时的名称。

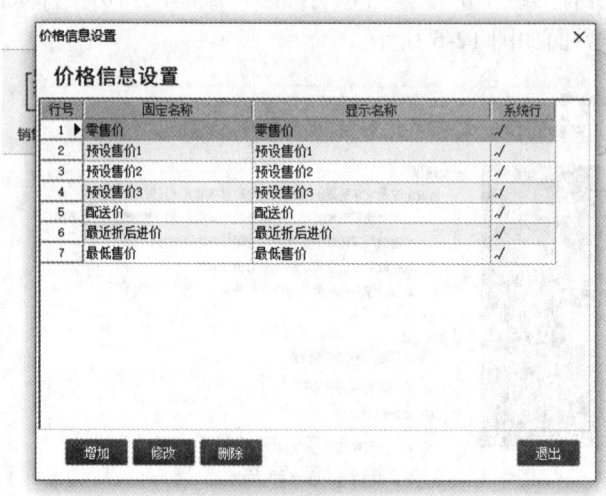

图 12-7

系统行：系统默认字段，不允许进行修改和删除。

12.5.2 价格设置（顺序）

在"价格取值顺序设置"界面中，可以设置在零售、进货价及销售时，商品价格字段的取值顺序。

通过"系统维护"→"价格体系"→"价格设置（顺序）"进入"价格取值顺序设置"界面，界面如图 12-8 所示。

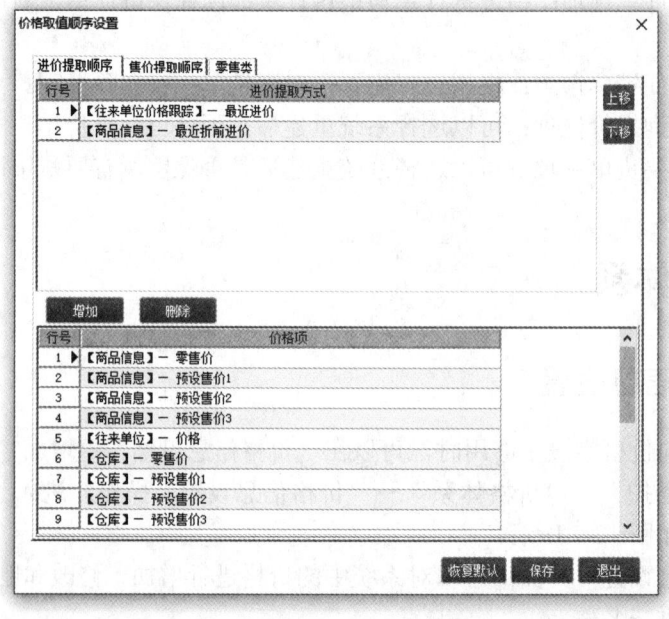

图 12-8

可通过页面切换分别设置零售、进价、售价的取值顺序。

上表格为参与取值规则的字段及顺序，下表格是可参与的字段。

通过"增加"按钮选择下表格字段参与规则，通过"删除"按钮取消字段参与取值规则。

通过"上移""下移"调整取值顺序。

修改规则后单击"保存"按钮立即生效。

系统提供默认取值顺序，通过"恢复默认"将删除用户自己配置的规则，恢复到系统初始默认规则，且不可再恢复到用户配置规则。

价格项中提供的字段为"价格信息设置"中的字段，同时提供仓库的价格字段。

12.5.3 价格字段分配

价格字段分配，主要是便于用户对价格字段进行授权控制。

通过"系统维护"→"价格体系"→"价格字段分配"进入"价格字段分配"界面，操作界面如图 12-9 所示。

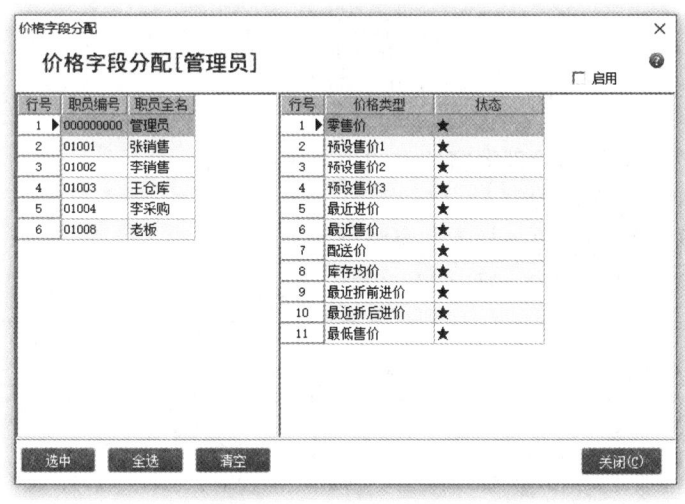

图 12-9

价格字段分配中，需先在"用户及权限设置"中添加被授权操作员，此处不能添加、删除操作员。

启用：此选项为全局控制，只要勾选"启用"，即所有职员都启用价格字段授权控制。系统默认为未选中状态，被选中后，价格字段授权生效。

此处授权后，在开单选择价格时，只能选到有权限的字段，没有权限的价格字段将看不到。

相关报表查询中，在"价格方式"处，只能选择到有权限的价格字段，比如库存状况。

附录一　打印管理器

使用打印功能，启动打印管理器。

开始打印：对启动打印管理器窗体中的内容进行打印。
打印预览：进行打印前浏览。
模板编辑：根据管理器提供的有关参数进行格式设置。
打开"自定义编辑"，进入模板自定义编辑界面。

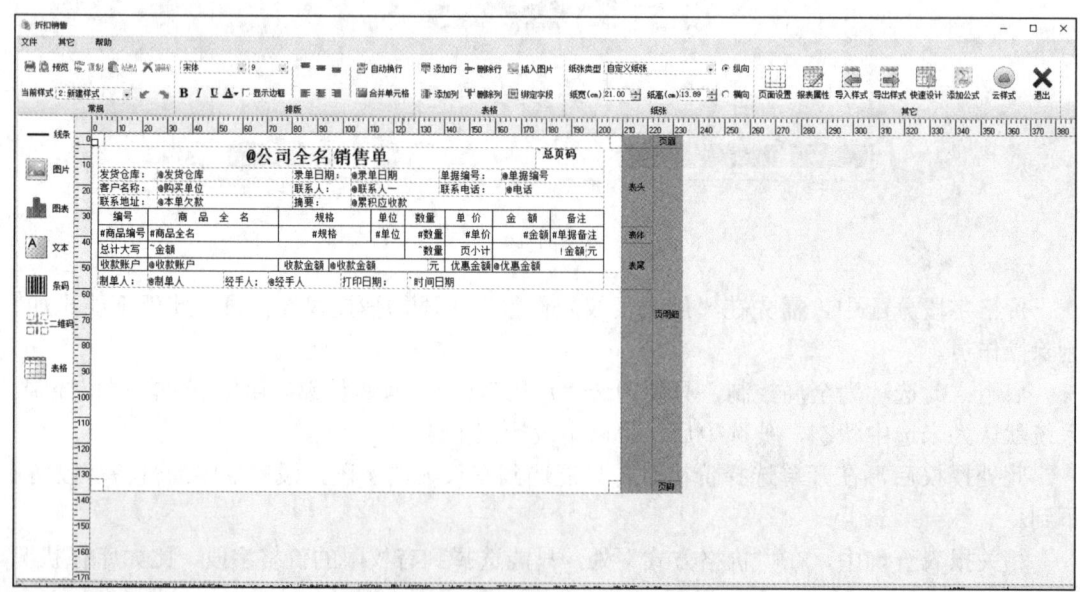

文件菜单
1. 导入样式（快捷键 Ctrl+O）：打开一个后缀名为".RAW"的样式文件进行编辑。

2．保存：保存当前的编辑文件，如果是对"基本样式"进行编辑，可以将当前编辑文件另存为一个新样式。

3．导出文件：将当前编辑的样式文件保存为一个.RAW 格式文件。可以选择保存路径。

4．报表属性设置：包含了报表各种属性及报表纸张的定义，分为报表属性、分单打印、打印误差设置

其他菜单

1．添加公式：添加公式相当于用已经存在的一些字段、数字和字符串执行运算而得到新的字段，添加字段后单击右键，在"选择字段"→"表头表尾字段"或者表体字段中找到自定义的字段。

2．显示报表头、报表尾：控制设计区域是否显示报表头和报表尾。

3．移动到最底层：将当前选择的控件移动到最后。

附录二 管家婆辉煌系列核心功能对照表

注:带有"▲"标记的,表示具有此功能;请以实际产品功能为准。

行号	区别点	辉煌 TOP	辉煌 TOP+	辉煌 ERP H3	辉煌 ERP H5
1	进/销/存业务处理	▲	▲	▲	▲
2	往来业务处理	▲	▲	▲	▲
3	财务基础业务	▲	▲	▲	▲
4	零售业务处理(老功能)	▲	▲	▲	▲
5	按金额结算	▲	▲	▲	▲
6	库存上/下限报警	▲	▲	▲	▲
7	价格/折扣跟踪	▲	▲	▲	▲
8	单据格式配置	▲	▲	▲	▲
9	商品多单位管理	▲	▲	▲	▲
10	同价调拨	▲	▲	▲	▲
11	多个仓库管理	▲	▲	▲	▲
12	多个操作员管理	▲	▲	▲	▲
13	零单价出入库	▲	▲	▲	▲
14	单据整单修改	▲	▲	▲	▲
15	全月一次加权算法	▲	▲	▲	▲
16	新增商品出入库明细汇总表	▲	▲	▲	▲
17	进销单支持右键刷新价格	▲	▲	▲	▲
18	基本信息批量修改	▲	▲	▲	▲
19	变价调拨	▲	▲	▲	▲
20	商品组装拆卸单	▲	▲	▲	▲
21	调账业务	▲	▲	▲	▲
22	借欠业务	▲	▲	▲	▲
23	草稿单据复制(单据转换)	▲	▲	▲	▲
24	门店登记	▲	▲	▲	▲
25	一品多码	▲	▲	▲	▲
26	服务项目不管理库存	▲	▲	▲	▲
27	物价管理	▲	▲	▲	▲
28	生产模板	▲	▲	▲	▲

续表

行号	区别点	辉煌 TOP	辉煌 TOP+	辉煌 ERP H3	辉煌 ERP H5
29	会员卡管理（积分/折扣）	▲	▲	▲	▲
30	特价促销管理	▲	▲	▲	▲
31	单据编号规则及样式	▲	▲	▲	▲
32	Excel 导入基本信息	▲	▲	▲	▲
33	月结存	▲	▲	▲	▲
34	短信服务	▲	▲	▲	▲
35	系统允许修改/删除已过账单据	▲	▲	▲	▲
36	低于最低售价不允许过账	▲	▲	▲	▲
37	进货/销售单允许使用通讯录录入	▲	▲	▲	▲
38	气泡消息	▲	▲	▲	▲
39	账套登录方式变更	▲	▲	▲	▲
40	整单优惠	▲	▲	▲	▲
41	进货销售赠品处理	▲	▲	▲	▲
42	商品信息标准条码库	▲	▲	▲	▲
43	移动加权商品管理批次	▲	▲	▲	▲
44	库存批次查询（老功能）	▲	▲	▲	▲
45	售价低于成本价不允许过账	▲	▲	▲	▲
46	商品信息批量修改/删除/停用	▲	▲	▲	▲
47	销售订单/销售单/开单预估毛利	▲	▲	▲	▲
48	历史销售	▲	▲	▲	▲
49	超额/超期不能存草稿	▲	▲	▲	▲
50	多账套管理	▲	▲	▲	▲
51	快速登录	▲	▲	▲	▲
52	轻行业版本	▲	▲	▲	▲
53	总账管理	▲	▲	▲	▲
54	待摊费用管理	▲	▲	▲	▲
55	固定资产管理	▲	▲	▲	▲
56	会计凭证	▲	▲	▲	▲
57	会员储值管理	▲	▲	▲	▲
58	多类型促销管理	▲	▲	▲	▲
59	现金券管理	▲	▲	▲	▲
60	启动报警	▲	▲	▲	▲
61	条码打印	▲	▲	▲	▲
62	平台功能—自定制设置—界面设置	▲	▲	▲	▲
63	航天金税接口	▲	▲	▲	▲

续表

行号	区别点	辉煌TOP	辉煌TOP+	辉煌ERP H3	辉煌ERP H5
64	基本信息停用	▲	▲	▲	▲
65	品牌管理	▲	▲	▲	▲
66	地区管理	▲	▲	▲	▲
67	部门管理	▲	▲	▲	▲
68	自定义类型	▲	▲	▲	▲
69	不使用同一成本核算方法	▲	▲	▲	▲
70	加盟店管理	▲	▲	▲	▲
71	允许商品条码重复	▲	▲	▲	▲
72	超出应收上限不能过账	▲	▲	▲	▲
73	录单时不允许修改经手人	▲	▲	▲	▲
74	销售优惠统计	▲	▲	▲	▲
75	单品分析	▲	▲	▲	▲
76	滞销/畅销商品表	▲	▲	▲	▲
77	零售单及零售商品查询	▲	▲	▲	▲
78	库存状况分布	▲	▲	▲	▲
79	商品保质期查询/批次跟踪	▲	▲	▲	▲
80	制单人收款统计	▲	▲	▲	▲
81	增加显示字段(公式字段)	▲	▲	▲	▲
82	其他出入库单支持科目选择	▲	▲	▲	▲
83	表体附加信息字段支持10个	▲	▲	▲	▲
84	默认税率	▲	▲	▲	▲
85	打印样式上传、下载	▲	▲	▲	▲
86	单据打印控制设置	▲	▲	▲	▲
87	微信公众号接口	▲	▲	▲	▲
88	钉钉消息接口	▲	▲	▲	▲
89	销售/进货订单业务	▲	▲	▲	▲
90	进货/销售换货业务	▲	▲	▲	▲
91	询价/报价业务	▲	▲	▲	▲
92	代销业务(委托业务/受托业务)	▲	▲	▲	▲
93	简单委外加工业务	▲	▲	▲	▲
94	组合套件销售业务	▲	▲	▲	▲
95	价格系统设置	▲	▲	▲	▲
96	多仓库出入库	▲	▲	▲	▲
97	运费分摊功能	▲	▲	▲	▲
98	虚拟库存功能	▲	▲	▲	▲

续表

行号	区别点	辉煌 TOP	辉煌 TOP+	辉煌 ERP H3	辉煌 ERP H5
99	预收/预付账款	▲	▲	▲	▲
100	Excel 导入/导出单据明细	▲	▲	▲	▲
101	单位价格体系	▲	▲	▲	▲
102	单据自动保存控制	▲	▲	▲	▲
103	是否自动生成摘要控制	▲	▲	▲	▲
104	小数点自定义	▲	▲	▲	▲
105	启用物流配货控制	▲	▲	▲	▲
106	按单据结算功能	▲	▲	▲	▲
107	按商品结算功能	▲	▲	▲	▲
108	替换品管理	▲	▲	▲	▲
109	分量盘点和盘点机接口	▲	▲	▲	▲
110	简单发票管理	▲	▲	▲	▲
111	职员每单优惠限额	▲	▲	▲	▲
112	费用分布（部门/地区/单位/职员）	▲	▲	▲	▲
113	部门/地区/职员业务统计	▲	▲	▲	▲
114	账龄分析	▲	▲	▲	▲
115	超期应收款查询	▲	▲	▲	▲
116	条码枪扫描自动累加	▲	▲	▲	▲
117	进货/销售波动分析	▲	▲	▲	▲
118	地区/部门回款统计	▲	▲	▲	▲
119	打印次数控制	▲	▲	▲	▲
120	商品多套编号设置	▲	▲	▲	▲
121	负库存报警查询	▲	▲	▲	▲
122	库存积压统计	▲	▲	▲	▲
123	操作日志	▲	▲	▲	▲
124	商品智能补货计划	▲	▲	▲	▲
125	业务员提成功能	▲	▲	▲	▲
126	账外库存业务	▲	▲	▲	▲
127	跨年账业务	▲	▲	▲	▲
128	简单发票管理	▲	▲	▲	▲
129	收发货验收	▲	▲	▲	▲
130	库龄分析表	▲	▲	▲	▲
131	"自动拆分组装"商品管理	▲	▲	▲	▲
132	业务单据生单	▲	▲	▲	▲
133	客户关系	▲（网）	▲	▲	▲
134	直接选商品开发票	▲	▲	▲	▲

续表

行号	区别点	辉煌 TOP	辉煌 TOP+	辉煌 ERP H3	辉煌 ERP H5
135	仓库物价管理		▲	▲	▲
136	销售计划		▲	▲	▲
137	获利/返利管理		▲	▲	▲
138	单据审核级数设置		▲	▲	▲
139	委外使用 BOM 清单		▲	▲	▲
140	项目管理		▲	▲	▲
141	生产配置菜单		▲	▲	▲
142	基本信息授权		▲	▲	▲
143	连锁配送中心		▲	▲	▲
144	生产组装		▲	▲	▲
145	业务员收款统计		▲	▲	▲
146	超市联营		▲	▲	▲
147	品牌应收管理		▲	▲	▲
148	部门利润表		▲	▲	▲
149	零售寄存		▲	▲	▲
150	销售订单商品跟踪		▲	▲	▲
151	销售订单执行情况表		▲	▲	▲
152	客户流失预警		▲	▲	▲
153	自定义传递			▲	▲
154	个人工作台			▲	▲
155	搬移工具内置菜单			▲	▲
156	进货/销售费用分摊			▲	▲
157	委外加工流程化管理			▲	▲
158	货位管理			▲	▲
159	货位上/下限报警			▲	▲
160	请购单			▲	▲
161	单据打印商品图片			▲	▲
162	外币核算			▲	▲
163	简易工资发放				▲
164	客户 BOM				▲
165	工序管理				▲
166	工序扫码交接，扫码完工				▲
167	工票管理				▲
168	第三方支付（微信/支付宝支付）	申请	申请	申请	申请
169	零售业务（对接 POS 零售）	选购	选购	选购	选购
170	移动业务（对接联通手机版）	选购	选购	选购	选购
171	网店管理（对接全渠道）	选购	选购	选购	选购